Ursula Richter
Die Rache der Frauen

W0229696

Ursula Richter

DIE RACHE
DER FRAUEN

Formen weiblicher Selbstbehauptung

Kreuz Verlag

Für meine kleine Enkelin Zeynep. In Liebe.

Die Deutsche Bibliothek – CIP-Einheitsaufnahme

Richter, Ursula:
Die Rache der Frauen: Formen weiblicher Selbstbehauptung /
Ursula Richter. – 1. Aufl. – Stuttgart: Kreuz-Verl., 1991
ISBN 3-7831-1114-5

1. Auflage
© 1991 by Kreuz Verlag Stuttgart
Alle Rechte vorbehalten
Umschlaggestaltung: Jürgen Reichert, Stuttgart
Gesamtherstellung: Ebner Ulm
ISBN 3 7831 1114 5

Inhalt

Vorwort

»Ich bin rachelustig. Nicht rachsüchtig.«

In Übereinstimmung mit mir selbst zu sein, ist mir seit jeher
ein Bedürfnis. Ich weiß, wer ich bin und wie ich behandelt
werden will. Dazu gehört, empfundene Ungerechtigkeiten
richtigstellen zu wollen. Vielleicht zu einem hohen Preis,
doch nicht um jeden. Ich will nicht zerstören – am allerwe-
nigsten mich selbst. Ich erwarte, als diese Person, die ich bin
und sein will, von meiner Umwelt geachtet zu werden. Maßstab ist immer das Bild, das ich von mir selber habe.

Sieht eine Frau sich als fortschrittlich, selbstbestimmt,
emanzipiert oder auch als *Femme fatale,* als Außenseiterin,
kann sie das Etikett der angepaßten, engstirnigen oder braven
Frau beleidigen. Das gleiche gilt im umgekehrten Fall. Die
»Emanze« nimmt der »braven Frau« den guten Ruf. Nur selten arrangieren wir uns mit einer fremd empfundenen Identität, zumal dann, wenn sie uns aufgezwungen wird. Die »natürliche« Reaktion auf die Entwertung oder Verfälschung
unserer Person ist der Versuch, den selbstgewählten und daher als richtig empfundenen »Ruf« wiederherzustellen. Jede
»gesunde« Person glaubt an ihr Recht auf das eigene »Bild«.
Jeder Schritt, den eine Frau nun unternimmt, um sich Gerechtigkeit zu holen, kann Rache heißen, kann ebenso als
Rachsucht abgewertet werden. Vielleicht schweigt sie und
glaubt, die Zeit wird für sie arbeiten. Dies ist möglich, doch
die Wahrscheinlichkeit ist nicht sehr groß. Mitunter hofft sie,
jemand anderer würde ihre Beleidigung rächen. Ich habe mir
in vielen Situationen, in denen ich mich zu Unrecht verletzt
gefühlt habe, den sprichwörtlichen »großen, starken Bruder«
gewünscht, der mich rächen hätte können. Doch diesen Bru-

der gab es nicht. Der Bruder hat andererseits nur begrenzten Wert: Er rächt nur, wenn auch seine Ehre unter der Kränkung leidet. Bleibt noch die Hoffnung, daß Gott die Rache übernimmt, so daß ihr schließlich durch ihn Gerechtigkeit widerfährt. Für diese Hoffnung braucht's Geduld. Und starken Glauben; denn die Vergeltung wird den Beleidiger womöglich erst im Jenseits treffen.

Enttäuscht, weil Vergeltung durch andere nicht in Sicht, rächen Frauen sich typischerweise an sich selbst, indem sie sich selbst verachten, dem Beleidiger das Ziel entreißen wollen und dabei als letzte Konsequenz sich selbst zerstören, um ihn zur gleichen Zeit zu strafen. Dies ist die furchtbarste Form der Rache. Sie ist möglich, weil gesellschaftliche Werte und Normen mit den individuellen innerpsychischen Vorgängen, die wiederum der kulturellen Prägung nicht entkommen sind, fatale Widersprüche erzeugen. Dieses Buch ist ein Versuch, den Einfluß und das Zusammenwirken unterschiedlicher Bereiche auf das Rachehandeln von Frauen in unserer Kultur aufzuhellen. Und es soll zeigen, daß Frauen, die für erlittene Kränkungen Rache nehmen, sich selber einen guten Dienst erweisen. Ein italienisches Sprichwort sagt: Wer sich rächt, züchtigt den einen und warnt den anderen. Dies bedeutet auch, daß man(n) mit Frauen, die sich rächen, rechnen muß.

Einstimmung zum Thema

Es war kein preisgekrönter Film, den Titel habe ich vergessen. Doch die Handlung blieb mir in Erinnerung. Zunächst schien sie »verstaubt« und schleppte sich langweilig und konstruiert dahin. Bis sie eine unvermutete Wendung nahm.

Die Geschichte spielte in Australien zur Zeit der Kolonisierung durch englische Siedler. Eine Engländerin lebte als Witwe eines Köhlers auf ihrem Anwesen mitten in den Wäldern. Der Mann hatte ihr ein bescheidenes Erbe hinterlassen, das sie als »Notgroschen« aufbewahrte. Ihre Existenzgrundlage waren die wenigen Erträge, die sie dem mühsam urbar gemachten Boden abringen konnte. Eines Tages verirrte sich ein herumstreichender junger Mann an ihren Hof. Sie bewirtete ihn, freute sich über den unerwarteten Besuch, der ihr willkommene Abwechslung in die Öde ihres Alltags brachte. Der Mann stellte ihr Fragen und kam bald dahinter, daß sie allein war. Er war gerissen genug, die Einsamkeit der Witwe auszunützen, indem er sich anbot, ihr – gegen Unterkunft und Versorgung, versteht sich – bei ihrer harten Arbeit auf den Feldern und im Wald behilflich zu sein. Ja, er bot ihr sogar an, sie zu heiraten, um ihr die Kraft und den Schutz eines Mannes zu geben: Er sprach von Liebe und Zärtlichkeit. Nach langem Zögern willigte sie in die Heirat ein. Und bereits am Hochzeitstag begann der nunmehr rechtlich abgesicherte Ehemann sein wahres Gesicht zu zeigen. Zuerst verlangte er Zutritt zu ihrem umsichtig gehüteten Geld. Damit baute er sich eine illegale Whiskeybrennerei im Schutz des Waldes und erpreßte ihr Schweigen durch ihre »Mittäterschaft«. Den Whiskey verkaufte er in der Stadt. Vom Gewinn gab er ihr am Anfang noch die Hälfte. Doch immer öfter fuhr er in die Stadt und brachte immer weniger Geld zurück. Dafür um so häufiger eine junge Geliebte. Beim ersten Besuch gingen die Mädchen ihr aus dem Weg. Sie verloren ihre

Scheu, als der Mann vorgab, die Frau sei nur seine Magd. Er
zwang die Ehefrau, die Mädchen zu bedienen, und wies sie,
die Gattin, mit beleidigenden Worten aus ihrem Ehebett. Er
schalt sie, verhöhnte sie, ignorierte sie gleichzeitig auf ver-
achtende Weise. Die Mädchen erzählten ihr, daß er ihnen
Eheversprechen gab. Schließlich kündigte ihr eine dreiste
Geliebte unmißverständlich an, ihr bald als der »Herrin« dienen zu müssen.

Ich schaute zunehmend fassungslos dieser Geschichte zu
und habe die Rachegefühle der Frau geradezu herbeigesehnt.
Ihre Widerstandslosigkeit gegenüber den Demütigungen
durch den Mann, ihr ohnmächtiges Erdulden seines immer
unverschämter werdenden Verhaltens grenzte ans Unerträgliche. Sie schien unfähig und hilflos seinen Attacken ausgeliefert.

Bis sich schließlich, unerwartet und damit wirkungsvoll
wie eine Bombe, herausstellte, daß ihre »Nichtaktionen«
ihrem Peiniger gegenüber schon zu ihrer Rachestrategie gehörten: Als er eines Tages mit einem neuen Auto und einer
neuen Freundin aus der Stadt zurückkehrte, ließ sie seine geliebte Whiskeybrennerei nach einem genau vorbereiteten
Plan Teil um Teil explodieren, steckte das Auto in Brand,
während er wie von Sinnen zur Brennerei lief und diese zu
retten versuchte. Sie schoß ihm mit ihrer Flinte von der
Holzveranda aus zielsicher das Schrot vor die Füße, als er
schreiend und wütend zum Hof zurückgelaufen kam. Auf
diese Weise zog sie eine bleierne, staubaufwirbelnde Grenze
zu ihm, die er nicht mehr zu überschreiten wagte. Und mit
dem »Fersengeld« warf sie ihm auch das Bündel der schäbi-
gen Kleider nach, das er trug, als sie ihn am Hof aufgenommen hatte. Das verschreckte Mädchen schickte sie ihm hin-
terher.

Diese Frau schlug nicht blindlings und augenblicklich zurück, wie ich es als Zuschauerin ihres Leidensweges hände-
ringend erflehte. Sie wartete auf den richtigen Zeitpunkt,
verfolgte in einer Position der scheinbar Wehrlosen die dra-
matische Entwicklung der Anhäufung von Entwürdigung

und Infamie mit dem Wissen um die Gunst ihrer Rache-
stunde. Die sie zu genießen schien: Als stolze Herrin ihres
zurückeroberten Hauses stand sie auf der Veranda und blickte
den Fliehenden zufrieden, ja friedlich, nach. Sie nahm den
Reisigbesen und begann, den Hof zu säubern. Eine selbstverständliche Handlung, als hätte sich nichts ereignet.

Schon der Volksmund bestätigt: Rache ist süß. Kein er-
strittener Sieg ums Recht, keine besseren Argumente, keine
gesetzlich verhängte Strafe ist in der Lage, die lustvolle Genugtuung einer als gerecht empfundenen, persönlich ausge-
führten Vergeltungstat zu vermitteln. Doch diese süße Frucht
des Rachehandelns zählt in unserer Kultur zu den »verbotenen«, wenn sie von Frauen geerntet wird. »Rachelustige«
Frauen – Frauen, die sich die »heilende« Wirkung von Rache
nicht versagen wollen – werden postwendend als »rachsüchtig« abgestempelt. Als »ungut«, übelwollend und bösartig,
weil sie Rache nehmen. Männer sind heldenhafte Rächer –
der Enterbten, Witwen und Waisen, oder schlicht ihrer
selbst. Rächende Frauen gelten als garstige Biester. Indessen,
Rache darf nicht nur für Männer »recht« und selbstverständlich sein. Sie ist ebenso und im besonderen für Frauen notwendig um der Gerechtigkeit willen.

Die Rache der Frauen: Frauen verhehlen, Männer fürchten sie

1. Rache üben immer nur die anderen

... beschloß sie, da sie Recht
nicht konnte finden, sich Rach zu
holen mit der eignen Hand.
(FREI NACH SCHILLER, TELL, 5,1)

Rache üben immer nur »die anderen«. Rachetaten werden im
Vertrauen erzählt, dann, wenn das Verhältnis zwischen den
»Vertrauten« die Gefahr von Racheakten ausschließt oder
auszuschließen scheint. Denn Rachepläne werden im stillen
und heimlich geschmiedet.

Von Frauen selbst verleugnet, von Männern als Rachsucht
abgewertet, vom christlichen Denken verteufelt, von der
Medizin als »Adrenalin-Typ« etikettiert, von Psychologen
als unverarbeitete Aggression therapiert, nicht selten als
Strafe gegen sich selbst gerichtet: Die »Rache der Frauen« löst
im allgemeinen negative Assoziationen aus. Sie wird als eine
Form von Destruktivität verstanden, als eine Kraft, die das
Negative, das Böse bewirkt, das – einmal in Bewegung gesetzt – als Bumerang auf die Rächende zurückfallen wird. Rache wird mit fehlender Sittlichkeit und minderem Charakter
gleichgesetzt. Rache verschmilzt mit grausamer Schuld. Sie
wird als Ursache für neues Unrecht vermutet, als »Racheschraube«, denn, wie schon Hans Sachs meinte, »ein rach fol-
get der andern nach« (4,2,66). Zu Hans Sachsens Zeiten
stimmte diese Folgerung meistens, denn die Rache oder
Selbsthilfe gehörte im altdeutschen Recht zu den ordentli-
chen Rechtsmitteln. Es war natürlich, daß eine streitbare Auseinandersetzung oder eine Fehde, wenn kein Vergleich zustande kam, die andere hervorrief.

Mit »Rache« haben auch die von mir befragten Frauen zunächst »nichts am Hut«. Rache, das ist doch schlecht, fies und

primitiv. Eigentlich sollte die Frau schon viel weiter in ihrer menschlichen Entwicklung sein: Verzeihen können und nicht mehr an einen Racheakt denken; stark sein und sich Verletzungen nicht anmerken lassen; die Kränkung unter »schlechte Erfahrung« einreihen und die Rache dem Schicksal überlassen.

Befragt, was sie tun, wenn ihnen Unrecht zugefügt wird, wenn sie gedemütigt, betrogen, verleumdet oder in ihrer Person nicht ernst genommen werden, fallen ihnen dann typischerweise zuerst »edle« Reaktionen ein. Zum Beispiel die Form des Unerwidertlassens einer persönlichen Kränkung, aus dem Motiv heraus, »anders« zu sein als der Verletzer. Sie wollen sich nicht auf die gleiche Stufe mit ihm stellen, wobei des Schädigers Stufe niedriger als die eigene gilt. Die »edle Rache« besteht darin, daß man sich nicht rächt. Wobei fraglich bleibt, ob der andere diesen Edelmut bemerkt und ihn, denn das soll er bezwecken, auch schätzen lernt. Oder ob er sich einfach ins Fäustchen lacht, weil er so unerwartet gut »davongekommen« ist? Oder, noch schlimmer, könnte er ihren Edelmut mit Dummheit verwechseln? Dann schon lieber Rache!

Die Rache der Frauen trifft oft hart. Wenn sich trotz stummer, vorwurfsvoller Blicke, bedeutungsschwangerem Schweigen und stillen Fluchten die erwähnten, nicht bezweckten Folgen eher einstellen als eine Veränderung der unerträglich kränkenden Behandlung bewirken, bleibt nur noch die Zerstörung. Ein drastisches Beispiel dieser Rache gibt Aki Kaurismakis neuer Film »Das Mädchen aus der Streichholzschachtelfabrik«: Die von den Eltern ungeliebte, vom Mann ihrer Träume zurückgewiesene Iris greift zum Rattengift. Nicht für sich selbst, sondern für den Mann, für Mutter und Vater. In der Fabrik geht sie unauffällig ihrer Arbeit nach, eine negative Heldin, still, schweigsam, traurig. Vom Arbeitsplatz wird sie von Polizisten abgeholt. Auch der Rest ist Schweigen.

Dieser Film ist ein Beispiel für die Botschaft der »Racheschraube«. Gleichzeitig jedoch ein Beispiel für die Bewertung der rächenden Frau: Sie ist immer eine Zerstörerin. Daher wollen Frauen sich auch nicht als Rache Übende zu erkennen geben. Auch wenn die überwiegende Anzahl ihrer Rachetaten weniger folgenschwer sind, möchten sie vermeiden, in der Schublade des Klischees uniformiert zu werden.

Frauen erinnern sich an ihre Phantasien oder Taten, die vom Gedanken der Vergeltung angetrieben waren: Ja, sie könnten Rache genannt werden, bekennen sie. Sie benennen die Vergeltung: siehe da, eine Rachetat.

Bietet die (vermögende) Frau einem Mann, der sie verlassen hat, Geld an, weil er bankrott gegangen ist, sagt sie nicht, sie will sich rächen, indem sie ihn beschämt, sondern sie tue dies aus Menschlichkeit und Güte. Setzt sich die Ehefrau lächelnd auf den Vordersitz im Auto, wenn ihr Mann zum wiederholten Mal eine Kollegin »noch schnell« nach Hause bringen will, möchte sie angeblich die Gelegenheit nutzen, mit dieser interessanten Frau zu plaudern. Hat sich die Frau einen Geliebten genommen, weil sie sich vom Ehemann vernachlässigt fühlt, sagt sie nicht, sie habe sich gerächt, sondern verliebt. Wenn sie nach der Scheidung mit dem nachgemachten Schlüssel heimlich die Wohnung des »Ex« ausräumt, ist ihre Begründung, das »stehe ihr zu«. Ihre Phantasie, jedes Möbelstück ihres Freundes schwarz zu malen einschließlich der Wände seines Zimmers, weil er sie belogen und betrogen hat, erklärt sie nicht als Wunsch nach Rache, sondern als Ausdruck ihrer Trauer.

So unterschiedlich sie die Notwendigkeit einschätzen, so individuell ihre Form der Rache auch ist, halten die Frauen im allgemeinen übereinstimmend ein Rachehandeln dort gerechtfertigt, wo eine offene Auseinandersetzung über die Ursache der Verletzung verweigert wird; wo keine Einsicht angeboten und keine Verantwortung für die Kränkung übernommen wird. Darüber hinaus geht es nicht um die reine Bestrafung einer erlittenen Schädigung, sondern, daß die Form und der Vorgang der Vergeltung als »angemessen« betrachtet wird. Eine weitere Übereinstimmung in den Aussagen von Frauen führt zu der These, daß weibliche Rache eine Form von Zuwendung ist. Wenn sie das Interesse an einer Person verloren haben, oder ihr die (Be-)Achtung und Zuneigung entziehen, halten Frauen im allgemeinen auch Racheschritte gegen diese Person für »überflüssig«.

Typisch für Frauen ist ebenfalls die Trennung zwischen »öffentlicher« und »privater« Rache. Mit Ausnahme der Aktivitäten von Revolutionärinnen, Freiheitskämpferinnen und Terroristinnen überschreiten weibliche Racheakte selten den »privaten« Kreis. Die Rache der Frauen bewegt sich im allgemeinen um eine Beziehung herum: um den Geliebten, den Mann, um Kinder und Eltern. Sie richtet sich nur in Ausnahmefällen »gegen die verhaßte Gesellschaft – in Person eines Unschuldigen«, wie dies zum Beispiel die österreichischen Tageszeitungen von einem 18jährigen berichteten, der kaltblütig tötend auf den Kopf eines zu Boden geschlagenen Polizisten wie auf einen Fußball zielte. Weiblicher Rachedurst entlädt sich kaum im Amoklauf, der Unbeteiligte auslöscht. Wie im Fall eines 21jährigen Mannes, der im September 1990 in Wien vier Partygäste erschoß, nachdem er vom Gastgeber als »unerwünscht« nach Hause geschickt worden war.

Daß Frauen ihre eigene Art von Rache haben, ist seit alters her bekannt. Auf gesellschaftlicher Ebene wird ihre Bedeutung jedoch entweder verharmlost oder verteufelt. Sie wird nicht ernst genommen. Sie wird verdrängt, augenzwinkernd abgewertet oder gewalttätig bedroht, als Entgegnung männlicher Angst vor ihrer Wirkung. Selbst die grausamsten Unterdrücker in der Geschichte fürchteten die Rache der Unterdrückten. Frauen und Kinder sind in der Menschheitsgeschichte überwiegend diejenigen, die gedemütigt, mißhandelt und unterdrückt werden. Männer fürchten die unberechenbare, unerwartete Vergeltung, die aus dem Hinterhalt agierende Macht der ohnmächtig gehaltenen Frau. Deshalb wird versucht, Frauenrache als »anormalen«, sogar verbrecherischen Ausbruch und krankhaften Auswuchs der einzelnen Frau zu erklären: Die Rache der Frau wird als »Rachsucht« diffamiert. Auch für die Ursache weiblichen Rachehandelns steht eine Erklärung bereit: Der Soziologe Max Scheler schreibt zum Beispiel in seiner Analyse des Ressentiments, daß »das schwächere, darum rachsüchtigere Weib« sich – bedingt durch ihre Konkurrenzsituation im Kampf um den Mann – zwangsläufig in Rachegedanken wiegt.

Die Ursache der Rache der Frauen ist jedoch nicht der Kampf um den Mann, auch nicht die »Schwäche des Weibes«. Es sind vielmehr die zählebigen Herrschaftsverhältnisse, die die Bedingungen liefern für den Rachedurst der Frauen. Sie versuchen immer noch, ihr die untergeordnete Rolle aufzuzwingen und sie im geschlossenen Kreis der Privatsphäre festzuhalten, beziehungsweise sie dorthin zurückzudrängen. Durch die Bewertung als »Rachsucht« wird die Rache der Frauen benutzt, um den Anspruch männlicher Überlegenheit abzustützen. Das Etikett der Rachsucht für die sich rächende, und dadurch Unrecht anprangernde, und selbstbehauptende Frau ist absurd. Es hilft dem Mann, seine unterwerfenden Hände weißzuwaschen. Er rechtfertigt sich als unschuldiges Opfer weiblicher Angriffe. So wird nicht zuletzt auch der männliche Größenwahn verschleiert, demzufolge nur männliche Rachetaten gerechtfertigt sind als »gerecht« und heldenhaft.

Männer glauben, Frauen haben viel mehr Gründe, sich zu rächen, »weil sie weniger zu ihrem Recht kommen«, argumentiert ein 40jähriger Journalist. Männer »müssen« sich nicht an Frauen rächen, weil sie sich ihnen gegenüber kaum in der schwachen Position befinden, lautet ein weiteres Argument aus Männermund.

Rache üben ist auch eine Frage der Macht. Die Formen der Rache hängen mit den Machtmitteln zusammen, die einer Person zur Verfügung stehen. Deshalb haben Männer auch andere Möglichkeiten als Frauen, Rache zu üben. Ihre Taten brauchen sie nicht als Rache deklarieren, weil sie innerhalb der legitimierten Möglichkeiten einer hierarchischen Struktur auszuführen sind. Auch aus diesem Grund gilt Männerrache nicht als heimtückisch, denn sie läßt im allgemeinen zwei Interpretationen zu: Rache oder sachliche Notwendigkeit.

Für einen Vorgesetzten ist es ein leichtes Spiel, sich an seiner Sekretärin zu rächen, die ihn abgewiesen hat: Indem er ihr Gehalt nicht erhöht, sie an eine andere Position versetzt oder eine bildschöne Zweitsekretärin einstellen läßt.

Aber: Männer fürchten die Rache der Frauen. Sie wissen aus historischer Erfahrung, daß aus der Unterdrückung Befreite häufig keine Hemmung vor Vernichtung kennen und keine Barmherzigkeit. Ganz besonders dann, wenn die Befreiung aus eigener Kraft geschah.

Jede einzelne Frau, die Rachetaten ausführt, wird für den Mann zum unberechenbaren »Gegner«. Hemmungslose Furcht dagegen bereitet ihm die »Verschwörung der Frauen«. Wenn sich Frauen einig sind, fürchten Männer um ihre Macht wie um ihr Leben. Peter Greenaways Film »Drowning by Numbers« ist ein gutes Beispiel für die Angst der Männer vor der Rache der Frauen. Großmutter, Mutter und Tochter bilden den Bund der lustvollen Rächerinnen, die ihre Männer nacheinander ertränken. Die Frauen in diesem Film verkörpern die Konzentration dessen, was Männer an Frauenrache fürchten: Sie sind gewitzt, verspielt und listig. Nach außen hin sind sie ergeben und fügsam, im »Untergrund« verfolgen sie eine gnadenlose Strategie. Sie tauchen urplötzlich auf, um Rache zu nehmen. Gelegentlich erreichen sie mit Verrat ihr Ziel. Sie werden zu kriegerischen Amazonen, die Männer erst benutzen, um sie dann zu töten. Der Film gestaltet die männliche Phantasie, daß die Frau zur mordenden Rächerin wird.

Es ist kein Geheimnis, daß Männer Angst haben vor der unabhängigen, starken und unbequemen Frau, die sie zur Auseinandersetzung Aug' in Auge stellen will.

2. Die Weiberrache

Der Volksmund spricht von »Weiberrache« und meint damit weibliche »Boshaftigkeit«. Das sind die berechnenden Spiele des Verweigerns oder das Überlisten des »Schädigers« mittels Lügenmärchen, das sind verführerische Angebote mit der Absicht, sie nicht einzulösen. Das ist die »versehentlich« versalzene Suppe, der »unabsichtlich« verlorene Autoschlüssel. Ein wohldurchdachter Plan, der »seine« Existenz bedroht, oder zielgerichtete Informationsverteilung, um seinen Ruf zu ruinieren. Das ist weibliches »Falschspiel«. Sich so zu stellen, als hielte sie die geforderten Spielregeln ein. So spielt sie mit, bis man(n) sie ertappt – und als »Spielverderberin« bestraft. Doch das, was der Volksmund als »Boshaftigkeit« verniedlicht, hat für Frauen weitaus zentralere Bedeutung.

Den Griff zu List und Tücke haben Frauen nicht nur freiwillig gewählt. Die Formen listiger »Weiberrache« sind Produkte einer Ohnmachtssituation, die eine direkte Rache, wie der Mann sie übt, wenn er sich verletzt fühlt, nicht erlaubt. Eine solche vielseitig eingeschränkte, »ohnmächtige« Situation besteht für Frauen aufgrund der traditionellen Rollenteilung und der bedeutenden Funktion, die der Körperkraft für die entsprechenden Rollen zukommt. Solange Herrschaftsverhältnisse bestehen, ist die Ungleichheit Handlungsbasis der Wirklichkeit von Frau und Mann. »Weiberrache« agiert also auf dem Hintergrund der Ohnmacht und ist mit Schuldgefühl und Angst verwoben. Als schuldig gilt die Rächerin, weil sie das ungeschriebene, dennoch äußerst wirkungsvolle Gesetz der Unterwerfung unterläuft. Die Angst vor dem strafenden »Rachegott« sitzt tief und ist noch immer realistisch. Weil Rache üben als unangepaßtes weibliches Verhalten bewertet wird, haben Frauen Angst, von der Person, die sie lieben, an der sie sich rächen oder die von ihrer Rachetat erfährt, moralisch verurteilt und verlassen sowie von ihren Freunden verachtet zu werden.

Noch immer regiert das Gesetz des Stärkeren ganz entscheidend das Verhältnis der Geschlechter. Nicht nur die vielen Häuser für geschlagene Frauen dokumentieren dies. Frauen werden auf der Straße angepöbelt, in Büros und Restaurants. Sie werden in Parks und öffentlichen Verkehrsmitteln überfallen, vor ihrer eigenen Haustür vergewaltigt. Und wenn sie sich typischerweise mit Worten statt mit Körpergewalt wehren, bringt ihnen das meist nur zusätzliche Erniedrigung, körperliche Angriffe oder sogar Vergewaltigung ein.

Doch Not macht bekanntlich erfinderisch. Frauen haben gelernt, daß sie sich auf etwas anderes verlassen müssen als auf Körpergewalt, wenn sie Verletzungen vergelten möchten. Mit einer Kombination von Intelligenz, Phantasie und Entschlossenheit versuchen Frauen, Ohnmacht in Macht zu verwandeln. Typischerweise noch immer im Verborgenen. Leise. Mehr oder weniger treffsicher.

Zu den stillen, verborgenen, listenreichen und tückischen Strategien der Rache, die seit jeher als typisch für Frauen gelten, scheinen sich mehr und mehr offene Revanche, lautstarke Selbstbehauptung und handgreifliche Courage zu gesellen. Frauen greifen auch zu gewalttätigen Racheformen – bisher vorrangig die männliche Art –, um sich nicht mehr von ihren »Plätzen«, ihrem Territorium, verdrängen zu lassen. Sie wollen sich nicht mehr benutzen, degradieren, kränken lassen. Immer häufiger erscheint in der öffentlichen Diskussion die sichtbar zurückschlagende Frau. In Kathryn Bigelows Film »Blue Steel« gibt die Polizistenuniform der Frau den Schutz, um sich am männlichen Peiniger zu rächen. Mit der Uniform ist sie sichtbar eingebunden in das System der Gewalt. Als Polizistin hat sie gelernt, im Notfall Waffengewalt anzuwenden. Sie weiß auch, daß es Mord ist, einen Unbewaffneten zu töten. Trotzdem ist sie entschlossen, sich am Wehrlosen zu rächen, der sie bis zu dieser Situation als Opfer leben ließ, der sie mißbraucht, erpreßt, belogen hat, zur hilflosen Versagerin, zur zwielichtigen Frau degradiert. Als sich die Rollen von Opfer und Täter umkehren, weil sie ihre geladene Pistole auf ihn richtet, als seine letzte Kugel sie – sein Ziel – verfehlt hat, zögert sie nicht. Sie schießt, und ihre Schüsse gehören zu einem Vergeltungsritual der Rache im Alleingang, die zwingend geworden ist, weil das Gesetz eher ihm zu dienen schien, als es sie zu schützen bereit war.

Bemerkenswert ist dieser Film-Mord nur, weil ihn eine Frau ausführt. Daß Männer Vergeltung durch Töten üben, ist nicht nur im Film zum »verständlichen«, »nachvollziehbaren« Erlebnis geworden. Eine Frau, die aus Rache tötet, erzeugt unvergleichlich mehr Unbehagen bei der Frage, ob dies Recht oder Unrecht sei. Wenn überhaupt, dann sollen Frauen unter allen Umständen »friedliche« Rache üben: Weglaufen, sich verstecken, vielleicht weinen, am »vernünftigsten« dulden, auf keinen Fall öffentliche Szenen machen.

Wen wundern da noch »Bildungs«-Programme, die insbesondere Frauen lehren wollen, mißfällige, negative Strömungen mittels Autosuggestion von sich fernzuhalten? Verletzende Gefühle werden bereit- und freiwillig abgeblockt und zugedeckt, statt endlich aufgebrochen, konfrontiert und handelnd bewältigt zu werden. Die durchsichtige Botschaft lautet: Wie schaffe ich es als Frau, mich noch reibungsloser in mein Umfeld, in meine Gesellschaft, einzufügen?

3. Die Ohrfeige im Orient-Expreß

Sonntag, 13. Mai 1990, im Orient-Expreß zwischen Wien und Budapest. Drei erwachsene Frauen sind auf dem Weg zu einer vierten Frau: ein Muttertagsausflug zur Großmutter.

Die ältere der drei Frauen ist die Mutter der beiden anderen. Eine der Töchter, die 38jährige zierliche Eva, hält sich noch am Bahnsteig auf, während die Mutter ihr den Sitzplatz durch ihre Handtasche belegt. Ein gut gekleideter Mann mittleren Alters betritt das Abteil und steuert auf den leeren Platz gegenüber der Mutter zu. Die Mutter erklärt ihm, der Platz sei nicht frei. Er antwortet, darauf säße ja niemand. Doch, erwidert die Mutter, meine Tochter, deren Handtasche den Platz belegt. Den Sitzplatz nehme ich, betont der Mann, und stellt Evas Handtasche auf den Boden. Hören Sie nicht, was meine Mutter sagt, mischt sich Elisabeth, die anwesende Tochter neben der Mutter, ein. Na, wenn schon, grinst der Mann, jetzt sitze ich hier. Empörtes Murmeln wird bei den anderen Fahrgästen laut. Sie können doch nicht so unhöflich sein, sagt die Mutter. Doch, das kann er. Er muß sich von Frauen nicht vertreiben lassen, er ist ein Mann. Eva, die nun das Abteil betritt, stellt sich erbost, aber hilflos neben die Mutter. Der Mann sitzt behäbig, ausladend-breitbeinig der Mutter gegenüber und starrt sie herausfordernd an. Nehmen Sie Ihren Blick von meiner Mutter, warnt ihn die Tochter. Er reagiert nicht. Jetzt, denkt die 40jährige Elisabeth, selbst Mutter zweier Teenager, greift er uns an und sucht in den Augen von Mutter und Schwester nach Beruhigung.

Diese Strecke sind die drei Frauen schon oft mit dem Zug gefahren. Jetzt pfeift die Lokomotive und fährt in den Tunnel ein. Im Abteil wird es dunkel, finster. Plötzlich ist ein scharfes Klatschen zu hören. Schweigen. Und als der Zug den Tunnel verläßt, als es allmählich hell und immer heller im Abteil wird, trägt der fremde Mann das rote Merkmal einer ganzen Hand auf seiner linken Gesichtshälfte, ein Auge tränt. Elisabeth sitzt hochaufgerichtet zu seiner Rechten und schaut mit glänzenden Augen starr geradeaus.

Die drei Frauen erinnern sich nicht mehr, wer dann zuerst mit dem glucksenden, sich zunehmend befreienden Lachen begann. Ihr Lachen steckte die Mitreisenden an. Noch fünf Minuten hielt der Mann diesem Chor stand. Dann verließ er – wortlos – das Abteil. Und Eva setzte sich beschwingt auf ihren Platz.

Es ist noch mal gutgegangen, meinen die Frauen mit Erleichterung. Elisabeth gibt zu, sie hatte Angst vor dem Gegenschlag. Doch ihr fiel nichts anderes ein, dem Mann die Unverschämtheit heimzuzahlen, sagt sie. Sie nützte den Schutz der Dunkelheit, um handgreiflich zu werden. Ihre Ohrfeige war das sichtbare Ergebnis eines leidenschaftlichen Gefühls, das sich aus Wut, Zorn und Ohnmacht entwickelt hat. Ihr Verstand registrierte die Mißachtung ihrer Rechte durch diesen Mann. Die unsichtbare Folge ihrer Rachetat ist das Gefühl der Genugtuung, sich selbst behauptet und dem Schädiger Grenzen aufgezeigt und Einhalt geboten zu haben.

Das Erlebnis der drei Frauen ist nicht erfunden, auch wenn es Erinnerungen an Szenen in Romanen oder Filmen wachruft. Manche Leute, denen ich es erzählte, glaubten sogar, einen Witz darin wiederzuerkennen. Es klingt deshalb phantastisch, weil schlagende Frauen untypisch sind. Sie stellen weder eine gesellschaftlich wünschenswerte noch eine selbstverständliche Erscheinung im Alltagsleben dar. Sie werden gerne als Karikatur benutzt, um die »instinktartige Verschlagenheit beim Weib« (Arthur Schopenhauer, 1862) zu illustrieren.

Die folgenden beiden Experimente sind »erfunden«. In einer gleichen Situation werden Frauen gegen Männer ausgetauscht. Der Effekt ist: die Erlebnisse scheinen realistisch, weil sie die Erfahrung von Alltagsverhalten widerspiegeln.

Elisabeth und Eva reisen mit ihrem Vater im Zug. Der mitreisende Mann möchte den Sitzplatz haben und stellt die rhetorische Frage nach dessen Verfügbarkeit. Nachdem ihm der

Vater den Platz als belegt für die Tochter verwehrt, bedankt er sich (vielleicht) für die Auskunft, geht weiter und sucht sich einen freien Platz. Er argumentiert nicht, schimpft nicht, stellt Evas Handtasche nicht auf den Boden.

Der Mann respektiert den vom Vater (einem anderen Mann) deklarierten Anspruch auf den Platz. Die Tochter spielt dabei als Person keine Rolle, sie wird als Besitz des Vaters mit ihm quasi identisch. Ein Mann respektiert im allgemeinen die Rechte eines Mannes.

Was geschieht, wenn wir die Töchter durch Söhne ersetzen: Eine Mutter wird von ihren beiden erwachsenen Söhnen begleitet. Vielleicht wagt es der mitreisende Mann, sich auf den Platz des Sohnes zu setzen, weil keine Handtasche den Sitzplatz sichtbar blockiert. Wenn er sich auf den Platz setzt, zusätzlich die Mutter mit unverschämten Blicken belästigt, wird der Sohn mit seiner Entgegnung kaum auf das schützende Dunkel des Tunnels warten: Ein Mann schlägt öffentlich sichtbar zurück.

4. Die Männerrache

Körperliche Gewaltanwendung ist Ausdruck der Behauptung männlichen Territoriums und der Verteidigung persönlicher Ehre. Der Sohn fühlt sich aufgefordert, nicht nur auf seinem Platz zu bestehen, sondern auch die Verunglimpfung der Mutter zu rächen. Die Ehre der Frau verschmilzt mit seiner eigenen. Wie reagiert der fremde Mann? Er wird sich vermutlich nicht tatenlos geschlagen geben: Läßt der andere mehr Körperkraft vermuten, entschuldigt er sich. Andernfalls schlägt er zurück.

Der Schlag-Austausch ist ein männliches Ritual. Es beginnt bei den Raufereien unter Jungen im Kindesalter, und findet seine Fortsetzung heute nicht selten am Straßenrand. Das folgende Erlebnis während eines Einkaufsbummels in der Stadt ist typisch dafür: Bremsen kreischen, Reifen quietschen, der eine Autofahrer nimmt dem anderen die Vorfahrt. Sie halten beide an, der »Geschnittene« steigt aus, droht mit der Faust, springt zum vorderen Auto, reißt die Tür auf, zerrt den Fahrer vom Sitz auf die Straße, packt ihn an den Haaren und schmettert ihn auf den Asphalt. Ein Schrei, der mir durch die Glieder fährt. Blut färbt die Haare des Getretenen. Als sich Fußgänger einmischen, bedroht sie der Mann, der sich für die Mißachtung seiner Vorfahrt zu rächen gedenkt. In den USA wird nicht selten ein Autofahrer von einem anderen erschossen, weil der ihn überholt und damit ihn und sein Auto tödlich beleidigt hat.

Wenn männliche Ehre oder das, was ein Mann für seine Ehre hält, auf dem Spiel steht, wird eine Verletzung mit physischer Kraft zu vergelten versucht. Und der Stärkere siegt. Das ist das Prinzip der Kriege, der »heiligen« Kreuzzüge, der Gladiatorenkämpfe, der Ritterturniere, des Duells, des Boxens, des »Armdrückens«. Da ist Kampf angesagt, da werden Kräfte gemessen. Selbst symbolische Stärke hinterläßt ihre Wirkung: das Spiel mit den Muskeln, Demonstration der überlegenen

Körpergröße, ein scharfer, zurechtweisender Blick. Kämpfe unter Männern sind alltäglich. Sie kämpfen mit der Kraft ihres Körpers, mit den Waffen oder mit der Faust. Prahlend. Heldenhaft. Ohne Zaudern. Sie füllen Zeitungsseiten, Fernsehstunden, Filmhandlungen, Nachrichtenmeldungen. Sie lassen sich in Wirtshäusern beobachten, in öffentlichen Verkehrsmitteln, im Supermarkt, im Straßenverkehr. Ist die Gegnerin eine Frau, kommt sie als die Stärkere, die Siegerin, nicht in Frage. Selbst die körperlich sichtbar stärkere Frau wird ignoriert. Und sogar dann, wenn sie mit einer Waffe droht, wird sie nicht ernst genommen. »Warum lachen Männer, wenn Frauen zum äußersten greifen?« fragt ein Berichterstatter einer österreichischen Tageszeitung, als er über den Mord einer Frau an ihrem Ehemann berichtete. Der Mann hatte die Frau jahrelang betrogen und gedemütigt und lachte, als sie mit dem Küchenmesser in der Hand drohte, ihn umzubringen. Sie stach zu.

Die 35jährige Galeristin Felicitas erzählte mir folgendes Erlebnis: Sie befand sich mit ihrer Freundin Karin, einer Lehrerin, am späten Abend auf dem Heimweg von einer Tanzveranstaltung. Ihre Freundin hat die imposante Körpergröße von fast 1,90 Meter und wirkt fest und stabil. Die beiden Freundinnen stehen noch eine Weile vor Karins Haustür und reden miteinander. Von der gegenüberliegenden Straßenseite her pfeifen ihnen zwei Männer zu und kommen herüber. Sie sind gut zwei »Köpfe« kleiner als Karin und eher schmächtig. Sie wollen wissen, ob »die Damen sich pudern lassen«. Sie plustern sich gockelhaft auf und sind offensichtlich so überzeugt von ihrer männlichen Unwiderstehlichkeit, daß sie nicht im entferntesten mit der Reaktion der Frauen rechnen: Die körperlich weit überlegene Karin beugt sich hinab, fordert die zwei mit lauter Stimme auf, ihre Frage zu wiederholen. Und während sie sie mit wütenden Blicken in Schach hält, reckt sich die kleinere Felicitas hoch und teilt Ohrfeigen aus. Die beiden Frauen machen sich anschließend »so schnell wie möglich aus dem Staub«, bevor die beiden begreifen, wie ihnen geschah.

Auf der Skala der männlichen Gewaltakte nehmen Ohrfeigen einen niedrigen Rang ein. Sie gehören unter Männern noch zum Spiel. Werden sie Frauen und Kindern gegenüber ausgeteilt, bedeuten sie eine Warnung. Sie sind die Andeutung der weitaus größeren Macht, der stärkeren Gewalt, die dahinter zu liegen vorgegeben wird. Sie werden als Straf- und Erziehungsmittel »eingesetzt«.

Wird ein Mann von einer Frau geohrfeigt, hat diese Ohrfeige ein ungleich folgenschwereres Gewicht. Für ihn ist sie eine Demütigung, eine Niederlage, die er durch die schwächere Frau nicht ertragen kann. Dann sieht ein Mann rot: Und für den nachfolgenden Angriff kann er mit Verständnis nicht nur von seinesgleichen rechnen. Die Chancen, diesem Gegenangriff zu entgehen, liegen für Frauen darin, sich unerreichbar zu machen, wie dies Karin und Felicitas tun. Oder darin, sich mit Öffentlichkeit zu umgeben. Der Mann im Orient-Expreß verließ schließlich tatenlos das Abteil, weil die Sympathie und Wachsamkeit der Mitreisenden eindeutig den Frauen galten. Ganz abgesehen davon, daß er glauben konnte, den Schlag in der Dunkelheit habe niemand gesehen, und sich in diesem Fall nicht zum Agieren veranlaßt sah. Die Erniedrigung wird unerträglich, wenn sie öffentlich geschieht.

Mit Rache demonstriert ein Mann Macht. Seine Rache ist Ausdruck dafür, daß er sich noch immer als »Herr« versteht, mit dem Recht, »aufmüpfige« Frauen zu bestrafen. Die Rache der Männer stützt sich dabei keineswegs nur auf die Demonstration ihrer physischen Kraft. Sie bedienen sich ihrer traditionellen Vorrechte und der Vorteile, die sie daraus ableiten, und spielen auch damit ihr männliches Kräftespiel gegen die Frau.

Wenn Frauen Unterordnung ablehnen, die vorgefertigte Schmalspur des »Follow-me«-Pfades verlassen, die männliche Definitionsmacht von Gut und Böse nicht mehr akzeptieren, werden sie mit der Rache der Männer rechnen müssen. Männer sperren wirtschaftliche Möglichkeiten für die Frau – vom Bankkonto bis zur Berufstätigkeit – sie verhindern geistige Entwicklung – vom interessanten Vortrag bis zur therapeutischen Bewußtseinsmachung. Wenn die private männliche Autorität nicht genügt, kommt ihm die obrigkeitliche Macht zu Hilfe.

Die 45jährige Monika zum Beispiel kränkte ihren Mann empfindlich, als sie ihn nach zwanzigjähriger Ehe freiwillig verließ. Monika hat dadurch ein traditionelles Ritual verletzt: Der Mann verläßt die Frau. Der Frau steht nicht zu, den Mann zu verstoßen.

Unendlich verletzt wurde der Stolz ihres Mannes dann, als sie auch noch – ohne sich dessen zu schämen – einen jüngeren Geliebten vorzuweisen hatte. Dadurch mißachtete sie ein weiteres männliches Vorrecht. Es ist der Mann, der ein Recht auf die jüngere Geliebte hat. Die Frau verhält sich geschmacklos und »primitiv«, wenn sie sich einen jüngeren Mann nimmt.

Weil Monika diese Tabus durchbrochen hat, bekommt sie die rächende Verachtung sogar gerichtlich zugestellt: Da kehrt in den Schriftsätzen immer wieder ausdrücklich der »zehn Jahre jüngere Bademeister« auf, dessentwegen sie angeblich die Ehe habe »um jeden Preis« verlassen wollen. Dieser »zehn Jahre jüngere Liebhaber« habe die Funktion eines »Märchenprinzen« übernommen, nachdem Monika sich in die »Aschenputtelrolle« »hineingeträumt« habe. Dies alles soll auf die fehlende sittliche und geistige Reife der »Klägerin« (sie hat die Scheidung beantragt) hinweisen. Und zu guter Letzt macht »der Beklagte« den Umgang seiner Frau für ihr »Fehlverhalten« und die unrealistische Sichtweise des ehelichen Alltags verantwortlich: ein Umgang, der zum Bedauern des Beklagten »samt und sonders« aus geschiedenen Frauen bestand, deren Einfluß »nicht zu übersehen« war.

Die Alltagswirklichkeit zeigt, daß Frauen immer häufiger die Initiative zu einer Scheidung ergreifen. Der verlassene Ehemann ist eine »übliche« Erscheinung geworden. Trotzdem ist der Mann so sehr an die patriarchale Idee seiner Überlegenheit gewöhnt, daß jedes Verhalten der Frau, das dieses »Dogma« verletzt, »ewige Rache« hervorruft, die nicht selten von einem Vernichtungswillen getragen wird.

2

Die Herausforderung

1. Das Recht auf Wertschätzung

Weiber reden, Männer fehden

»Wer nicht schießen will, muß reden«, sagte ein Kommentator des österreichischen Fernsehens zwei Tage vor Ablauf des Ultimatums am Golf. »Schießen« steht für Gewalt. »Wer nicht reden will, muß schießen«, wird als Umkehrung abgelehnt.

Wer nicht redet, auf den wird geschossen, hieße eine denkbare Schlußfolgerung.

Wer nicht redet, und auch nicht will, daß auf ihn geschossen wird, was tut der, wenn er am Funktionieren des Zusammenlebens Interesse hat?

Damit nicht auf sie geschossen wird, versuchen Männer statt des Redens zu schießen. Oder sie verschanzen sich hinter hochstaplerischer Unnahbarkeit.

Frauen reden, weinen, heulen, streiten, schreien, toben, winseln und manchmal schlagen sie zu: Du hast mir weh getan.

Die Antwort der Männer ist Schweigen, Erniedrigung, Gleichgültigkeit, Verachtung, im Stich lassen, verlassen.

Was nun? Immer nur lächeln? Oder Verstummen, verdrängen, leiden, sterben? Oder überlegen, Einhalt gebieten, zurückzahlen, um sich selbst zu achten?

Die Rache der Frauen ist eine Antwort auf die Entwertung ihrer Person. Die Grundlage ihrer Rache bildet nicht nur die Tatsache, daß Frauen Unrecht erfahren haben, sondern entscheidend ist auch das Gefühl, ein Recht zu haben, das eingefordert werden muß, wenn es mißachtet wird. Wenn sie physisch und psychisch am »Lebensnerv« getroffen werden, denken sie an Rache mit allem, was ihnen zur Verfügung steht. Die verletzende Situation kann durch Respekt- oder

Grenzenlosigkeit entstehen, durch eine Drohung, durch Betrug oder Sachschädigung, durch körperliche Gewalt oder dadurch, daß die Frau verlassen wird. Den Satz ihres Ex-Ehemannes »Ich werde dich vernichten« konterte die 45jährige Gerhild zum Beispiel damit, daß sie dies zu verhindern wußte. Sie schämte sich zwar ein bißchen für ihre »unfeinen« Rachemethoden, hatte damit jedoch den Ernst der Lage richtig eingeschätzt. Vorsorglich klagte sie ihn wegen illegalen Waffenbesitzes an.

Bei dem Versicherungsunternehmen, das sie nach dem Brand ihres Hauses durch ein falsches Gutachten an den Rand des existenziellen Ruins gebracht hat, zieht Hanna, eine Geschäftsfrau aus München, den Schluß: »Man kann sich nicht rächen an einem riesigen Verwaltungsapparat. Man kann nur den Gutachter niederschlagen.« Das tut sie nicht, weil sie sich selbst nicht schaden will. Doch sie schwelgt in Rachephantasien: »Emotionales Luftablassen in Form von Wunschvorstellungen sind dann erleichternd.« Racheakte »à la Dallas« etwa sind ein beliebter Traum, in dem sich die Voraussetzungen »unendlich viel Zeit und viele Ölmillionen« in phantastische Rachepläne umsetzen lassen.

Sabine, eine 30jährige Verlagssekretärin, erzählt die Rache fordernde Situation wie folgt:

»Wenn der andere nicht zugänglich ist, wenn man gegen eine Wand rennt, dann sinne ich auf Rache, dann werden diese Rachegedanken übermächtig.« Es geht dabei weniger um gesetzlich garantierte Rechte als um solche, die mit persönlicher Würde verbunden sind. Sabine erzählt, ihr Freund habe sich von einem Tag auf den anderen nicht mehr bei ihr gemeldet. Ihr Verhältnis war bis zu diesem Tag zärtlich und innig. Sie hatte die Beziehung immer sehr »rosig« gesehen. »Nach ein paar Tagen rief er an und teilte mir mit, er habe eine andere Frau gefunden, die ihn mehr anziehen würde als ich, und er müsse sich jetzt von mir zurückziehen. Ich bin aus allen Wolken gefallen. Diese abrupte Wende war entsetzlich. Dann habe ich eine Woche gewartet – vergebens. Kein Anruf, nichts. Das Zurückziehen hatte ich so verstanden, daß er etwas Abstand braucht. Für ihn bedeutete es aber, daß er bereits mit der anderen Frau zusammen war. Schließlich habe ich ihn angerufen und um eine Aussprache gebeten. Im Moment habe er keine Zeit, er versprach, am nächsten Tag zurückzurufen. Ich wartete geduldig drei Tage, dann rief ich an, um ihn wüst zu beschimpfen. Er hat ganz unberührt, ganz überlegen darauf reagiert und mir gesagt, es wäre einfach so, daß einem einmal diese Frau gefalle, und dann finde man wieder eine andere besser. Sicher wäre es schwer für mich, aber so sei das Leben.

Ich war sprachlos, zutiefst gekränkt. Ein paar Tage bin ich verwirrt herumgerannt und wälzte die schlimmsten Mordphantasien im Kopf. Ich wollte ihn zusammenschlagen oder zerfleischen, ihm irgend etwas ganz Schlimmes antun. Dann überlegte ich mir einen realistischeren Plan.«

Sie rief ihn an und sagte ganz ruhig, sie würde gern mit ihm darüber reden, wie es denn zu der Veränderung ihrer Beziehung gekommen wäre. Er lehnte ab. Sie bat ihn, ihr wenigstens diese eine Aussprache nicht abzuschlagen. Er war bereit, sich in einem Café zu treffen. Dann überredete sie ihn, in ihre Wohnung zu kommen. »Dies gehörte zu meinem Plan. In meiner Wohnung fühlte ich mich sicherer. Ich habe gewußt, daß er kommen würde, wenn ich so ganz vernünftig mit ihm rede, nicht im anklagenden Ton.«

Er kam. Sie hat ihn freundlich und gefaßt in ihr Zimmer begleitet. »Dann habe ich meinen ganzen Mut zusammengenommen, bin auf ihn losgegangen und habe auf ihn eingeschlagen, bis er sich nicht mehr wehren konnte. Seine Stiefel hatte er ausgezogen, als er hereinkam und sie, höflich wie er war, bei der Tür stehenlassen. Ich habe einen Stiefel zum Fenster hinausgeworfen, in den anderen Hof hinüber, zu dem wir keinen Zugang hatten.«

Es war Winter, eiskalt. Dann wies ihn Sabine aus ihrer Wohnung. »Also, das ist ein Bild, das mir bis heute noch Genugtuung gibt, daß er mit einem Socken einfach in den Winter hinaus gehen mußte.«

Sabines Beispiel zeigt das Muster, welches das Rachehandeln der Frauen beeinflußt. Die Struktur der Beziehung zwischen Sabine und ihrem Freund entspricht der herkömmlichen Rollenteilung. Der Mann handelt, entscheidet für sich, ohne in seine Entscheidung die Frau, die seine Partnerin ist, mit einzubeziehen. Er schließt die Frau von der Chance aus, Einfluß auf die Entwicklung der gemeinsamen Beziehung zu nehmen. Ihr steht nur noch passives Reagieren zur Verfügung. Doch auch dies ist in Sabines Fall eingeschränkt, da ihr Freund sich zunächst physisch unerreichbar macht. Sie weiß nicht, wo er ist und wieso er sich nicht meldet. Er bestimmt, wann und wie er ihrer beider Beziehung »behandelt«. Aufgrund der durch Erziehung eingeübten Verhaltensweisen und ausgerichtet an den Wertidealen unserer Kultur, verhalten sich Sabine und ihr Freund entsprechend den typischen Erwartungen an Frau und Mann. Sabine ist betroffen, sucht zu verstehen. Ihr Freund dagegen nimmt das Vorrecht männlicher »Freiheit« in Anspruch.

Das wird Sabine zuviel. Hier trifft er auf die Grenze ihrer Toleranz. Sie durchbricht das voneinander wechselseitig abhängige Handlungsschema, indem sie sein Vorrecht verweigert und auf ihr Recht pocht. Dazu braucht sie ihre Rachetat, weil sie keinen anderen Zugang findet, um dem Mann klarzumachen, daß er ihre menschlichen Rechte anzuerkennen hat.

Rache ist also auch eine Art Protest und eine Widerstandsform. Sabine entschloß sich, Rache zu nehmen, weil die Erklärung für ein Verhalten fehlt, die ihr ein Verstehen ermöglichen würde. Was ihr ebenso fehlte, war das Gefühl, ernst genommen zu werden. »Für mich war Rache notwendig«, sagt sie, »weil ich mich irrsinnig verletzt und betrogen gefühlt habe. Mir blieb keine andere Form, dies auszudrücken.«

Die meisten Frauen kennen das Gefühl, zur Rache herausgefordert zu werden. Sie beschreiben Situationen, in denen sie haben »Rache üben müssen«, oder in denen sie sich »zur Rache gedrängt« fühlten: Der Mann will die von ihm verursachte Verletzung nicht sehen, er will sein Fehlverhalten nicht eingestehen, er will die Frau nicht um Verzeihung bitten, er sieht sich selbst nur im Recht. Doch Frauen werden nicht nur von Männern verletzt. Rache unter Frauen wird herausgefordert, »wenn eine von uns es wagt, sinnlich zu sein, lebensfroh zu sein, sich über Konventionen hinwegzusetzen, den Weg einfach zu gehen«, faßt Sophia zusammen. Wenn Frauen durch Handeln ihr Leben positiv gestalten und passive Haltung in Aktivität umwandeln, rührt dies so sehr an den verleugneten Schmerz von Frauen, daß sie – statt selbst zu handeln – eine starke Frau verletzen. Den tiefen, unverarbeiteten Schmerz eines gedemütigten Selbstwertgefühls geben Mütter immer wieder an die Töchter weiter. Und eine Freundin verrät die andere, wenn sich das Kräfteverhältnis in ihrem Leben verschiebt. Für die Folgen männlicher Verletzung rächen sich Frauen häufig nicht an Männern, sondern an anderen Frauen, »mit deren Reaktionen sie besser umgehen können, da sie weniger folgenschwer für sie sind«, wie Christa Mulack schreibt. Doch im allgemeinen verspüren Frauen Männern gegenüber stärkere Rachegelüste als gegenüber Frauen. Mit Männern kommen sie gewöhnlich viel intimer, enger und daher verhängnisvoller zusammen.

Frauen denken im allgemeinen nicht von vornherein blindwütig an Rache, wenn man sie verletzt. Wenn sie Rache nehmen, tun sie es dann, wenn andere Mittel nicht zum Ziel führen, angehört, ernst genommen, geachtet und respektiert zu werden als Mensch. Die Mißachtung ihrer Person erfahren sie als Demütigung und Ungerechtigkeit.

Wenn sie sich im Zusammenleben ignoriert, nicht wahrgenommen fühlen und sie ihren Beitrag für die Bewältigung von gemeinsamen Alltagsaufgaben als einseitig und für zu selbstverständlich angenommen erfahren, antworten Frauen auf ihre Weise. Sie setzen ein, was sie die »kleine Rache« oder die »Rache des Hausverstands« nennen. Dazu ein paar Beispiele.

Barbara, 40 Jahre, Übersetzerin, beschreibt Situationen aus ihrer siebenjährigen Beziehung mit einem Assessor, von dem sie sich inzwischen getrennt hat. »Ich bin abhängig von Brot. Solange ich Brot und Zwiebeln und Kartoffeln im Haus hab, ist es mir egal, wenn sonst nichts da ist. Dieser Mensch hat kein Brot gegessen. Und wenn er fürs Wochenende eingekauft hat, hat er grundsätzlich vergessen, Brot zu kaufen. Und das ist für mich eine solche Kränkung gewesen, weil er nie daran gedacht hat. Er wußte, daß ich Brot brauche. Aber er hat sich überhaupt nicht die Mühe gemacht, daran zu denken, daß ich gerne Brot esse, auch wenn er es nicht mag. Dies empfand ich als ungeheure Verletzung. Es zeigte mir, daß er mich innerlich doch gar nicht wirklich zur Kenntnis genommen hat.«

Von einer anderen typischen Situation aus dem Alltagsleben erzählt Sara: »Wir sitzen am Frühstückstisch, beim Mittagessen, Abendessen, ganz egal. Mit der größten Selbstverständlichkeit ißt er jede letzte Scheibe Schinken, jedes letzte Stück von irgendwas, ohne zu fragen, möchtest du die Hälfte oder möchtest du dies gerne haben. Es geht nicht darum, daß ich etwas haben möchte, es geht darum, daß er es mir kommentarlos vor der Nase wegnimmt.« Sie fühle sich sehr gekränkt, weil er sie ignoriert, indem er es nicht für nötig hält, sie zu fragen. Eine Form von Höflichkeit, die er anderen gegenüber selbstverständlich wahrt.

Die Kränkung fängt für die 40jährige Laura schon an, wenn sie auf ihre Frage, wann trinken wir einen Tee zusammen, die Antwort bekommt, gar nicht, weil ich keine Zeit hab. Sie möchte nicht auf dem Terminplan stehen, dies drückt sie in Symbolen aus: Tee, Kaffee, Wein trinken. Sie zeigt: Ich denke an dich auch während meines angestrengten Arbeitstags. Er zeigt: Du bist nicht eingeplant.

Veronika hatte ihren Mann in Verdacht, sie zu betrügen. Eines Abends kam er wieder einmal vom Tennisspielen nach Hause. Während sie sich die Zähne putzte, hängte er wie üblich die durchgeschwitzte Tenniskleidung im Bad auf die Leine. Veronikas Blick fiel im Spiegel auf das Tennishemd: Es war bis zum Kragen fein säuberlich zugeknöpft. Feucht und klamm war es schon, als sie es prüfend berührte. Ihr war sofort klar: »Ein zugeknöpftes T-Shirt kann man nicht ausziehen, also hat er es nicht getragen, also war er nicht beim

Sport, sondern bei ihr.« Sie fragte ihn scheinbar beiläufig, wie's denn beim Spielen gewesen sei. Er antwortete: Wunderbar, es habe ihm viel Spaß gemacht.

Frauen rächen sich, indem sie Sexualität verweigern, »trödeln«, wenn er es eilig hat, kein Interesse zeigen oder ihre bewährte Verläßlichkeit aufkündigen: »Ich lasse ihn einfach auflaufen«, sagt Hanna, »er denkt, ich werde ihn schon immer rechtzeitig an die wichtigen Termine erinnern, aber ich tue es nicht.« Veronika stellt ihren Mann anhand des »Beweisstücks« zur Rede, entlarvt seine Lüge und beschämt ihn.

Die »große Rache« halten die Frauen im allgemeinen nur in Ausnahmefällen für angemessen. Sie sei allerdings abhängig von der Schwere der Verletzung, räumen sie ein, oder der subjektiv empfundenen Bedeutung einer Ungerechtigkeit. Diese »große Rache« käme im allgemeinen dann in Frage, wenn ihren Angehörigen schwere Verletzungen an Leib und Leben zugefügt werden. In diesen Fällen könnten sie nicht garantieren, die Rache ohne Übertreten der Gesetze durchzuführen. Wenn ihrer Tochter etwas geschähe, meint zum Beispiel Gitta, Mutter von drei Kindern, wäre sie zu »extremen Brutalitäten« fähig. »Wenn jemand meinen Mann töten würde, könnte es sein, daß ich diesen Mörder auch umbringe, selbst wenn ich dafür ins Gefängnis käme«, meint auch Hanna.

Manchmal steht »große Rache« aber auch für »grandiose« Rache, wenn die Voraussetzung von »viel Geld« oder einer entsprechenden Machtposition wirklich gegeben sind. Dazu gehört auch, zu irgendeinem Zeitpunkt die Machtverhältnisse umgekehrt zu erfahren. Die 35jährige Liliane erzählt, sie habe inzwischen fast alle großen Weltreisen alleine unternommen, von denen ihr Ex-Freund ihr vorgeschwärmt habe. Er hat sie verlassen, weil er ein Weltenbummler sei und ein Abenteuerleben führen wollte, für das er sie als ungeeignet hielt. Heute ist er ein braver Beamter, der sich die Reisen nie erfüllen konnte. »Ich habe praktisch seine Wünsche gelebt, und es gibt mir immer wieder ein Gefühl des Triumphs, wenn ich von einer Reise wiederkomme und er erfährt von meinen Erlebnissen über gemeinsame Bekannte.«

Die 29jährige Elli hatte als 16jährige einen »richtig schönen, vielbeachteten Mann« zum Freund. Er hat sie verlassen, weil er eine Karriere im Modebereich anstrebte und mit ihr »auf keinen grünen Zweig zu kommen« glaubte. »Heute«, sagt Elli, »glaubt er, ich wäre *die* Frau für ihn«, und bemüht sich heftig um sie. Es sei nun genau das eingetreten, was sie ihm damals als Rachewunsch hinterhergeschickt habe: »Daß er mich damals verschmäht hat, hat mich sehr gekränkt. Ich hab ihm diese Kränkung so vergolten, daß ich gedacht hab, daran sollst du noch denken, und irgendwann später sollst du entdecken, daß ich eigentlich die Tollste war.« Heute ist sie eine umschwärmte, schöne Frau mit allen Symbolen sichtbaren Erfolgs: In einem männerdominierten Unternehmen hat sie eine Führungsposition. Mit Genugtuung läßt sie ihn jetzt spüren, daß er nicht mehr »gut genug« für sie sei.

Das Muster dieser Rache ist vielen Frauen aus der Kindheit als Phantasie bekannt. Wenn sie sich ungerecht behandelt fühlen, wollen Kinder nicht selten »sterben«, damit die Eltern um sie weinen müssen und am Grab – leider zu spät – erkennen, welchen Schatz sie verloren haben. Diese Phantasie können Kinder herrlich ausmalen und das Urteil über die dann leidenden Eltern lautet immer: Das geschieht ihnen recht. Weil Kinder im allgemeinen die Erfahrung realer Ohnmacht machen, greifen sie zum Ausgleich auf »geistige« Rachetaten zurück. Kinderbücher allerdings vermitteln häufig den Eindruck, daß die Kunst der Gemeinheit von Kindern stammt. Kleine Mädchen werden als besonders raffiniert beschrieben.

Man denke nur an Astrid Lindgrens »Pippi Langstrumpf«. Ein anderes Beispiel ist die fünfjährige »Matilda« bei Roald Dahl, ein »frühreifes« Kind, das – verständig und blitzgescheit – sich für die Schmach in Elternhaus und Schule mit listigen Einfällen rächt. »Mit Hilfe schierer Schlauheit konnte sie die Puppen tanzen lassen«, schreibt Roald Dahl. Am meisten dann, als sie entdeckt, daß sie kraft ihres Willens

Dinge beeinflussen kann. Mit Hilfe dieses Zwingzaubers besiegt die Kleine die Macht und Gewalt der Erwachsenen. Ein schönes Märchen. Die Wahrheit ist: Kinderbücher werden von Erwachsenen geschrieben.

2. Die Bürde einer Wohltat

»Geben« ist in moralisch-philosophischen Zusammenhängen im positiven Sinn gemeint. Es bedeutet »etwas schenken«. Im alltäglichen Sprachgebrauch zeigt sich aber auch eine negative Bedeutung: eine Ohrfeige, Schläge, Strafe werden ebenfalls gegeben.

Eine Gabe hat also einen recht ambivalenten Charakter. Ein klassisches Beispiel, daß man sich über den positiven Charakter einer Gabe täuschen kann, ist das als »Danaergeschenk« in die Sprache eingegangene Trojanische Pferd. Es bezeichnet ein Geschenk, dessen Annahme gefährlich ist. Der historische Hintergrund ist: Die Griechen ließen bei ihrer scheinbaren Abfahrt ein prachtvolles hölzernes Pferd vor den Toren Trojas zurück, das die Troer – trotz der Warnung Laokoons – als Weihgeschenk an die Göttin Athene in ihre Stadt hineinschafften. Im Bauch des Pferdes hatten sich jedoch die tapfersten Griechen verborgen, die nachts herausstiegen und den Ihrigen die Tore öffneten. Die Folge war: Troja wurde von den Griechen erobert.

An diesem Beispiel läßt sich auch die Auslegung von Marcel Mauss verstehen, wonach Geben nicht nur als Handeln betrachtet werden kann, sondern die gegebene Sache beinhaltet ein Stück des Gebers selbst. Die Gabe ist also »selbst wenn der Geber sie abgetreten hat, noch ein Stück von ihm«, schreibt er. »Woraus folgt, daß jemand etwas geben soviel heißt, wie jemand etwas von sich selbst geben.«

Diese Betrachtungsweise erhellt auch die Bedeutung, die das Geschenk für den Gebenden selbst erhält: Wird sein Geschenk abgelehnt, kommt dies einer Beleidigung gleich, denn er fühlt sich in seiner Person abgewiesen und dadurch entehrt. Die Person, die das Geschenk ablehnt, lädt Schuld auf sich, denn sie hat mit der Verweigerung des Geschenks symbolisch die Freundschaft verweigert und die Person des

Gebers in Frage gestellt. Sie trifft Verachtung, weil sie den Schenkenden gedemütigt hat. Dabei kommt es jedoch auf die Intention des Gebenden an.

Wie das Beispiel des Trojanischen Pferdes zeigt, geschieht nicht jedes Schenken aus Freude oder Lust, um eine friedliche Gesinnung anzuzeigen oder um Vertrauen zu werben. Das Geschenk dient auch dazu, Liebe, Anerkennung, Achtung und Ruhm zu erwerben. Es läßt sich aber auch als Mittel einsetzen, um nach Macht zu streben; und es kann ebenso ein Ausdruck von Macht sein. Denn: »Geben heißt Überlegenheit beweisen, zeigen, daß man mehr ist und höher steht, Magister ist«, schreibt Marcel Mauss. Es entspricht der Sitte und dem Brauch in unserer Kultur, daß Geschenke nicht nur angenommen, sondern auch erwidert werden. Die einfachste Form einer solchen Erwiderung ist der geäußerte Dank. Wer dieser Erwartung nicht entspricht, gilt als unehrenhaft. Demzufolge bedeutet dies für die Person, die eine Gabe annimmt, ohne sie zu erwidern oder sogar zu übertreffen, »sich unterordnen, Gefolge und Knecht werden, tiefer sinken, Minister werden« (Mauss). Diese Bedeutung von Geben und Annehmen liegt auch einem Brauch der nordamerikanischen Indianerstämme zugrunde, der in der Ethnologie den Namen »Potlatch« führt. Dies ist ein großes Fest, bei dem die eine von zwei Gruppen mit viel Aufwand und Zeremoniell der anderen Geschenke überreicht. Die einzige Gegenleistung der eingeladenen Gruppe liegt in der Verpflichtung, das Fest binnen einer bestimmten Frist zu wiederholen und dabei soweit wie möglich zu übertrumpfen. Von dem Stamm der Tlinkit wird erzählt, daß ein Häuptling, wenn er einem anderen eine Schmach antun wollte, eine Anzahl seiner eigenen Sklaven tötete, woraufhin der andere, um sich zu rächen, verpflichtet war, eine noch größere Anzahl seiner eigenen Leute zu töten.

Der Wettstreit, wer die meisten und wertvollsten Geschenke machen kann, funktioniert nach dem Prinzip der Vergeltung. Ein Geschenk geben kann Beleidigung, ein Geschenk überbieten kann Rache sein. Das beleidigende Geben ist in unserer Alltagswirklichkeit nicht fremd: Unverhältnismäßig hohes Trinkgeld, Gaben, die an Bestechung grenzen, überschwengliches Lob usw. haben letztendlich die Wirkung, Hierarchien abzustützen und Abhängigkeiten zu schaffen. Weil an ein Geschenk die moralische Verpflichtung zur Erwiderung geknüpft ist, ist zusätzlich zur Intention des Gebenden noch die Art der Gabe von Bedeutung. Im Austausch von Geben und Nehmen gelten für Frauen und Männer bestimmte kulturspezifische »Gaben«. Frauen kennen die Geschenke von Männern, an denen sie nicht nur Freude haben sollen, sondern durch die ihnen eine unausgesprochene Verpflichtung zum reibungslosen Funktionieren auferlegt wird. Geschenke, die sie immer wieder daran hindern sollen, Verantwortung für sich selber zu übernehmen, weil sie ihnen abgenommen wird. Die Frau, die nach dem Tode ihres Mannes hilflos vor einem Berg zu erledigender Dokumente steht, weil sie ihr überaus fürsorglicher Mann niemals damit »belästigt« hat, ist noch immer keine Seltenheit.

Die Erwiderung eines Geschenkes in Form von Dank etwa und die Rache als Erwiderung einer Beleidigung haben eines gemeinsam. Sie unterliegen dem, was sich in einer Kultur »schickt«, und dem Gesetz der Ehre: Es ist ehrenrührig, einer anderen Person etwas schuldig zu sein. Eine scherzhafte Redewendung in Österreich bezeichnet diesen Umstand so: »Danke für die Einladung. Ich werd' mich schon rächen.« Dies appelliert an den Stolz, den die 40jährige Psychologin Hania zum Beispiel so beschreibt: »Je weniger man hat, desto weniger will man eingeladen werden, desto stolzer ist man. Lieber zahlt man drauf.« Schuld fällt häufig mit »Schulden« im ökonomischen Sinn zusammen. Die gebende und die beschenkte Person begegnen sich nicht selten mit der Angst, die zwischen Gläubigern und Schuldnern herrscht. »Wohltaten« können daher geistige als auch sachliche Abhängigkeiten schaffen.

Dieser Zusammenhang spielte beispielsweise im Leben der Schriftstellerin Eugenie Marlitt (1825–1887) eine wesentliche Rolle, wie Herrad Schenk (1989) beschreibt. Eugenie wurde als 16jährige von der regierenden Fürstin als Pflegetochter aufgenommen. Die Fürstin förderte die musikalischen Talente des Mädchens und gefiel sich in der Rolle der Wohltäterin. Eugenie, die aus ärmlichen Verhältnissen kam, war sehr bald völlig abhängig von ihr. Die Fürstin entschied über Umfang und Form der finanziellen Unterstützung und wählte die Personen aus, in deren Gesellschaft sie Eugenie wünschte. Als die junge Frau, die zunehmend unter ihrer Abhängigkeit litt, wegen eines plötzlichen Gehörleidens ihre Karriere als Sängerin aufgeben mußte, verstärkte sich ihre abhängige Position noch dadurch, daß sie nun von der Fürstin wieder als Vorleserin aufgenommen wurde. Da begann Eugenie heimlich zu schreiben. Ihre Romane wurden ein riesiger Erfolg, der mit einem Schlag ihr Leben veränderte. Es war ihre Chance zur Selbstbestimmung und die Möglichkeit, sich aus der abhängigen Position zu lösen. Nun konnte sie die Demütigungen, die ihr die Fürstin unter dem Mantel der mütterlichen Fürsorge und des freundschaftlichen Wohlwollens zugefügt hatte, erwidern: Sie wies die Forderung der Fürstin, an Eugenies Erfolg beteiligt zu werden, entschieden zurück. Der Erfolg gehörte ihr ganz allein und machte sie unabhängig: Sie hatte nun eigenes Geld und persönliche gesellschaftliche Wertschätzung.

Unabhängigkeit und Stolz werden besonders häufig bei Frauen bekämpft. Sie sind verknüpft mit Macht. Wer Macht hat, kann über »Ohnmächtige« bestimmen. Der Machtinhaber kann Selbstbestimmung gewähren oder verwehren. Er kann auf die Ausübung seiner Macht verzichten. Oder er kann zum Verzicht gezwungen werden.

Wer sich aus einer abhängigen Position befreien will, die als »goldener Käfig« und als »Gabe« oder »Geschenk« verschleiert wird, gilt als undankbar. Denn dieser Schritt kann neben der Befreiung gleichzeitig Rache sein. Nicht zuletzt aus diesem Grund – der Angst vor ihrer Rache – werden Frauen von Männern vor diesem Schritt gewarnt. Die Warnungen betreffen im allgemeinen die Aussicht auf ein schlechtes, einsames Leben, das sie ins gesellschaftliche Abseits, wenn nicht gar »in die Gosse« führen wird. Frauen kennen Möglichkeiten, um sich für Abhängigkeit und Unterdrückung durch scheinbares Wohlwollen zu rächen. Eine dieser Formen ist, die eigene Karriere zu verfolgen und zu erreichen. Gelegentlich üben Frauen die »späte Rache«. Bei alten Ehepaaren läßt sich beobachten, daß die Pflege des hilflos gewordenen Ehemanns für die Frau nicht nur Last bedeutet, sondern häufig als Triumph empfunden wird. Die Ehefrau, die ein ganzes Eheleben lang in Abhängigkeit gehalten wurde, erlebt und lebt jetzt ihre Macht und (relative) Unabhängigkeit, indem sie das Alltagsleben bestimmt, das dem Mann nach seinem Arbeitsleben geblieben ist.

Auch aus der elterlichen Abhängigkeit müssen sich Frauen (ebenso wie Männer) lösen. Diese Befreiung kann manchmal eine Racheaktion sein. Die 30jährige Bärbel, Kunsterzieherin, berichtet zum Beispiel:

»Für meine Eltern war immer wichtig, daß ich ›anständig‹ war. Nach dem Ende meiner Schulzeit ging ich als »Au pair«-Mädchen nach Frankreich und war das erste Mal von zu Hause weg. Nach einem halben Jahr kündigten meine Eltern ihren Besuch übers Wochenende an. Sie wollten schauen, was aus mir geworden war. Und nun hatte ich am ersten Tag ihrer Ankunft eine Verabredung mit einem Mann. Natürlich hätte ich sie absagen können, aber ich tat es nicht. Im Gegenteil, ich bin sogar erst am nächsten Morgen zurückgekommen. Es war verrückt. In dieser Nacht, ausgerechnet dann, als meine Eltern da waren, habe ich meine ersten sexuellen Erfahrungen gemacht und sozusagen meine Unschuld verloren. Das war so ungeheuerlich, weil Sexualität in meinem Elternhaus immer ein strenges Tabu war, und auch dann, als ich am Morgen zurückkam, sprach keiner an, was ich denn mit diesem Mann getan hätte.« Natürlich war ihr angst und bange vor der Reaktion der Eltern, sagt Bärbel. Doch da die Eltern kein Französisch sprachen, waren sie in ihrer hilflosen Verzweiflung über das Ausbleiben der Tochter zum Abwarten bis zum nächsten Morgen gezwungen. Und ihre erste Reaktion war natürlich Erleichterung. Aber die Vorwürfe und ihr

Entsetzen über die liederliche Tochter blieben nicht aus: Sie reisten verärgert und enttäuscht am selben Tag wieder ab. Bärbel sagt, für sie sei dies eine Art Triumph gewesen und ein Schritt, sich aus der Bevormundung der Eltern lösen zu können. Für sie persönlich war diese (unbewußte) Racheaktion ein wichtiger Meilenstein zur Entwicklung, um die Moral ihrer Eltern zu bekämpfen und zu überwinden.

Für die 25jährige Johanna stellte sich heraus, daß die Wohltat, die sie dankbar angenommen hatte, nicht ausschließlich ihr gegolten hat. Sie wurde als »Rachewerkzeug« benutzt. Sie studierte Architektur und arbeitete an ihrer Diplomarbeit. Die Kritik ihres betreuenden Professors an ihrer Vorgehensweise und ihren Plänen wurde zunehmend unsachlicher. Johanna rätselte über den Grund und bemühte sich, seinen Änderungswünschen weitgehend Rechnung zu tragen. Die Zusammenarbeit besserte sich jedoch nicht, sie wurde im Gegenteil unerträglich, so daß Johanna schließlich »das Handtuch warf«. Über die Ursache der Ablehnung des Professors war sie auf Vermutungen angewiesen. Er warf ihr Unfähigkeit und mangelnde Originalität vor. Auf Zureden von Kollegen hin versuchte Johanna, ihre Arbeit bei einem anderen Professor prüfen zu lassen. Er reagierte positiv und bot ihr uneingeschränkte Unterstützung zur Fertigstellung der Arbeit an. Mit Ausagen wie: Das schaffen wir bestens. Wir machen eine großartige Arbeit. Das werden wir ihm (dem Kollegen) zeigen, er wird sich über unseren Erfolg noch sehr ärgern, stachelte er Johanna zur Höchstleistung an. Sie dachte gelegentlich, das »wir« könnte er sich sparen, entsprach seinen Erwartungen jedoch bestens. Und als die veröffentlichte Arbeit in Kollegenkreisen große Beachtung und sogar in der Öffentlichkeit lobende Kritik bekam, war es für Johannas Mentor eine noch größere Genugtuung als für sie selbst, diesen Erfolg errrungen zu haben. Er veranlaßte sie, dem Kollegen, der sie zurückgewiesen hatte, ein Exemplar ihrer Arbeit zu überlassen.

Daß ihr die Unterstützung nicht so uneigennützig zuteil geworden war, wurde ihr kurze Zeit später klar. Wie sie erfuhr, hatte »ihr« Professor eine persönliche Rechnung mit dem älteren Kollegen zu begleichen, der ihn einst ebenfalls als unfähig degradiert und »abgeschoben« hatte. Johannas Erfolg sollte dokumentieren, wer der eigentliche Unfähige war.

Dem Professor kam gelegen, daß Johanna von seinem Konkurrenten abgewiesen worden war. Indem er sie nun aufnahm und förderte, konnte er gleichzeitig seinen lang gehegten Rachewunsch erfüllen. Johannas Erfolg war unbestritten. Gleichwohl ist sie zum Mittel entwürdigt worden.

3. Die Stärke des Wortes

Frauen fühlen sich zutiefst gekränkt, wenn Männer sie verbal verletzen. Schimpfwörter stecken sie im allgemeinen nicht einfach weg oder parieren sie mit Humor oder geben Gleiches zurück. Sie erleben sie als das, was sie auch sind: Demütigungen der Person. Margareta erzählt zum Beispiel: »Mein Freund hat mal als sogenannten Witz, also in seinem Sinn humorvoll, Trampel zu mir gesagt. Mir hat es schier den Boden weggerissen. Ich war wirklich aus dem Häuschen. Ich hab so geweint und gesagt, das sagst du mir nie wieder.« Sie fühlte sich so sehr verletzt, daß ihr »der Boden weggerissen« schien. Wem der Boden entzogen wird, der wird ins Nichts gestoßen und empfindet sich als »ungenügend« und entwertet. Auch bestimmte Formen der Körpersprache erleben Frauen als kränkend. »Ich spreche gerade mit ihm, und er dreht sich weg«, ist eine typische Situation, die bei Frauen Rachegedanken entfacht. Verletzend verhält sich ebenso der Mann, der sich im Beisein seiner Partnerin nach jeder anderen weiblichen Person den Hals verdreht. »Er sagt«, erzählt Carmen, »dies wäre eine dumme Angewohnheit, die nichts zu bedeuten habe.« Der Punkt ist: Die wirkliche Zuwendung zur Partnerin fehlt. Deshalb fühlt sich Carmen zu recht gekränkt.

Es heißt, das Wort sei – neben der Sexualität – die natürliche Waffe der Frau. Wie das Sprichwort »Böse Weiber geben Worte für Schläge« vermuten läßt, fühlt die Männerwelt sich von der weiblichen Macht des Wortes bedroht. Nancy Reagan, so heißt es, verscherzte sich männliche Sympathien mit ihrer die Schwächen »großer Männer« offenlegenden »rachsüchtigen Autobiographie« (wie sie eine deutsche Tageszeitung bewertete): »Jetzt rede ich.« Nur von Frauen heißt es, sie seien »geschwätzig«, sie »tratschen«, »zanken« und »lästern« gern. Man glaubt daher, böse Frauen bereits an äußeren

Kennzeichen zu erkennen: Analog zur »spitzen Zunge« seien bei bösen Frauen Kinn und Nase ebenfalls spitz (»Spitznase – übel Base«!).

Schon in der Schule sind die kleinen Mädchen den Buben verbal weit überlegen, und auch später kann so manche zarte Frau einen starken Mann mit ihren Worten an die Wand drücken. Meist tut sie dies jedoch nur in den eigenen vier Wänden. Ihre Macht besteht jedoch nicht darin, daß sie Worte als Schmähung verwendet, sondern sie dazu benutzt, die hinter dem Handeln liegenden Zusammenhänge zu benennen und hörbar zu machen. Ein gesprochenes Wort findet seinen Weg. Es ist unmöglich für einen gesunden Menschen, Hörbares nicht zu hören. Es ist möglich, sich taub zu stellen, dies hindert den Ton jedoch nicht, ins Ohr zu dringen und gehört zu werden. Sprache hörbar zu verwenden, ist ein wichtiger Schritt, um Schweigen zu brechen. Wenn das Schweigen gebrochen wird, wird auch die Macht gebrochen. Es waren Frauen, die in Sizilien zum Beispiel den Mund zuerst aufgemacht haben und so die Macht der Mafia ins Wanken brachten. Die Herrschaft der Mafia beruht auf der »Omerta«, dem Gesetz des Schweigens. Mit Bedrohung, Bestechung und Blutvergießen wird dieses Gesetz durchgesetzt. Das hat die Bürger jahrzehntelang verstummen lassen. Jetzt reden sie, gehen auf die Straße und schreien das Unrecht hinaus. Das ist ihre Art der Revolution, mit der sie das Land von Unterdrückung, Unrecht und organisierten Verbrechen befreien wollen.

In diesem Zusammenhang dürfte sich vermutlich auch das Sprichwort bewahrheiten, welches sagt, daß »schon manche Weiberzunge« einen Männerhals abgeschnitten hat.

Bei den Eskimos ist die Kunst des Wortes hoch angesehen. Für ihre berühmten nith-Gesänge – Wettkämpfe, die nicht mit Waffen, sondern mit Worten ausgetragen werden – gilt, daß die Sanges- und Dichtkunst gleich oder sogar noch höher gewertet wird als körperlicher Mut.

Von dieser Einstellung zeugen ebenfalls die poetischen Wettkämpfe an den mittelalterichen Höfen. Die Troubadourkunst äußerte sich nicht nur im Minnesang, sondern auch in Streitgedichten, in denen sie oft ihre herausfordernden Spottlieder zum Ritterdegen machten. Eine besondere Art von Versduellen waren die Tenzonen. Das ist eine alte volkstümliche Dichtungsart, die in improvisierten Versen Streit austrägt. Ursprünglich waren es persönliche Händel, die die beiden Sänger durch solche Verskämpfe miteinander ausmachten. Später wurden auch allgemeine Fragen debattiert. War in einer Gesellschaft eine Streitfrage aufgetaucht, so konnte eine Dame zwei anwesende Troubadoure auffordern, sich zu Fürsprechern dieser verschiedenen Ansichten zu machen. Dies war das Prinzip der »Sängerkriege«. Solche Verskämpfe sind bei vielen Völkern Bestandteil ihres Volksguts. Sowohl die Tiroler als auch die norwegischen Bauern oder toskanischen und sizilianischen Hirten kennen sie.

Rededuelle werden heute berufsmäßig von Rechtsanwälten und Politikern ausgetragen. Auf privater Ebene sind sie nur allzu gut zwischen Kindern und Eltern bekannt (wenn den Kindern nicht das Wort verboten wird), und zwischen Frauen und Männern (wenn der Mann nicht das Zimmer verläßt oder gewalttätig wird). »Du hörst mir überhaupt nicht zu!« ist ein Standardvorwurf von Frauen an ihren Mann. Kann ein Mann gezwungen werden, zuzuhören? Die 34jährige Hausfrau Lore sperrte ihren Ehemann kurzerhand im Badezimmer ein. »Während er unter der Dusche stand, verschloß ich die Tür und sagte ihm, ich würde erst wieder aufschließen, wenn ich fertig bin mit dem, was ich ihm sagen will.« Sie stand draußen und las ihm den Terminkalender der vergangenen Woche vor. Er hatte jeden Tag andere Verabredungen eingetragen. »So konnte ich ihm nun in aller Seelenruhe meine Vorwürfe vortragen, ohne daß er aus dem Zimmer lief und die Tür zuknallte.« Er reagierte zwar zuerst mit wütendem Geschrei. Doch als er merkte, Lore ließ sich nicht von ihrem Vorhaben abbringen, hörte er zu. »Ich habe immerhin damit erreicht, daß er jetzt seine Termine mit mir abspricht und es Abende gibt, die er für uns reserviert.«

Lore hat sich ein Merkmal des menschlichen Gehörs zunutze gemacht: Die Ohren führen das Wahrgenommene direkt und genau in uns hinein. Es ist bekannt, daß die weibliche Stimme Leitfunktion in unserem Leben hat: Höhere Stimmen werden besser gehört. Alles, was im Alltagsleben besonders wichtig ist, indem es sofort befolgt werden muß, schwingt in den höheren Lagen der weiblichen Stimme: von der Haustürklingel, Polizei- und Rettungssirenen, bis zum Feuer- und Bombenalarm. In der Musik sind im allgemeinen die Instrumente, die in der hohen weiblichen Stimmlage schwingen, die Träger dessen, was wir als Melodie empfinden. Und die tieferen, der männlichen Stimmlage entsprechenden Instrumente werden als Melodieträger nur dann wahrgenommen, wenn die höheren schweigen. Eine Übertragung auf die gesellschaftliche Bedeutung dieser Tatsache erlaubt die Schlußfolgerung: Die Stimme der Frau ist unüberhörbar. Sie braucht sie nur zu erheben.

4. Weiblicher Widerstand

Daß es sich beim weiblichen Widerstand zu keiner Zeit um
einen »einzigen wilden Kampfmythos« gehandelt hat,
sondern um kulturspezifisch geprägte Aktionen der Frauen,
die die jeweils zur Verfügung stehenden Möglichkeiten aufgegriffen haben, beschreiben die Autorinnen der historischen Aufsatzsammlung »Listen der Ohnmacht« (Frankfurt/
Main 1984). Die Geschichtsschreibung bezeichnet offene
Rebellion und kollektive Widerborstigkeit als häufigste Pro-
testformen der Frauen aus den Unterschichten. Frauen –
überwiegend Familienmütter – haben an Bauernunruhen,
Steuerrevolten, Maschinenstürmereien und Brotunruhen
teilgenommen. Formal waren diese Frauen zwar in einer un-
tergeordneten, abhängigen Position. In der Alltagswirklichkeit war jedoch jeder Bauer, jeder Handwerker aus wirtschaftlichen Gründen mindestens ebenso abhängig von
seiner Frau wie diese von ihm. Diese gegenseitige Abhängigkeit der Geschlechter bedeutete, daß die Machtverteilung in
den Familien in etwa gleich stark war. Dies ist eine Voraussetzung dafür, daß offener Widerstand gegen gesellschaftliche Unterdrückung – nach außen – auch von Frauen geäußert
werden kann. Ebenso erscheint es einleuchtend, daß durch
gleich starke Machtverhältnisse Kämpfe gegen eine Verletzung der Person in Form von Unterdrückungsversuchen
oder Nichtbeachtung innerhalb einer Beziehung direkter
ausgetragen werden können.

Mit fortschreitender Industrialisierung wuchs die finanzielle Bedeutung der außerhäuslichen Tätigkeiten. Sie wurden zunehmend zu einer männlichen Domäne. Die Bedeutung der Hausarbeit für die wirtschaftliche Entwicklung
wurde abgewertet, schlecht bezahlt und gleichzeitig auch in
ihrer sozialen Anerkennung gemindert. Die Frauen der unte-
ren Schichten, die in ihrer Jugend meist als Dienstmädchen

oder Fabrikarbeiterinnen tätig waren, heirateten häufig früh und wurden durch die Belastungen eines Alltags, der mit sozial minder geachteter Arbeit ausgefüllt war, entkräftet und ausgelaugt. Um sich gegen Ungerechtigkeiten aufzulehnen, blieb ihnen weder körperliche noch psychische Kraft.

Bürgerlichen Frauen ging es dagegen »besser«: Das Bild von Weiblichkeit wurde neu definiert und bedeutete für die Frauen des Bürgertums die Zähmung als »Haustier«. Die Frauen wurden »verstrickt in verstümmelnden Deutungen des Mannes, gebunden an die Familie, zu der es kaum Alternativen gab, gefangen im Alltag« (Honegger, 1984). Die Welt des Bürgertums teilt sich »in die sachbezogene Berufswelt des Mannes und in das sanfte Reich der Frau«, in dem menschliche Bedürfnisse das Handeln zu bestimmen scheinen. Sie wird zur Zufluchtsstätte vor der versachlichten, inhumanen Berufswelt erklärt.

Der Macht des Mannes stand das soziale Ansehen der Frau als »Mutter und Tugendwächterin« gegenüber. Das »Schalten und Walten im Hause« wurde der weiblichen Verantwortung überstellt. Gleichzeitig wurde die Frau zur sittsamen und sexlosen Hüterin häuslicher und öffentlicher Moral erklärt. Anstatt sich lautstark oder handgreiflich zur Wehr zu setzen – wozu ihr die finanzielle Unabhängigkeit fehlte und was ihr das Bild von Weiblichkeit verbot –, versuchte die Frau nun still, heimlich und listig Küche, Kindererziehung und Bett zu ihren Machtbereichen umzuformen. Offene Rebellion wich den Formen heimlicheren Widerstands, der weniger in einer Normverletzung, sondern eher in einer »Übererfüllung von Normen« lag, schreiben Claudia Honegger und Bettina Heintz. Sie nennen diese Widerstandsformen »spontane, nicht unbedingt illegale Leistungsverweigerung im Rahmen asymmetrischer Herrschaftsbeziehungen«, die vergleichbar mit dem »Dienst nach Vorschrift« sind. Die offizielle Sexualmoral sprach den Frauen sexuelle Freuden für sich selbst ab. Eine »normale« Frau sollte einen reduzierten oder überhaupt keinen Geschlechtstrieb haben. Diese Theorie ist neu, denn das Christentum ging immer von einer

Triebhaftigkeit des weiblichen Geschlechts aus und begründete damit die Rechtfertigung für die Verteufelung und Verfolgung des Weiblichen. Frauen bedienten sich nun des entsexualisierten Weiblichkeitsbilds, um weibliche Selbstbehauptung zu üben. So kennt man »die Matrone, die säuerlich und moralisierend für eine sexuelle Selbstkontrolle focht, die Gattin, die kühl und spröde ihren Körper rechnerisch verwaltete« und die »nächtlichen Annäherungsversuche des Gatten« entrüstet zurückweist. Eigenschaften wie »instinktartige Verschlagenheit« und einen »unvertilgbaren Hang zum Lügen« (Schopenhauer, 1862) werden den Frauen angelastet. Diese Eigenschaften werden sogar mit weiblichen Krankheiten in Verbindung gebracht. Mit ihren Unpäßlichkeiten und Migränen, ihrer Kränklichkeit, Hysterie und kultivierter Gebrechlichkeit praktizierten Frauen heimliche Verweigerung. Männer begannen zunehmend darüber zu klagen, daß Frauen, anstatt tugendhaft »aus aufopferndem und selbstverleugnendem Sinn ein Tagewerk zu vollbringen, dessen Lohn andere genießen«, sich lieber in den Kriminal- und Liebesromanen der zeitgenössichen Trivialliteratur heimliche Anleitungen zum Aufruhr holten. Doch im allgemeinen wurde der Aufruhr nur auf ihre Phantasie beschränkt. »Sie träumten, was sie nicht leben konnten«, schreibt Claudia Honegger. »Von häuslicher Revolte und verwegenem Ehebruch, von leidenschaftlichen Geliebten und berauschenden Frauen, die ›vor sexueller Energie strotzen‹, ›barbarisch, gefährlich und aufregend‹ waren.« Ihre Wünsche standen im Gegensatz zum weiblichen Idealbild der Zeit, wonach die Frau tugendhaft, rein, unschuldig und gehorsam sein sollte.

Die Vorstellung einer romantischen Liebe bedeutete für Frauen ein wichtiges Element, die eheliche »Reduzierung« erträglich zu machen. Entscheidend für die Verwirklichung einer Liebe in einer Heirat waren jedoch nicht selten handfeste ökonomische Gründe. Da die Frauen vom Arbeitsmarkt überwiegend ausgeschlossen waren, »feilschten sie auf dem Heiratsmarkt«. Jungfernschaft wurde zu einem »Kapitalwert«, den zu verlieren »einem finanziellen Verlust gleichkam«, da die Frau als Ware entwertet wurde. Frauen versuchten, alles daranzusetzen, sich gut zu verkaufen. Der begehrte Preis war der Ehering, in Liebe »eingewickelt«.

Das Ideal der Liebe konnte jedoch nicht lange verschleiern, daß sie ein Schritt in Unterordnung und neue Abhängigkeit war. Auch in den letzten Jahren zeigt die Statistik, daß Frauen anstatt um rare Ausbildungsplätze um einen Ehering kämpfen. »Frauen, von der Hure bis zur Prinzessin, können auf dem Markt gekauft werden. Einzig der Preis variiert«, schrieb Steven Marcus (zit. in Honegger). Der Möglichkeit zur eigenen ökonomischen Unabhängigkeit beraubt, versuchen sie, sich von einem Mann versorgen zu lassen. Diese Art subtiler Rache ist zwar an die gesellschaftliche Ordnung gerichtet, welche Frauen mehr als Männer durch die Auswahlraster fallen läßt, macht sich aber am einzelnen Mann fest, der in jedem Fall als Teil patriarchaler Struktur auch eine Teilverantwortung trägt. Der weibliche Protest gegen gesellschaftliche Ungerechtigkeit zentriert sich als Anspruch und Forderung um einen Mann, der diesem Anspruch nicht selten mit Ahnungslosigkeit, aber Unbehagen gegenübersteht.

Die Alltagserfahrung zeigt, daß die männliche Antwort auf diesen Anspruch von Frauen kaum Hilfe zur Befreiung von gesellschaftlicher Minderbewertung ist. Sie äußert sich eher als Rückfall in noch stärkere Unterdrückung der Frau, indem die unterstellte faktisch nicht vorhandene Macht als private Fessel zu noch größerer Abhängigkeit eingesetzt wird. Die althergebrachten Verhältnisse von Über- und Unterordnung scheinen wenig verschleiert auf. Die ökonomisch und emotional abhängige Frau sitzt wieder in der Falle, aus der sie sich mühsam befreien muß, indem sie eine Fessel nach der anderen abzustreifen versucht.

»Befreite« Frauen reagieren besonders empfindlich auf Demonstrationen männlicher Macht. So kommt es, daß sie sich manchmal schon rächen, wenn die Absicht des anderen zu erkennen ist.

5. Rache ist nicht Angriff, sondern Reaktion

Rache gehört zu den »tiefverankerten« und »intensiven« Leidenschaften, den Triebfedern menschlichen Handelns, schreibt Erich Fromm. Rache ist kein Bedürfnis, sondern Motivation menschlichen Handelns und entsteht im sozialen Miteinander. Rache ist Bestandteil eines Austausches. Sie kann nicht ohne den Schädiger auftreten. Und sich rächen kann nicht ohne Zielscheibe sein. In der Terminologie des Soziologen Max Schelers heißt das: »Jedem Racheimpuls muß ein Angriff oder eine Verletzung vorhergegangen sein. Durch die vorausgegangene Verletzung wird die Rache zu einer Reaktion.« Das unterscheidet sie von aktiven und aggressiven Impulsen. Der Racheimpuls fällt nicht mit dem Impuls zum Gegenschlag oder zur Verteidigung zusammen, auch wenn »diese Reaktion von Zorn, Wut und Entrüstung« begleitet ist. Beißt beispielsweise ein angegriffenes Tier seinen Angreifer, kann dies, meint Scheler, nicht Rache genannt werden. Ebensowenig ist der unmittelbare Gegenschlag auf eine Ohrfeige Rache. Scheler nennt zwei Merkmale, die für den Tatbestand der Rache wesentlich sind: Erstens muß eine »mindestens momentane Hemmung und Zurückhaltung des sich unmittelbar einstellenden Gegenimpulses« die Gegenreaktion auf eine andere Zeit oder geeignetere Situation verschieben. Es liegt zweitens im Wesen der Rache, daß »sie stets das Bewußtsein ›Dies für Das‹ enthält, niemals also bloß eine affektbegleitende Gegenreaktion darstellt.«
    Die von Scheler genannte typische Handlungshemmung als Merkmal von Rache verursacht ein Gefühl des »Nichtkönnens«, der »Ohnmacht«. Daher sei die Rache ein Erlebnis, das sich auf Ohnmacht aufbaut. Diese Meinung teilt auch Friedrich Nietzsche, der zugleich der Rache des Ohnmächtigen eine unvergleichliche Gefährlichkeit zuspricht. Meines Erachtens ist jedoch zu unterscheiden zwischen dem Erlebnis

von subjektiv empfundener und/oder realer Ohnmacht und einer irrealen Ohnmacht, die genauso subjektiv empfunden wird, sich jedoch auf Angst vor Machtverlust begründet. Für Elisabeth aus dem eingangs genannten Beispiel hat die Ohnmachtssituation zwei »Wurzeln«: Zum einen das typische, in unserer Kultur als »normal« betrachtete Verhalten, bei dem der Mann Recht nimmt, die Frau Recht gibt. Dies schließt auch Regeln der Höflichkeit nicht aus. Wenn ein Mann aufsteht und der Frau seinen Platz anbietet, hat sie ihn dankbar anzunehmen. Er wird ihn ihr vermutlich nur anbieten, wenn sie bestimmte Voraussetzungen erfüllt: Sie ist entweder alt, oder eine Mutter mit ihrem Kind, oder in seinen Augen attraktiv und dadurch »Objekt seiner Begierde«. Bietet eine Frau ihren Platz einem Mann an, erlebt er dies im allgemeinen als Beleidigung, mit Ausnahme desjenigen Mannes, der alt und gebrechlich ist. Ein Mann lehnt das Angebot der Frau ab, weil der Platz einer Frau für ihn symbolisch eine Erniedrigung bedeutet. Die Frau hingegen hat den Platz, der ihr von einem Mann »überlassen« wird, als »Erhöhung« und Aufwertung zu betrachten. Das Recht, zu bestimmen, wer eine andere Person »erhöhen« oder »erniedrigen« darf, nimmt sich der Mann.

Die andere Wurzel liegt in Elisabeths tatsächlich geringerer Körperkraft dem Mann gegenüber. Hier ist durch die für Frau und Mann ungleiche Bewertung von »Recht« und Körperstärke in unserer Kultur eine Grundlage für die Rache der Frau gegeben. Elisabeth und der Mann haben zwar als gesetzlich gleichberechtigte Reisende den Zug betreten. Die Grundlage ihres Handelns ist aber Ungleichheit, das kulturell geprägte hierarchische Muster, bei welchem »Mann« mit »mehr Wert« übergeordnet erscheint; darin eingeschlossen ist — unüberprüft — das »Mehr« an Körperkraft. Vielleicht wäre der Mann, hätte Elisabeth mit ihm einen Ringkampf ausgefochten, körperlich schwächer gewesen. Eine solche Überlegung wird von vornherein kaum angestellt. Weil der im allgemeinen auch körperlich stärkere Mann sich mit gesellschaftlicher Billigung »Recht« nehmen kann, trifft er eine

»reale« Ohnmachtssituation, wie sie für die Frau besteht, nicht an. Der Mann rächt sich, wenn es um seine Ehre geht, um Privilegien, um Macht. Ein »Machtinhaber«, der Machtverlust befürchtet, rächt sich »vorsorglich«, noch bevor die Macht tatsächlich abgebröckelt ist. Typischerweise wird er versuchen, sich mit Gewalt zu rächen. Der Münchner Sozialpsychologe Heiner Keupp weist darauf hin, daß auch die Identitäts- und Rollenverunsicherung des Mannes in der gegenwärtigen westlichen Kultur leicht in Gewalttätigkeit umschlage, statt daß sie als Chance und »Experiment« zum Neudefinieren der männlichen Identität begriffen würde (zitiert in Brigitte, 12/90).

Das Recht auf Sichtbarkeit, auf Anerkennung, auf Respekt, auf »Platz« kann nur sinnvoll dort verteidigt werden und zurückgeholt, wo es – obwohl vorhanden – entzogen wurde. Dabei ist zu unterscheiden, ob der »Racheinhalt« persönliche Rechte betrifft, oder ob der Kampf den Rechten anderer, einzelner Personen oder bestimmter Gruppen in der Gesellschaft gilt.

3

Die **A**ntwort

1. Racheformen sind Teil kultureller Normen und Werte

Rache üben ist nicht nur eine Frage von Beherztheit, Körperkraft oder Erfindungsgabe. Sie ist in ein System kultureller Normen und Werte eingebunden. Dieses System prägt sowohl die Ausdrucksformen von Rache als auch deren Bewertung. Um sich wirkungsvoll rächen zu können, müssen bestimmte Handlungsformen als »Rache« erkannt und akzeptiert sein. Ebenso muß es Bedingungen zum Ausleben von Rachegefühlen geben. Rache üben ist schließlich abhängig von den Handlungsmöglichkeiten, die der rächenden Person zur Verfügung stehen. Nicht zuletzt ist Rache verknüpft mit dem Zugang der Rächenden zur Macht: sich aus der Position der Geschädigten, Gedemütigten, der Zielscheibe von Verletzungen, in die Position der Unrecht Verfolgenden aufrichten zu können; Gerechtigkeit erfahren. Das kann durch gesetzlich garantiertes Recht geschehen. Und dort, wo dieses Recht nicht greift, durch private Rache. Racheschritte – Methode und Umfang des Vergeltungsdrangs – werden schließlich beeinflußt von der subjektiven Deutung der Situation. Was für die eine Person verletzend ist, läßt eine andere ungerührt.

In welcher Weise Rache geübt wird, hängt auch davon ab, wie »öffentlich« die Verletzung geschah. Je mehr Personen von der Verletzung, Demütigung, Beleidigung wissen, desto mehr steht die verletzte Person unter dem sozialen Druck, sich zu rächen. »Man« erkennt die nach Rache rufende Situation und erwartet die Rachetat. Und dies ist nicht der Wutausbruch, bei dem alles kurz und klein geschlagen wird, denn »zum Wesen der Rache gehört ein ›Gerichtetsein‹« (Max Scheler).

2. Die Rache der Frauen – Typische Beispiele

Die edle Rache der Verschmähten

»In dem Moment, wo ich schwanger war, wollte er das Kind und mich auch nicht mehr. Er hatte mir nur gesagt, er gehe in die Schweiz aus beruflichen Gründen. In Wirklichkeit kannte er schon diese Frau, die er dann später geheiratet hat. Er hat mir nicht erzählt, daß er schon bei seinen zukünftigen Schwiegereltern wohnt. Er hatte mir im vorhinein eine Anerkennung der Vaterschaft gegeben. Als ich das Kind anmelden wollte, war diese Anerkennung ungültig, denn ein Kind kann erst anerkannt werden, wenn es da ist. Das Jugendamt fragte mich nach seiner Adresse, damit sie eine neue Bestätigung anfordern konnten.« Der Brief wurde an die Adresse seiner zukünftigen Schwiegereltern geschickt. Die haben – ein Brief vom Jugendamt in Wien! – unberechtigterweise zwar, aber aus Neugier, den Brief geöffnet. So haben sie von dem Kind erfahren und ihn aus ihrem Haus geworfen.

Dann bekam Renate einen Brief von der Verlobten. Sie schrieb, daß sie nichts von dem Kind gewußt habe, und daß sie sehr erschüttert darüber wäre. Sie wollte wissen, ob Hans Renate die Ehe versprochen hätte und ob sie ihn noch für einen anständigen Menschen halten könne. Renate hat sich für folgende Antwort entschieden: »Ich schrieb, er hat mir die Ehe nie versprochen, ich halte ihn für einen sehr anständigen Menschen, und wenn ich eine Tochter im heiratsfähigen Alter hätte, was ich in meinem Alter, ich war 37, leicht hätte haben können, dann würde ich ihm diese ohne Bedenken anvertrauen.« Auf ihren Brief hin durfte er wieder ins Haus einziehen. Renate: »Das war schon amüsant für mich. Meine edle Rache hatte einen sehr boshaften Hintergrund. Also, die Frau muß dumm gewesen sein.«

Eine andere Frau, die 33jährige Sozialpädagogin Elfi, wies jeden Verdacht von Eifersucht von sich, als eine andere Frau in ihre seit Jahren erprobte Beziehung mit ihrem Freund trat. Sie spürte jedoch, daß die Situation ernst zu nehmen war. Ihr Freund und die Rivalin spielten zunächst das geheimnisvolle Spiel, welches dann notwendig wird, wenn die Regeln durch Schuldgefühle bestimmt werden. Elfi spielte die Gleichgültige. Sie machte keine Szenen, stellte keine unbequemen Fragen. Sie war heiter und freundlich, wenn »die andere« anrief, zog sie in persönliche Gespräche und damit an die eigene Person heran. Auch als die Frau zu Besuch kam, reagierte Elfi, als wäre dies die selbstverständlichste Sache von der Welt. Ihre Freundinnen hielten sie inzwischen für total verrückt, daß sie sich »das bieten lasse«. Im allgemeinen reagieren Frauen in Elfis Situation weit weniger freundlich und gelassen. Darauf warteten die beiden, der Freund und ihre Rivalin, auch. Dagegen waren sie vermutlich gewappnet. Doch Elfi spielte in deren Spiel nicht mit. Dadurch bewirkte sie im Verhalten der beiden eine Verunsicherung. Plötzlich schien alles erlaubt und verlor die geheimnisvolle Spannung, weil es wie »Alltag« behandelt wurde. Die Frau beendete bald darauf ihre »Ferien auf dem Land«. Elfi verabschiedete sie höflich. Heiter und freundlich ging für Elfi das Leben zu zweit weiter. Sie war »fein raus«: Daß aus der Beziehung der beiden nicht mehr geworden ist, geht nicht zu ihren Lasten. »Ich habe mich gegenüber keinem von beiden eifersüchtig oder widerwärtig verhalten«, sagt sie. In den Augen der anderen ist sie die Edle geblieben.

Die Rache der betrogenen Ehefrau

»Er war wirklich ein gutaussehender blonder Liebhaber vom Dienst, der Rudolf«, beginnt Annabelle, Liedermacherin, geschieden, ihre Geschichte. »Er war Schauspieler, und für ihn war es zwingend notwendig, sich in seine jeweilige Partnerin zu verlieben.« Der Ablauf war immer der gleiche, sagt sie. Der erste Probentag ist vorbei. Er erzählt von der Partnerin, sie nimmt ein bestimmtes Glimmen in seinen Augen wahr. Unruhe in den folgenden Wochen, bis sie ihm indirekt die »Erlaubnis« gab: Ein Streit war nicht schwer zu inszenieren, die Drohung »Schlaf jetzt endlich mit der, damit wir wieder in Frieden leben können« war sein Stichwort. »Spätestens nach der zweiten ›großen Liebe seines Lebens‹ hab ich ge- wußt, wie das Schema läuft. In dem Moment, wo er mit die- ser Frau geschlafen hat, ist die Premiere geschmissen, weil er die Frau nämlich dann für das blödeste Ding von der Welt hält.« Die Premiere andererseits war irrsinnig wichtig für seine Entwicklung am Theater. Annabelle hat sich diesen Zu- sammenhang zunutze gemacht. Ihre »Aufmunterung« pla- zierte sie zum jeweils »besten« Termin, den sie abhängig machte von der Bedeutung für seine Karriere.

»Wenn ich jetzt darüber nachdenke«, sagt sie, »haben mich seine Liebeleien sehr verletzt.« Trotzdem habe sie noch acht Jahre »diesen Zirkus« mitgemacht. Das Ende der Vorstellung passierte in Luzern. Dort hatte er ein Engagement. Er fuhr voraus, sie reiste nach einer Woche nach. »Ich kam also nach Luzern. Niemand kannte mich, Rudolfs Ehefrau, am Theater, jeder beargwöhnte mich. Des Rätsels Lösung war Sonja, diesmal nicht die Partnerin, sondern irgendeine Ballettänze- rin, jeder glaubte, sie wäre seine Frau. Wir haben in unserem großen Haus eine Silvesterparty organisiert. Es kamen eine Menge Leute aus dem Theater, eine Freundin von mir und die Sonja, eine potentielle Neue und eine Ehemalige von Rudolf. Also, es war eine spannungsgeladene Atmosphäre, und ich wuselte als perfekte Hausfrau im Haus herum.«

Sie erinnert sich, daß dieser Winter nicht kalt war, es lag kein Flöckchen Schnee, es duftete eher nach Frühling. Es wurde Mitternacht. Die Gäste gingen ins Freie, von wo aus man auf den Luzerner See hinunterschauen konnte. »Und ich bin im Laufe des Abends immer depressiver geworden und hab mich in einer Ecke verkrochen. Es war eine verrückte Situation. Meine Freundin holte mich aus dem Haus, sagte, komm, laß uns fröhlich sein, freu dich am schönen Feuerwerk. Ich bin mitgegangen. Wir haben getanzt und gefeiert, es war sehr schön. Und etwa eine halbe Stunde nach Mitternacht hab ich gesagt, so, das war meine Ehe. Und dann bin ich zu Rudolf gegangen und habe gesagt, du, ich hab mich gerade entschieden, von dir wegzugehen.«

Die Stimmung sei dann schlagartig auf dem Nullpunkt gewesen, sagt Annabelle. Sie sei noch am selben Abend aus dem gemeinsamen Schlafzimmer ausgezogen, habe sich in einer anderen Stadt beworben, und war nach drei Monaten weg. Für immer.

»Diese Sonja-Geschichte ist sehr bald danach zerbrochen. Die potentielle Neue war auch völlig verschreckt, es lief da gar nichts, und die Ehemalige war dann endgültig weg, sie hat eh nur noch geschmachtet.«

Rückblickend sagt Annabelle, diese Entscheidung wäre schon viel früher angebracht gewesen. Den Zeitpunkt und die Art und Weise, ihre Entscheidung kundzutun, hätte sie zwar nicht für diesen Tag geplant, doch sie habe gespürt, daß der Entschluß genau zu diesem Zeitpunkt gestimmt habe. Für sie wäre es eine Erleichterung gewesen. Danach habe sie begonnen, ihr Leben zu sanieren.

Die Ehefrau, die die Geliebte ihres Mannes mit wüsten Beschimpfungen bedenkt, sie moralisch unter Druck setzt und bis hin zu telefonisch übermittelten Morddrohungen geht, bewirkt mitunter das gleiche: Die Zukunft der Geliebten mit dem Ehemann zerbricht. Die Frage ist, ob die Ehefrau den untreuen Mann zurückhaben will.

Andere Ehefrauen zeigen sich gütig und verständnisvoll. Aus Rache bleiben sie jedoch eisern die Ehefrau. »Wieso sollte ich ihm seine Freiheit wiedergeben?« fragt die 50jährige Brigitte, »nein, er soll mit dem schlechten Gewissen behaftet bleiben.« Sie sind seit 25 Jahren verheiratet und haben keine Kinder. Die »offene Ehe« habe immer nur für ihn gegolten. Sie verhielt sich immer tolerant. Jetzt, wo es drauf ankäme, daß er ihr gegenüber Toleranz bewiese, »hat er sich in den strafferen Busen einer Jüngeren verliebt, die den arrivierten Herrn gern heiraten möchte«.

Die geduldige Ehefrau ist schon lange kein Lieblingsthema für die Betroffenen mehr. Romane und Erzählungen handeln häufig von Frauen, deren Liebe genug Selbstverleugnung besitzt, um sich dem Glück des geliebten Mannes zu opfern, indem sie einer anderen Frau den Platz einräumen.

Die Sage erzählt zum Beispiel vom Grafen von Gleichen, der während eines Kreuzzuges gegen die Heiden gefangengenommen wird. Mit Hilfe einer Orientalin, der er die Ehe verspricht, kann er entfliehen. Als er in seine Thüringer Heimat zurückkehrt, wird er zusammen mit seiner Geliebten von seiner ersten Frau freundlich aufgenommen. Diese Version der Sage geht angeblich auf eine Formulierung Philipp des Großmütigen von Hessen zurück, der sie 1539 seinem Beauftragten diktierte. Dieser sollte bei Luther und Melanchthon für eine zweite Ehe Philipps gut Wetter machen. Um das zweite Eheversprechen moralisch unanfechtbar zu machen, beruht es in der Sage auf einem Irrtum: Erst nachdem der Graf im Orient die Nachricht vom Tode seiner Frau erhalten habe, hat er es gegeben. Es unterstreiche ja nur seinen sittlichen Charakter, wenn er nun sein Versprechen einzulösen bereit sei. Das zweite Eheversprechen wird so von der Kirche, der Gesellschaft und der eigenen Frau entschuldigt. Die Gräfin wird nach langer Trennung vom Ehemann nun einer neuen opfervollen Aufgabe gegenübergestellt.

Die Zeit der Kreuzzüge ist jedoch unwiderruflich vorbei. Frauen legen heute weniger bereitwillig den Opfersinn und die Selbstverleugnung einer Gräfin von Gleichen an den Tag. Je selbständiger Frauen werden, desto weniger lassen sie sich ein fremdbestimmtes Leben aufzwingen. Die Alltagswirklichkeit beweist, daß weder die Ehefrau noch die Geliebte im allgemeinen sehr lange bereit sind, ein falsches Spiel mitzumachen.

Hanna ist vor kurzem 32 Jahre alt geworden und trennte sich eine Woche nach ihrem Geburtstag von ihrem verheirateten Geliebten, mit dem sie eine fünfjährige Beziehung verband. Er hatte sich zunehmend tragischer in ein Lügennetz verstrickt, um auf nichts verzichten zu müssen – weder auf die anregende, ach so heiß begehrte Geliebte, noch auf die Bequemlichkeit der verfügbaren Ehefrau. Hanna rächte sich für seine Unfähigkeit, sich für Ehrlichkeit zu entscheiden, durch anonyme Telefonanrufe bei der Ehefrau. Sie rief an, wenn der Ehemann zu Hause war, meldete sich aber nicht. Aus früheren Gesprächen wußte sie, daß er schon lange argwöhnte, seine Frau hätte einen Geliebten. Durch die Anrufe hoffte sie, diesen Verdacht zu schüren. Er sollte glauben, daß er letztendlich zum Blamierten geworden ist. In ihrer Phantasie, bekennt sie, rechnet sie mit der Möglichkeit, daß die Verdächtigung wegen Untreue den Mann nun von sich aus auf seine Frau verzichten läßt. Käme er dann zu ihr zurück, würde sie ihn eiskalt abweisen.

Die magische Rache

»Ich hab zu einem Mann eine Beziehung gehabt, die vom Bauchnabel bis zur Scheide existiert hat, mit allen Geschichten, die man sich dann vormacht. Man kann ja nicht akzeptieren, daß man sagt, es wütet jemand nur in deinem Bauch, er muß überall wüten. Das stimmt aber nicht. Ich hatte mich dann von allen Illusionen getrennt, daß wir zusammen etwas machen können, gedanklich oder in der Lebensstruktur. Das einzige, was geblieben ist, war der Angelhaken in meinem Bauch, den er gelassen hat. Ich war beruflich ziemlich eingespannt, und er hat unheimlich zerstörerisch gewirkt. Dann ist er nach Amerika, und es war sehr eigenartig. Fast täglich hab ich gemerkt, daß er an mich denkt, und zwar in sexueller Weise. Das hab ich einfach gemerkt. Wenn dich jemand betrügt, das ist ein anderes Gefühl. Wenn jemand an dich denkt und dabei onaniert, spürst du das ganz stark. Wenn Leute dich gedanklich besetzen wollen, dann besetzen sie dich. Und du mußt das ganz genau wissen, um dagegen anzugehen. Bei ihm war es so, daß er immer diesen Sexualhaken ausgeworfen hat zu mir.«

Eines Tages beschloß Luisa, sich von dem Haken zu befreien. Sie hatte noch ein Hemd von ihm. Dies nestelte und knotete sie zu einer Puppe. Dieser Puppe hat sie symbolisch den Penis abgeschnitten, »einfach, um mich davon zu befreien«. Am darauffolgenden Tag rief er an und klagte darüber, daß es ihm nicht gutginge, er hätte das Gefühl, man hätte ihm den Penis abgeschnitten. »Und da hab ich gemerkt, daß es funktioniert. Sie hatte das Gefühl, er wollte sie über die Sexualität zerstören. Das ist sie gezielt angegangen. »Ich hab mich immer mehr befreit, und er ist immer mehr kaputtgegangen.« Ein schlechtes Gewissen habe sie deshalb nicht, weil sie diese Aktion nicht als Aggression, sondern als Selbstschutz ausgeführt habe. Sie hat sich verteidigt, von einer Bindung gelöst, sich für die versuchte Zerstörung gerächt, ihr Ziel der Selbstbestimmung erreicht.

In der Volkskunde sind Zauberfiguren mit Schadensabsichten unter dem Namen »Atzmann« bekannt. Es ist ein Koboldname, der als Verkleinerungsform zu Adolf gebildet wurde (wie Heinzelmann zu Heinrich). Damit verbunden ist die Assoziation von ätzen und »verzehren lassen«.

Eine andere Form magischen Wünschens ist der Fluch. Er ist, wie sein Gegenstück, der Segen, ursprünglich ein Zauberwort, das aus eigener Kraft wirkt und – einmal ausgesprochen – nicht mehr gehemmt werden kann.

Uschi, 30 Jahre und Soziologin, erzählt von einem Vorfall, der sie sehr belastet. Der neue Freund ihrer Mutter hatte sie vor ein paar Jahren aus dem Haus geekelt. Aus ihrem Elternhaus. Sie mochte ihn nicht, weil er auch ihrer Großmutter die letzten Jahre ihres Lebens zur Hölle gemacht hatte. Nach einem Besuch bei ihrer Mutter hat ihr der Mann von einem Fenster des Hauses aus noch etwas hinterhergerufen. Sie hat sich umgedreht und hat ihn mit einem bösen Fluch bedacht: Genau da, wo du stehst, sollst du umkommen. Eine Woche später ist er gestorben – genau an diesem Fenster. Sie meint, als kleines Mädchen entdeckt zu haben, daß sie andere Menschen verfluchen kann. Damals hat sie dem Lebenspartner ihrer Mutter eine schwere Krankheit gewünscht, die er auch bekommen hat.

Die Rache der Mutter an der Tochter

»Meine Schwester war 16, ich war zwei. Meine Mutter lag im Lungensanatorium, und mein Vater fing ein Verhältnis mit meiner Schwester, seiner Stieftochter, an. Ich kann mich daran erinnern, ich muß auch Zeuge davon geworden sein, denn sie haben mich zusammen schwer verprügelt. Meine Mutter hat es herausgefunden. Sie hat sich scheiden lassen, das war der Scheidungsgrund. Nach dem Tod meiner Mutter, da war ich 19, fand ich die Gerichtsprotokolle. Ich habe sie zutiefst beschämt fortgeworfen, und mir ist dann klargeworden, wie die Rache meiner Mutter an ihrer Tochter aussah. Sie hat durch mich Rache genommen. Meine Schwester war das verstoßene Kind, das von da an demonstrativ nicht mehr geliebt wurde, und ich wurde demonstrativ geliebt. Das war die Rache. Sie demonstrierte, schau, das hättest du haben können. Für mich war schmerzlich, daß ich nicht gemeint war. Ich habe immer gewußt, daß meine Mutter lügt in all ihren Liebesbezeugungen mir gegenüber.«

Bis zum Tod der Mutter wurde Hedwigs Schwester durch Liebesentzug dafür bestraft, daß sie ihre Mutter »betrogen« hat. Sie ist schwerer gestraft worden als der Mann. Von diesem Mann hat sich die Mutter getrennt und hat ihm die leibliche kleine Tochter weggenommen. Aber die Tochter war's, die sie nicht losgelassen hat, die sie bis zum eigenen Tod verfolgte.

Astrid, 42 Jahre, Autorin, erzählt: »Meine Mutter hatte einen Freund, als ich zehn Jahre alt war. Dieser Freund hat mich sexuell mißbraucht. Und meine Mutter hat es gewußt, und ich wußte, daß meine Mutter das wußte. Ich war in unendlicher Not. Sie ist mir nicht beigestanden, es wurde auch nie darüber geredet. Ich bin nicht zu meiner Mutter gegangen, denn sie wußte es ja, und es war mir klar, daß sie mich nicht retten würde. Etwa zwei Jahre später fing sie an, mich zu schützen. Ich mußte immer bei meiner Schwester übernachten, wenn er kam.« Daraufhin ging die Beziehung zwischen ihrer Mutter und dem Freund zu Ende. Astrid meint, dies passierte, weil sie nicht mehr verfügbar gewesen sei. Dann hat ihre Mutter folgendes gemacht: »Ich mußte jedes Jahr im Januar, aufgemascherlt und mit einem Riesenblumenstrauß, zu diesem Mann gehen. Er hatte dann Geburtstag. Ich habe darunter unsagbar gelitten. Damals habe ich geglaubt, daß sie diesen Mann zurückhaben wollte und daß sie bereit war, mich, ihre Tochter, zu opfern. Das war's aber nicht. Ich glaube, daß das ihre Rache an mir war. Sie wußte, daß ich nicht hingehen wollte, und sie hat mich gezwungen. Fünf Jahre lang. Ich wurde nicht mehr sexuell mißbraucht, weil er inzwischen ein anderes Kind hatte. Aber ich habe Höllenqualen gelitten, und ich mußte dahin gehen. Ich denke, das war Rache.«

In der Melusinen-Sage wird die Fee Persine vom Vater beleidigt. Die Tochter, Melusine, will sich für die Mutter am Vater rächen. Doch die Mutter bestraft ihre Tochter: Der Ehemann, den sie bekommen soll, muß die Bedingung akzeptieren, sie jeden Samstag, ohne nachzufragen weshalb, zu meiden. Denn samstags verwandelt die Mutter die Tochter in ein Schlangenweib. Bricht der Ehemann das Versprechen, ist Melusine auf ewig verdammt. An einem Samstag sieht er durch Zufall, daß Melusines Unterleib ein Fischschwanz ist. Er erschrickt, wird neugierig, beleidigt sie im Streit, indem er sein Wissen aufdeckt. Daraufhin verwandelt sich Melusine in Drachengestalt und muß ihn – ihr Schicksal beklagend – verlassen.

Mütter schützen ihre Töchter nicht vor dem schmerzenden Schicksal, das sie in den Töchtern wiederholen: Diese Erfahrung müssen viele Mädchen machen. Felicitas erzählte, daß sie als Kind vom »netten Nachbarn« sexuell belästigt worden war. Sie erzählte den Vorfall ihrer Mutter. Diese schalt sie und glaubte ihr nicht und sprach mit dem Vater darüber. Er tobte und befahl der Tochter, stillzuschweigen und ja nicht mehr derartige Dinge über den Nachbarn auszuspinnen. »Aber als dieser ›nette‹ Nachbar dann eines Tages mit der Mutti unter dem Tisch ›gefußelt‹ hat, hat der Vater ihn aus dem Haus geworfen.«

Die Rache der Ausgenützten

Anja, eine 40jährige Cutterin beim Fernsehen, wurde von ihrem Ehemann vor zwei Jahren verlassen. Von der Umwelt wurde ihr Schmerz darüber mit Vorwürfen beantwortet. Sie habe ihr Aussehen vernachlässigt, kein gemütliches Heim geschaffen, in dem er Kraft fürs Berufsleben »auftanken« hätte können, statt seines Freundeskreises habe sie den ihrigen gepflegt. Ja, sie sei nun selber schuld. Seine »Neue« ist hübsch und sympathisch. Und sie profitiert von dem, was Anja aufgebaut hat: Die Karriere des Mannes hat sich auf dem Sockel ihres verläßlichen Monatsgehalts entwickelt; später wurden davon die Raten fürs Einfamilienhaus bestritten, damit sie beide beruhigt alt werden können. Nun mußte sie das Feld räumen, mit der Aussicht, noch mehr zu arbeiten, um Jahre länger, damit sie auch im Alter über die Runden kommt. Sie ist ja selbst schuld. Dem Mann könne sie das neue Leben doch nicht verdenken, geschweige denn verwehren, heißt es. Er sei nicht ihr Besitz. Anja ist verbittert.

Ihre Rache besteht aus beinharten finanziellen Forderungen, damit er das neue Leben, das er auf ihre Kosten sich genommen hat, nicht gar so sorglos genießen kann. Die Anwälte wetzen ihre Zungen zum scharfen Rededuell. Sie könnte sich von einer Frau, einer Anwältin, vertreten lassen. Aber sie vertraut einer Frau nicht ganz. Zum einen vermutet sie, daß eine Frau dem männlichen Kollegen unterliegen wird. Zum anderen glaubt sie, daß auch eine Frau in ihrem Fall mit männlichen Maßstäben mißt: »Ich bin und bleibe auch in deren Augen die verlassene Ehefrau«, sagt Anja. Und eine Frau sei nicht frei von dem Gedanken, daß männliches Verhalten anders, nämlich höher zu bewerten sei. Deshalb will sie lieber einen männlichen Anwalt, der ihre Sache vertritt, denn »die Männer kämpfen ums Recht, und jeder will als Sieger hervorgehen«. Da sei kaum noch die Sache, um die es geht, oder der Klient als Person von Bedeutung, meint Anja. Ihr sei bewußt, daß ihr auch der Sieg nicht zur Wiederherstellung ihres Rufs als »gute Ehefrau« verhelfen werde. »Der Makel bleibt«, sagt sie.

Wenn sich der Ehemann eine Geliebte nimmt oder die Ehefrau verläßt, gilt dies zwar theoretisch als ebenso ehrloses Verhalten, wie es für die Frau, die solches tut, zutrifft. Im Alltagsverhalten wird die Umwelt jedoch darauf ganz unterschiedlich reagieren. Ehrloses Verhalten eines Mannes gilt in einem solchen Fall als »verständlich« und fällt insofern auf die Frau zurück, weil ihr die Schuld an seinem vorausgegangenen »Unglück« zugewiesen wird: Ihre mangelnde Fürsorge und fehlende Liebe, so heißt es, »treibt« den Mann zu ehrenrührigem, haltlosem Verhalten. Das bedeutet aber: Er ist auf die starke Frau angewiesen. Stärke jedoch gilt als männliche Eigenschaft. Wenn die Frau stark ist, wird sie bestraft. Ihre Stärke wird nicht gelobt, wohl aber ihre Schwäche. Die erfolgreiche Frau läßt den Mann inkompetent erscheinen.

Die Wiederherstellung verletzter Ehre, das heißt die soziale Reintegration, ist auch heute noch überwiegend Privileg des Mannes. Das Reinwaschen seiner Ehre gelingt ihm nicht mehr über den Vollzug von blutigen Ritualen, sondern über die Manipulation und Festschreibung des Idealbilds von Frau und Mann durch die öffentliche Meinung. Die Frau wird als »unfähige« Person hingestellt, die den als berechtigt empfundenen Erwartungen des Mannes an eine gemeinsame Lebensführung nicht entsprochen hat. Daher ist sie »selbst schuld«, wenn sie verlassen wird. Der Mann trifft auf Verständnis und sogar Mitgefühl, wenn er eine »Versagerin« verläßt. Die gesellschaftliche Verachtung trifft dann die Frau.

Anja handelt, und dies ist verständlich, nach dem Prinzip »Seligkeit zerstören ist auch Seligkeit«, wie Lady Milford in »Kabale und Liebe« sagt. Doch wie man weiß, endet Schillers Trauerspiel mit Selbstmord und Mord.

Krankheit als Rache

Die Familie besteht aus Frauen: drei Töchter, eine Mutter, eine Großmutter. Die Großmutter ist 80 Jahre alt und seit kurzer Zeit verwitwet. Sie fühlt sich befreit, sagt sie, und genießt ihre Witwenschaft. Endlich will sie nur noch tun können, was sie will. Die Feiertage – das Weihnachtsfest, die Jahreswende – nahen. Die Mutter plant, diese Festtage wie stets in den vergangenen Jahren mit ihren Töchtern in Italien zu verbringen. Dieses Jahr beschließen sie, Oma mitzunehmen, da sie ohne Opa einsam sein würde. Die Großmutter jedoch möchte in ihrem Häuschen auf dem Land gemütlich zu Hause bleiben. Kommt nicht in Frage, wir lassen dich nicht allein, sagen Tochter und Enkeltöchter. Omas, die Weihnachten allein verbringen, sind einsam. Kurz und gut, die Oma muß mit, sie hat keine Wahl.

Sie krochen alle fünf in den Mittelklassewagen, die Geschenke im Kofferraum verstaut; die Fahrt konnte beginnen. Auf halbem Wege klagte Oma über zwickende Bauchschmerzen. Sie mußte mal dringend. Das war der Anfang von Omas Krankheit, die – nachdem deren Beachtung am Anfang nicht richtig funktionierte – sich zu einem Durchfall steigerte, wie er sie seit mindestens 50 Jahren nicht mehr geplagt hatte. Mutter und Töchter waren die Festtage über mit Kloputzen beschäftigt, niemand konnte sich erholen. Verbittert kehrten sie im neuen Jahr nach Hause zurück. Seither geht es

Oma wieder gut. Sie hatte der Tochter das Gemeinste zugemutet, was ihr den Urlaub verderben sollte. Leider konnte sie nichts dafür – sie war so geschwächt, daß sie natürlich das Klo nicht selber putzen konnte.

Als »Kranke« kann sie tun, was immer sie will, ihr Verhalten ist immer schon entschuldigt. Das Etikett »Krankheit« schützt sie vor der persönlichen Verantwortlichkeit. Braucht sie Pflege, intensive Betreuung, wird sie launisch oder aggressiv – niemand unterstellt ihr berechnendes Verhalten. Eine Kranke kann man nicht haftbar machen. Gefährdet sie andere Menschen, so ist ihr Verhalten nicht verbrecherisch, sondern tragisch: sie wird schuldlos gegen sie schuldig. Der Täter ist ebenso Opfer seines eigenen Tuns: Er ist bedauerlicherweise krank.

Auch der Tolpatsch kann sich durch »Mißgeschicke«, scheinbar ohne Absicht, aus Versehen, an seiner Umgebung rächen. Eine Therapeutin erzählte von einem immer wiederkehrenden Muster bei Frauen, die aufgrund eines erschütterten Selbstwertgefühls langsam in Depressionen verfallen:

Sie fühlt sich vom Ehemann schlecht behandelt. Im Laufe ihrer Ehejahre unglücklich geworden, verliert die Frau oft das letzte mühsam erhaltene Stückchen Selbstwertgefühl, wenn die Kinder aus dem Haus gehen. Als Ehefrau und Geliebte schon lange achtlos behandelt, wird sie nun auch als Hausfrau und Mutter entwertet. Ist der Leidensdruck groß genug, tritt gelegentlich eine Wende ein: Statt sich weiter zu bemühen, ihre Situation zu verbessern – wie der Anspruch der Familie lautet –, füllt sie die ihr unterstellte Rolle aus. Sie verhält sich exakt in einer Weise, für die sie bisher gedemütigt worden ist. Sie beginnt so zu werden, wie die Vorwürfe sie gezeichnet haben, nach dem Grundsatz: Ich bin so, wie du sagst, ich sei. Nun verhält sie sich unverhohlen unfähig, vergeßlich, tolpatschig, depressiv und bösartig. Die Familie, im besonderen der Ehemann, wird zum Ziel ihres Handelns und gleichzeitig zur bedauerten Pflegeperson. Sie seufzt: Mein armer Mann, er hat es wegen mir nun so schwer; ich bin eine schreckliche Last! Und Genugtuung blitzt in ihren Augen auf.

Die Rache der Ehrlosen

Angela wird von den anderen »Boy« genannt, und sie sieht ihrer Meinung nach auch so aus. Ihre Position in der Clique gleicht derjenigen einer »Unperson«, die nicht zur Kenntnis genommen wird, die sich durch ständiges Dasein dennoch nicht ohne weiteres übersehen läßt. Sie zeigt sich niemals unzufrieden. Ansprüche oder gar Forderungen stellt sie nicht. Sie träumt immer wieder davon, daß einer der begehrten Jungs an ihr Gefallen finden könnte. Und zeigt den Schmerz der Enttäuschung nicht, wenn er sich erneut in ein schöneres Mädchen verliebt. Für sie bleiben nur anzügliche Bemerkungen, sich mit dem männlichen Außenseiter zu begnügen, einem vierschrötigen, tolpatschigen, bei den anderen Mädchen wenig begehrten Typ. Obwohl sie widerwillig einverstanden ist, denn sich still anzupassen ist ihre Schutzdevise, wird sie auch bei ihm durch eine »richtige Frau« ersetzt. Sie ist ihm nicht »weiblich«, nicht illustriertenschön genug. Mit kumpelhaftem Schlag auf die robusten Schultern wird sie von den Jungs der Clique bedacht. Von den Mädchen eher »vergessen«, ausgeschlossen vom Klatsch und Tratsch, der sich um die männlichen Personen dreht.

Nie hat sie aufbegehrt, gekämpft, Verletzungen zurückgegeben. Dennoch: Von niemandem wurde ihr Wohlverhalten registriert. Sie hat über die Rivalin nur Gutes geredet: Auch das hat keiner honoriert. In den Augen der anderen war ihr weibliches Ansehen gering. Deshalb war sie nicht wichtig, nicht anerkannt.

Rache hätte sie planen sollen? Eine Rachetat von ihr hätte auf niemand Eindruck gemacht, sagt sie. Wie sie selbst den anderen nichts bedeutet habe, so sei auch ihre Rache wertlos gewesen. Damit trifft sie auf folgenden Zusammenhang: Wer kein Ansehen hat, der kann auch nicht beleidigen. Beleidigen können sich nur diejenigen, die sich als »gleich« betrachten. Und wer kein Ansehen verlieren kann, wird auch nicht ernst genommen.

Im Roman »Don Quijote« beschreibt der Titelheld dies mit folgenden Worten: »Weiber und Geistliche können nicht beleidigen, und zwar aus dem Grunde, weil der, den man nicht beleidigen kann, niemanden zu beleidigen vermag« (Miguel de Cervantes). Der Besitzlose hat keine Macht. Wer keine Macht hat, besitzt auch keine Ehre. Wer keine Ehre hat, wird verachtet.

Dagegen wird geschätzt, wer Ehre hat. Nur dann kann Ehre verletzt, beleidigt, beschmutzt und weggenommen werden. Sie kann verspielt, verschleudert oder verloren werden.

Angela wurde von ihrer Clique als ehrlos behandelt. Das war vor zehn Jahren. Heute, als 30jährige Diplomkauffrau, läßt sie sich nur über ihre Sekretärin erreichen. »Gewährt« Termine, wählt den Partner. Sie hat Karriere gemacht. Sie fühlt Genugtuung darüber, ihre »Freunde« und »Freundinnen« aus der alten Clique beruflich und persönlich »überrundet« zu haben: »Sicher war Rache die Triebfeder dafür, daß ich mich entwickelt habe, daß ich mein Diplom gemacht habe«, sagt sie, »und süße Gefühle der Genugtuung haben mich beflügelt, als ich merkte, wie neidisch sie darauf reagierten.« Die anderen haben – entgegen all der hochfliegenden Jugendpläne – einen »ganz normalen Lebensweg« eingeschlagen: Familie, Kinder, Reihenhaus am Stadtrand.

Um ihre Freundschaft bemühen sich jetzt viele Menschen. Doch die Anstrengung derjenigen, die sie damals nicht wirklich »kennen« wollten, läßt sie unerhört. Jetzt genießt sie ihre Position, »Ehre« zu geben, Anerkennung zu verleihen, sagt sie.

Angelas Rache gelang durch ein Fortsetzen ihres Bemühens um Anerkennung. Das durch Rache motivierte und erreichte Ziel schließt Anerkennung ein. Wenn Angela nun ihrerseits Anerkennung gibt, bedeutet dies für den Betreffenden Ehre und Angenommensein. Wem sie die Anerkennung verweigert, der wird ausgeschlossen.

Es ist recht umständlich, mit öffentlichen Verkehrsmitteln dorthin zu kommen. Der nächste Ort mit Bahnhof ist etwa drei Kilometer entfernt. Von dort bin ich mit dem Schulbus nach Schwarzau gefahren, weil es kein Taxi mehr gibt, seit der letzte Taxifahrer verstorben ist. Der Busfahrer hält gegenüber der Strafanstalt. Ich steige aus, überquere die Straße, die Zufahrt zum Gefängnistor ist frei einsehbar. Ich sehe den hohen Zaun, Stacheldraht, eine Parkanlage, nur die Zellengebäude kann ich nicht entdecken.

In einem bunkerartigen Pförtnerhaus sitzen hinter Glasscheiben drei junge Wachbeamte, eine Frau, zwei Männer. Die Kommunikation mit ihnen läuft nur über Sprechanlage. Auch das Vorzeigen meines Passes geht über Fenster. Da wird nichts geöffnet. Nur das schwere Tor bewegt sich dann auf Schienen rollend langsam zur Seite, ich kann eintreten. Muß aber gleich durch das zweite Tor, das den Weg ebenfalls in Zeitlupentempo freigibt. Dann gehe ich die nichtbefestigte Auffahrt zum Verwaltungsgebäude hinauf. Ein alter Bau, einem großzügigen, etwas heruntergekommenen Wohngebäude ähnlich. Ich werde nicht »leiblich« kontrolliert, nicht begleitet, was mir ungewöhnlich vorkommt. Im Gefängnis frei herumzulaufen widerspricht den Vorstellungen, die ich mit einem Ort verbinde, an dem einem die Freiheit entzogen wird.

Ich muß mich noch etwas gedulden. Der Herr Hofrat, der Leiter des Gefängnisses, hat noch keine Zeit. Erstens bin ich früher eingetroffen als vereinbart, und zweitens ist hoher Besuch im Haus, die Terminpläne verschieben sich. Der polnische Justizminister ist gekommen, um die Strafanstalt in Augenschein zu nehmen. Es gibt Verhandlungen, sagt mir Herr Hofrat später, zum Austausch von Gefangenen. Hier einsässige polnische Gefangene sollen in ihre Heimat, österreichische in Polen nach Österreich überführt werden. Vielleicht erklärt der hohe Besuch die Blumen auf den Gängen, vielleicht ist die aufgeräumte Atmosphäre aber auch Alltag. Auf dem Gang zu warten empfinde ich eher als Aufenthalt in einer Hotelhalle. Nur die vorbeieilenden Beamtinnen passen nicht zum Bild. Sie tragen keine fröhliche Hoteluniform, sondern blaue, enge Röcke, weiße Blusen mit Schulterklappen; sie eilen eher gleichgültig als geschäftig umher.

Als ich dann ins Arbeitszimmer des Herrn Hofrat geführt werde, erkenne ich in ihm einen Mann, den ich schon auf dem Gang gesehen habe. Vorhin hat er mir einen eher verkniffenen Eindruck gemacht. Dieser Eindruck verschwindet im persönlichen Gespräch. Er ist sehr überlegt, sachlich, nachdenklich, freundlich, auf keine verfängliche Frage lauernd, was ich vermutlich erwartet habe. Während wir allgemein über das Thema Rache und Recht plaudern, trifft eine Gefangene ein, die für ein Interview mit mir bereits ausgesucht worden ist. Sie wird mit einer Begleitperson ins Zimmer geführt und dann erst darüber informiert, weshalb man sie hierhergebracht habe.

Sie hört zu mit einer Mischung aus devoter Haltung und aufmerksamer Skepsis. Eine schwarzhaarige Frau, mittelgroß, schmal, 30 Jahre alt, großflächiges Gesicht, offensichtlich Ausländerin, daß sie Kurdin sei, sagt sie mir später selbst. Sie trägt eine weiße Kittelschürze, darüber ein braunes Strickjäckchen, weiße Gesundheitssandalen und weiße Söckchen.

Ich weiß nichts über diese Frau. Ich sage ihr, daß ich davon ausgehe, daß die Tat, was immer sie getan habe, ein Gewaltverbrechen war; schildere ihr kurz meine Überlegungen zum Thema Rache: Personen, die in ihrer Selbstachtung verletzt werden, greifen zu Mitteln, um diese Selbstachtung wiederherzustellen. Dies muß nicht notwendigerweise als etwas Schlechtes gesehen werden; Rache muß aber auch nicht notwendigerweise eine Gewalttat sein. Ich frage sie, ob es etwas anderes gegeben hätte, eine andere Form, sich für etwas, was sie als Qual empfunden hat, zu rächen.

Dieses Stichwort nimmt sie auf und antwortet: Ja, vielleicht. Auf meine Frage, weshalb sie im Gefängnis sei, sagt sie, sie hätte einen Mann erschossen. Sie glaube jedoch nicht, daß es Rache war, denn sie habe nichts Schlechtes gemacht, sie sei kein schlechter Mensch. Etwas anderes war es, sagt sie. Aber sie habe Angst, daß, wenn sie aus dem Gefängnis entlassen wird, die Familie dieses Mannes sich an ihr rächen wird. Sie äußert dies oft, sagt, daß sich die Familie sicher in irgendeiner Form rächen wird, daß sie Angst habe und Angst haben muß, weil sie nicht wisse, was sein wird. Sie hofft, nach der Entlassung nicht in die Türkei abgeschoben zu werden. Das wäre ihr sicheres Todesurteil, glaubt sie. »Wissen Sie«, sagt sie, »für eine türkische Frau ist Ehebruch das Schlimmste.« Sie ist verheiratet, hat drei kleine Kinder, und hat ihren Geliebten (den sie nie so nennt) erschossen.

Sie erzählt, daß sie im Alter von 15 Jahren mit ihren Eltern aus der Türkei nach Österreich gekommen ist. Noch in ihrer Heimat kannte sie einen Mann, den sie zufällig in einer Eisdiele in Wien wiedergetroffen hat. Zu dieser Zeit war sie bereits verheiratet, hatte die Kinder, und ihr Ehemann lag krank im Spital. Sie arbeitete als Bedienung täglich schwer, ihre Kinder mußte sie in die Türkei zu Verwandten schicken. Als dieser Mann auftauchte, ging es ihr jedenfalls nicht gut. Dies hat sie ihm auch gesagt, und er wollte ihr helfen. Sie bat ihn, ihr (von ihrem Geld) ein Flugticket zu besorgen, weil sie tagsüber nicht von der Arbeitsstelle weggehen konnte. Sie wollte ihre Kinder in der Türkei besuchen. Diese Flugkarte hat er ihr nie gegeben.

Sie hat dann die Nacht mit ihm verbracht. Sehr umständlich und zurückhaltend und mit der Bemerkung »Entschuldigung, Chef« zum Herrn Hofrat hin meinte sie, daß sie sich habe hinreißen lassen, mit dem Mann zu schlafen. Für eine türkische Ehefrau sei das schrecklich, sagt sie leise, und sie habe diesen Mann gebeten, niemand davon zu erzählen, es sei auch nur als einmalige Sache von ihr aus betrachtet worden. Dieser Bitte hat er jedoch nicht entsprochen. Er hat es seiner Familie erzählt, später auch Freundinnen von ihr. Sie lebte in der ständigen Angst, daß ihr Ehemann davon erfahren könnte. Ihr Bekannter hat sie dann mit dieser Angst erpreßt. Er verfolgte sie wie ein Schatten. Und mit der Drohung, es ihrem Ehemann zu erzählen, gelang es ihm, sie immer wieder zu zwingen, sich mit ihm einzulassen. Das mußte inzwischen tagsüber sein, weil ihr Ehemann, nachdem er aus dem Krankenhaus entlassen war, wieder seiner Arbeit nachging und am Abend zu Hause war. Der Bekannte hat dann seine Arbeitsstelle aufgegeben, um sie jederzeit verfolgen zu können, egal, wohin sie ging. Er suchte sie an ihrer Arbeitsstelle auf, bis ihr gekündigt wurde, er folgte ihr zum Einkaufen, in der U-Bahn, überall, sagt sie. Sie konnte sich nicht von ihm lösen, weil sie Angst hatte, daß ihr Ehemann sie oder sogar beide töten würde, wenn er von ihrem Verhältnis erfahren würde. Sie hoffte immer noch, daß der Mann würde einsehen lernen, daß sie ihren Ehemann nicht verlassen will. Doch er hörte mit den Belästigungen und Verfolgungen nicht auf.

Eines Tages im Januar 1988 stand er wieder auf der anderen Straßenseite, als sie aus dem Supermarkt kam. Sie schickte ihn weg, er bat um ein Treffen am Abend und nannte einen Treffpunkt, andernfalls würde er in ihre Wohnung kommen. Das mußte sie auf jeden Fall verhindern, denn die Gefahr war zu groß, daß er dann mit ihrem Ehemann zusammentreffen könnte. So willigte sie ein, sich ganz kurz mit ihm zu treffen. Im Café teilte er ihr mit, daß sie mit ihm in seine Wohnung kommen solle, er würde sie nicht so schnell wieder weggehen lassen. Es entstand ein heftiger Streit, er zog sie an den Haaren, zerriß ihre Jacke; sie wollte weglaufen, da zog er plötzlich eine Pistole und bedrohte sie. Sie bekam panische Angst, versuchte ihn zu beruhigen und sagte, ja, sie würde mit ihm gehen, aber sie bat ihn, ihr die Pistole zu geben. Es gelang ihr, ihn so weit zu beruhigen, daß er ihr schließlich nach langem Zögern die Waffe gab, die sie in ihre Handtasche steckte. Er zerrte sie die Straße entlang und, da es weit zu laufen war, verlangte, daß sie von einer Telefonzelle aus ein Taxi rufe. Sie hatte die ganze Zeit über schon darüber nachgedacht, wie sie davonlaufen, sich seinem Griff entziehen könne. Sie weigerte sich, diesen Telefonanruf zu tätigen, mit dem Vorwand, sie könne nicht genügend Deutsch. Ihr Hintergedanke war, daß sie, wenn er in die Telefonzelle ginge, sich von ihm losreißen und weglaufen könne. Dieses Vorhaben schien er durchschaut zu haben, er rief kein Taxi, sondern zerrte sie weiter. Als er kurz seinen Blick von ihr abwandte, gelang es ihr, ein paar Schritte rückwärts zu gehen. Er merkte ihre Absicht, kam drohend einen Schritt auf sie zu und wollte sie packen. In dem Moment, sagt sie, hätte sie die Pistole in der Hand gehabt und sofort geschossen. Sie traf ihn tödlich.

Sie sagt: »Dafür habe ich meine Strafe bekommen und sitze jetzt im Gefängnis. Aber ich bin kein schlechter Mensch, ich war eine gute Ehefrau. Ich hatte keine andere Wahl, aber ich wollte ihn nicht töten.«

Am Tatort sah es nach Notwehr aus. Verurteilt wurde sie wegen Mordes. Das Strafgesetzbuch definiert Mord als »vorsätzliche Tötung eines Menschen«. Der tödliche Schuß war für die völlig ungeübte Schützin Zufall. Und doch war es ihr verzweifelter Versuch, das Bild der liebenden, treuen Ehefrau wiederherzustellen und ihre Selbstachtung zurückzuholen. Der Schuß ist ihre Handlung, um sich von der Unehre zu befreien.

Sie fürchtet nun die Rache ihres Ehemannes und die Rache der Verwandten. Ihre Angst ist berechtigt. Der Kommandorat der irakischen Revolution zum Beispiel verabschiedete vor einiger Zeit ein neues Gesetz: Die Privatexekution an »Mutter, Tochter, Schwester, Tante, Nichte oder Cousine väterlicherseits« wird im Falle von Ehebruch gesetzlich nicht verfolgt. Auch der Liebhaber darf im ehelichen oder elterlichen Heim straflos erschossen werden. Die befleckte Ehre des Ehemannes darf gerächt werden. Nur ein umgekehrtes Recht für Frauen gibt es nicht.

Das Töten eines Menschen ist in unserem Kulturkreis niemals Recht. Mord als erlaubte Form von Rache scheidet demnach aus. Eine Bestrafung von Mord ist gesetzmäßig und Recht.

Es ist jedoch keine Seltenheit, daß Menschen als Reaktion auf Verletzungen ihres Ehrgefühls oder ihrer Würde einen anderen töten. Wenn Frauen töten, werden ihre Morde immer besonders stark ins Blickfeld der Öffentlichkeit gerückt. Sie werden als blutrünstige Schauermärchen noch über Jahre hinweg weitererzählt. Die Besitzerin eines Altwarenladens erzählte mir angesichts eines Fleischwolfs, der zu verkaufen war, daß sie bei dessen Anblick noch heute mit Grausen an die Verbrecherin denke, die 1952 einen Mann mit dem Fleischwolf erschlug. Sie könne sich noch genau an die Einzelheiten dieses bestialischen Mordes erinnern, sagte sie. Nach 39 Jahren!

Weitaus häufiger als Schußwaffen werden von Frauen Küchengegenstände als Tatwaffen verwendet: Küchenmesser, Gabeln, Scheren, Bügeleisen und den oben erwähnten Fleischwolf, um nur einige zu nennen, deren Handhabung sie gewöhnt sind, tauchen immer wieder als Tatwaffen auf.

Mord ist eine schreckliche Folge der Unfähigkeit, rechtzeitig in anderer Weise mit Verletzungen umzugehen.

Viele Frauen sind der Meinung, daß eine Rachetat dann angebracht ist, wenn sie der Schritt zu einer Entwicklung hin ist und nicht zur Zerstörung. »Ich werde eine Form von Rache wählen, die mir nicht wieder etwas Schlimmeres einbringt, sondern die mir weiterhilft«, betont Gisela, eine 39jährige Regisseurin. Sie erinnert sich, sich einmal für eine ungerechte Bewertung einer ihrer Arbeiten durch einen Professor gerächt zu haben. Sie reichte eine offizielle Beschwerde an seinen Vorgesetzten ein. »Dadurch habe ich ihn – der als unfehlbar galt – gezwungen, sich mit meiner Arbeit auseinanderzusetzen. Er mußte sich Zeit nehmen, er mußte sich wirklich damit beschäftigen.« Sie hätte ihm auch die Reifen seines Autos aufschlitzen können. Das sei ihr im ersten Moment eingefallen, sagt sie. Doch dann kam sie zu dem Schluß, daß dies »verpuffte Energie« sei, die »nichts bringe«. Denn zum einen hätte der Professor nichts vom Täter erfahren. »Aber so hat er gewußt, ich habe mich gewehrt«, meint sie. Zum anderen hätte sie sich selbst die Möglichkeit genommen, ihr Selbstbild zurechtzurücken.

In ihren Augen hatte sie eine gute Arbeit geliefert, war sie eine phantasievolle Person, die zudem die Technik perfekt beherrschte. Dies war sie und wollte es auch sein. Mit Hilfe der Beschwerdeschrift gelang es ihr, das durch des Professors »falsche« Bewertung verzerrte Bild ihrer Person zu korrigieren.

Die Form der Beschwerdeführung nützte Gisela also in mehrfacher Weise. Sie hatte die Genugtuung der Rache, eines Beweises, daß sie nicht hilflos war. Sie hat für und über sich etwas gelernt: »Ich mußte mich hinsetzen und darüber nachdenken, was mich konkret so verletzt hat, und ich mußte dies verständlich formulieren.« Auch ihren Stolz hat sie wiederhergestellt, denn durch ihren Racheakt konnte sie ihr Selbstbild nicht nur dem anderen gegenüber richtigstellen, sondern auch gegenüber sich selbst.

Die »weibliche« Rache

Nina, eine hübsche Frau mit dichtem, schwarzem Haar und dunklen Augen, war Anfang Zwanzig, als sie mit einem 35jährigen Mann eine Liaison einging. Sie erzählt: »Er war unheimlich stolz auf seine Potenz. Ich war eine unerfahrene Frau, er ein erfahrener Mann. Und er war unheimlich stolz darauf, ›seine‹ Frauen immer völlig zu befriedigen, wunschlos glücklich zu machen im Bett, wie er sagte. Wir haben zusammengelebt. Er hat aber trotzdem immer andere Frauen nebenbei gehabt und hat mir das erzählt. Und für ihn war wirklich wichtig, die Frau im Bett zu befriedigen, und zwar mindestens, was weiß ich, wie viele Orgasmen pro Beischlaf. Er hat mir immer erzählt, also die hat fünf Orgasmen gehabt, und jene soundso viele. Dann habe ich einmal zu ihm gesagt, erstens kotzt mich das an, und zweitens, wenn wir das nächste Mal miteinander schlafen, bringst du nichts fertig, ich schwör es dir, ich werde nicht fünfmal, nicht einmal, sondern nullmal befriedigt sein.«

Nina meint, nachdem sie ein »raffiniertes Luderchen«
wäre, hätte sie diese Drohung nicht gleich beim »nächsten
Mal« wahr gemacht. Sie habe drei, vier Wochen verstreichen
lassen, so daß »das aus seinem männlichen Hirn ent-
schwand«. Und eines Nachts war's dann soweit. »In meiner
Erinnerung ist Musik, ich glaube, Musik zum Träumen, und
ich sehe noch das Tischchen, die Kerze drauf, sonst kein
Licht. Und er hat sich irrsinnig geplagt, stundenlang, um-
sonst. Er war dann fertig, absolut fertig. Diese eine Nacht hat
sein Weltbild zerschlagen. Das war dann unsere letzte Nacht
miteinander. Und das war meine Rache«, sagt Nina und lacht.

Die »weibliche Rache« bietet einen von Frauen vielge-
schätzten Vorteil: Sie läßt mit wenig Aufwand große Wirkung erzielen. Ninas Bekenntnis ist daher typisch für viele
Frauen: »Ich bin sicher, daß mir jede andere Form von Rache
viel zu mühsam wäre. Aber gerade übers Bett, da kann man
wirklich einen Mann treffen, wenn man will.«

Bea, 31jährige Geschichtslehrerin, kennt ihre Jugendliebe
seit ihrem 15. Lebensjahr. Sie hatten sich zwar aus den Augen
verloren – es gab immer andere Partner in ihrem Leben –,
aber nicht aus dem Sinn. Vor zwei Jahren trafen sie sich wieder. Er hat inzwischen eine langjährige Beziehung mit einer
Frau und lebt in einer anderen Stadt, in der er eine öffentliche
Position bekleidet. Bea lebt allein in Wien. Sie erzählt: »Wir
sind also wieder im Auto gesessen wie früher. Diesmal nur
mit dem Unterschied, daß wir nach der 120. Zigarette und
tiefschürfenden Gesprächen in meine Wohnung gehen
konnten.« Dort fand dann eine etwas klägliche Vorstellung
aufgestauter Sehnsüchte statt. Er verließ das Haus, noch während sie schlief. Zwei Tage später bekam sie einen Anruf. »Er
war sehr reserviert und wollte nur wissen, ob ich die Pille
nehme, so durch die Blume. Ich habe nein gesagt. Worauf er
ungehalten fragte, wieso ich ihm dies nicht vorher gesagt
habe. Wieso, sagte ich, ich wußte ja nicht, daß es so weit
kommen wird.« Natürlich war keine Schwangerschaft zu befürchten, sie habe jedoch das Spiel mit der Unklarheit ihm
gegenüber weitergespielt, nachdem er sich so kleinmütig und

ängstlich verhielt. »Es war mir bewußt, daß er um seinen guten Ruf in der Stadt bangte. Ich glaube, er ist sich bis heute noch nicht sicher, ob ich abgetrieben habe.« Daß sie ihm dadurch ein paar Wochen Unruhe und ein schlechtes Gewissen vermitteln konnte, habe ihr Genugtuung verschafft, sagt sie, denn »ich kann mich noch sehr gut erinnern, daß er mich früher in der Discozeit irrsinnig oft versetzt hat. Er hatte ein Auto, und er war meine einzige Möglichkeit, aus dem Dorf am Abend wegzukommen. Wenn er mich dann nicht abgeholt hat, saß ich auf dem Hof fest. Wir hatten ja kein Telefon, so daß ich niemand anderen habe anrufen können. Jetzt bin ich quitt mit ihm«, meint Bea.

Die »ungerächte« Rache

Carmen, eine 38jährige freischaffende Künstlerin in Wien, war vor ein paar Jahren Mitglied eines fünfköpfigen politischen Komitees, das sich zu einer Besprechung getroffen hatte. Im Laufe der Diskussion sprach Carmen aus, was auch die anderen drei Frauen im stillen kritisierten: Der einzige Mann behielt sich bei allen Aktivitäten das letzte Wort vor und war ein miserabler Organisator. Carmen warf ihm Unfähigkeit, rücksichtslose Dominanz und männliche Überheblichkeit vor. Schweigen. Dann kam er auf sie zu und ohrfeigte sie in Anwesenheit der anderen. Daraufhin verließ er das Zimmer. Carmen forderte, daß er sich persönlich und öffentlich bei ihr entschuldige. Er dachte nicht daran. Sie drohte, ihn wegen Ehrverletzung anzuklagen. Er blieb ungerührt. Die anderen Frauen, die Zeuginnen des Vorfalls gewesen sind, versuchten einzulenken und Carmen einzureden, daß sie den Mann durch ihre Vorwürfe provoziert hatte. Natürlich hatte sie ihn beschimpft, doch nicht geschlagen. Er hätte sich mit den Vorwürfen auseinandersetzen können. Sie gingen vor Gericht. Carmen wurde schuldig gesprochen und hatte die

Kosten des Verfahrens zu tragen. Die Begründung: Der Mann schlug im Affekt zurück. Seine emotionale Reaktion wurde durch Carmens ehrenrühriges Verhalten provoziert. Carmen fragte sich, was geschehen wäre, wenn sie den Richter nach diesem für sie provozierenden Urteil (im Affekt) geohrfeigt hätte. »Eines Tages werde ich mit diesem Mann abrechnen. Wenn die richtige Gelegenheit da ist, werde ich mir auf meine Weise Genugtuung verschaffen«, kommentiert Carmen heute dieses Erlebnis.

Julian Pitt-Rivers definiert Ehre als den Wert eines Individuums in seinen eigenen Augen und in denen seiner Gesellschaft. Ehre ist somit der subjektive Anspruch und das Recht auf Stolz sowie im Gegenzug das Anrecht auf eine bestimmte Behandlung seitens seiner Mitmenschen. Es geht darum, als Mensch anerkannt, geachtet, respektiert zu werden. Rechtlich ist die »bürgerliche Ehre« das Maß an Achtung, das jedem unbescholtenen Menschen zukommt. Bei schuldhafter Verletzung der Ehre besteht ein zivilrechtlicher Anspruch auf Schadenersatz und Unterlassung. Die Angelpunkte hierbei sind die Begriffe »der unbescholtene Mensch« und »die schuldhafte Verletzung«. Beide Eigenschaften, die durch diese Begriffe bezeichnet werden, unterliegen weitgehend der beliebigen Auslegung.

Im September 1990 berichtete die Presse über eine Frau in Österreich, die seit sieben Jahren erfolglos bei Gericht um Schmerzensgeld prozessierte. Die Frau hatte an einem sonnigen Sommervormittag 1983 einen kleinen Mocca bestellt. Der erste Schluck brannte wie Feuer den Rachen hinunter: Im Kaffee waren Säurereste vom Entkalken der Espressomaschine. Seither leidet die Frau an einer unheilbaren Verätzung der Speiseröhre und versucht, den Schuldigen ihrer körperlichen Verletzung zur Verantwortung zu ziehen. Doch die Frau hat inzwischen längst den Glauben an jede Gerechtigkeit aufgegeben, wie sie sagt: »Hilft einem denn nicht einmal ein Gericht, wenn der Gegner eine mächtige Institution ist?« Sie weiß, daß ihr niemand mehr ihre Gesundheit geben kann, aber sie will wenigstens ihr Recht bekommen.

3. Die andere Frau

Wenn sich Frauen rächen, üben sie im allgemeinen wenig
Nachsicht, ob nun die Rachetat an eine Frau gerichtet ist oder
an einen Mann. Frauen bekennen, daß sie sich untereinander
gerne »Gleiches mit Gleichem« vergelten. Den »Vorteil«,
den sie bei Racheplänen dem eigenen Geschlecht gegenüber
sehen, ist, daß »nur eine Frau weiß, mit welchen Methoden
sie eine Frau treffen kann«, wie dies Gitta typisch beschreibt.
Ihre Fähigkeit, sich in den anderen Menschen gut hineinden-
ken zu können, machen Frauen sich beim Rachenehmen zunutze. Zusätzlich zum weiblichen Einfühlungsvermögen
halten sie für wesentlich, die Person, von der sie Unrecht erfahren haben, sehr gut zu kennen, um sich wirkungsvoll rächen zu können.

»Wenn sie eine Freundin ist, weiß ich ja viel von ihr«, sagt
Sabine und meint, dann könne sie gewisse Geheimnisse oder
Intimitäten ausplaudern und »herumerzählen, was sie eigentlich für ein falsches Luder ist«. Das gleiche gilt natürlich für
den befreundeten oder geliebten Mann. Je genauer sie ihn
kennt, desto zielsicherer trifft sie seine Schwächen. Denn Rache ist auch etwas, worunter der andere leiden soll, »er muß
wissen«, sagt Violeta, »daß er als Resultat dessen, was er mir
angetan hat, eine Strafe erleidet«. Die empfindlichen Stellen,
die jede Person hat und gerne verbergen will, spielen dabei
eine große Rolle. Susi nennt sie »Entenfüßchen«. Es handelt
sich dabei im allgemeinen um körperliche Eitelkeiten, abhängig vom geltenden Schönheitsideal. Bei Männern sind es
zum Beispiel Körpergröße, Benehmen, Potenz und andere
Symbole der Männlichkeit. Ein Mann wird getroffen, wenn
man ihm, wie Susi, sagt, er sei so klein, daß man ihn übersehen könnte. Oder ihm zu verstehen gibt, daß sein Benehmen
zu wünschen übriglasse, dies jedoch kein Wunder sei, wenn
man seine Kinderstube bedenke. Alles, was man gemeinhin

unter »Taktlosigkeit« versteht, bringen rächende Frauen »an den Mann«. Für Frauen haben zwar äußerliche Merkmale ebenfalls Bedeutung, Fragen wie: Hast du zugenommen? oder: Schaust du nur in diesem Kleid so dick aus? oder: Kriegst du auch schon graue Haare? hören sich zwar nur wie kleine Sticheleien an, sie treffen aber den »wunden Punkt«. Empfindlicher reagieren Frauen jedoch auf entdeckte Heuchelei oder den Vorwurf von »unedlem«, moralisch zweifelhaftem Verhalten. Die Abfolge von Verletzung und Rache unter Frauen hat häufig mit Konkurrenz zu tun. Wenn sich Frauen von Frauen verraten fühlen, rächen sie sich vielfach über den Mann. »Ich versuche ihr den Mann auszuspannen. Er wird benützt, denn ich liebe ihn nicht. Es geht ja darum, daß ich eine Rechnung mit ihr zu begleichen habe.« Da reicht es oft schon, wenn sie der Freundin gegenüber mit größeren Erfolgen in bezug auf Beachtung seitens der Männer aufwarten kann. »Dies ist zwar eine Rache für ganz andere Verhaltensweisen, die zwischen ihr und mir zu tun haben. Sie läuft aber dann über dieses Von-anderen-bevorzugt-Werden, quasi indirekt, ab«, sagt Katja. Ein Gefühl des Triumphs und der Genugtuung ist also dann der »gerechte« Ausgleich für Unterdrückung in einem anderen Bereich ihrer Freundschaft.

Konkurrenzkämpfe zwischen Frauen entstehen auch um Gunst und Besitz eines geliebten und begehrten Menschen. Wird dieser Konkurrenzkampf vom Umworbenen nicht eindeutig entschieden, führt dies häufig dazu, daß der Versuch unternommen wird, die tatsächlich oder vermeintlich erfolgreichere »Gegnerin« auszuschalten. Dieses Ausschalten kann bis zur Vernichtung der Rivalin gehen und ist als Rache für die Zurückweisung durch den Begehrten gedacht. Denn durch die Vernichtung der anderen, der er ja seine Gunst gegeben hat, muß er leiden. Im allgemeinen ist jedoch die Absicht, die Gegnerin leiden zu lassen, häufiger als Rache an dem zu nehmen, der diese Situation verursacht hat. Dafür spricht auch die Tatsache, daß eine Ausschaltungstat vor dem Mann vertuscht werden soll. Vor ihm will sie unbescholten und unverdächtigt dastehen und schuldlos erscheinen. In der

Literatur wird in solchen Situationen Gift als ein von Frauen gern benutztes Tötungsmittel »eingesetzt«. Es ist der Absicht, die Identität der Mörderin im unklaren zu lassen, besonders dienlich. In unzähligen Dramen und Romanen verwenden Frauen Gift. Sogar noch in Simone de Beauvoirs »L'Invitée« existiert das »altmodische« Motiv der Vergiftung einer Rivalin: Der Tod wird als zufälliger Tod durch Leuchtgas kaschiert. Ob in Form von Flüssigkeit, als präparierter Blumenstrauß oder als vergiftetes Kleid, es hat in der Mythologie große Bedeutung und ist auch historisch als weibliches Rachemittel verbürgt. In der Sage von »Fair Rosamond« zum Beispiel wird die Schuld am frühen Tod der Geliebten Heinrichs II. von England dessen Frau zugeschrieben. Die Königin, die in Schloß Woodstock eindringt, wo der König Rosamund verborgenhält, zwingt die Rivalin, Gift zu trinken. Der König entdeckt jedoch dann die Spuren ihrer Anwesenheit und bestraft sie mit lebenslänglicher Haft.

Das traditionelle Vorrecht des Mannes, seiner durch den Rivalen verletzte Mannesehre Genüge zu tun, gibt ihm die gesellschaftliche Unterstützung oder zumindest besonderes Verständnis, wenn er seine Rivalen ausschaltet oder gar beseitigt. Eine Frau, die ihre Rivalin – also die Geliebte ihres Mannes – »ausschaltet«, gilt als eifersüchtig, verbrecherisch und krank. Auch hier spielen Machtpositionen eine Rolle. Mächtige Frauen lassen ihre Rivalin einkerkern, wie dies Elisabeth von England mit Maria Stuart tat. Lady Milford in Schillers »Kabale und Liebe« versucht, Luise von Ferdinand zu trennen, indem sie ihr die Möglichkeit sozialen Aufstiegs in Form einer Kammerjungfernstelle bei ihr selbst in Aussicht stellt.

Wenn auch Verleumdungen und Intrigen sich genüßlich um das Motiv der konkurrierenden Frauen spinnen, haben sie für Frauen heute an Bedeutung verloren. Versichern Frauen. Zwar greifen sie gerne dazu, Gerüchte in Umlauf zu setzen, räumen sie ein, oder die betreffende Person »bei ganz bestimmten Leuten zu diskreditieren, die für die Person wichtig sind«. Im allgemeinen jedoch äußert sich die Rache der Frau einer anderen Frau gegenüber, neben den ausgesprochenen »Spitzen«, in kühler Gleichgültigkeit, im Zurückhalten von Informationen, die die andere würde für sich nützen können, in der Verweigerung von Hilfe und in der Freude darüber, wenn der anderen ein Leid geschieht. Sonja zum Beispiel erzählt, daß ihre Schwester das erste Mal wirklich freundlich und scheinbar zugewandt ihr gegenüber gewesen sei, als sie – wie jene – dann endlich auch geschieden war. Bärbels Schwester hingegen verdammte sie moralisch, nachdem Bärbel sich scheiden ließ und ganz zufrieden darüber war: »Wenn man sich verheiratet, muß das für immer sein«, meinte sie. Die Scheidung wurde Bärbel als persönlicher Makel zugewiesen, der nun ein Leben lang an ihr haften werde. Frauen, die sich aus der eigenen unerfüllten Ehe nicht lösen können, rächen sich vielfach an denjenigen, die diesen Schritt gemacht haben.

Tiefe seelische Verletzungen haben viele Frauen durch ihre Mütter erfahren. Die 70jährige Agnes nimmt heute noch an ihrer Mutter dafür Rache, daß diese sie immer wieder nach ihren eigenen Vorstellungen hat »hinbiegen« wollen. Dabei habe sie sehr viel psychische Gewalt ausgeübt und ihre Macht als Mutter weidlich ausgenützt. »Die Mutter hat einen ganzen Haufen von Schriften hinterlassen und sie hat sicher angenommen, daß ich sie zumindest nach ihrem Tod eifrig lesen werde. Das ist jetzt 25 Jahre her, und ich habe sie noch nicht angerührt«, gesteht Agnes. Einmal, das war noch zu ihren Lebzeiten, sei sie in Mutters Tagebuch zufällig auf eine Stelle gestoßen, wo sie einen gemeinsamen Spaziergang mit Freunden beschrieb. Damals litt Agnes an einer Psychose. Der Eintrag lautete: Die Mädchen und diese Burschen gingen voraus und schäkerten miteinander. Agnes: »So habe ich gesehen, sie hat keine Ahnung von mir, denn wer schäkert in einer Depression.« Sie fühlte sich von der Mutter verraten.

Die Verweigerung von freundschaftlichen Diensten, Unzuverlässigkeit, Undankbarkeit und Unehrlichkeit sind im allgemeinen Verhaltensweisen, die Frauen, wenn sie sie durch andere Frauen erfahren, am meisten kränken. Bea drückt dies so aus: »Wenn ich einer Freundin immer wieder helfe, habe ich das Recht, auch Hilfe für mich erwarten zu können. Wenn ich dann abgewiesen werde in einer Notsituation, trifft mich das wahnsinnig.«

Obwohl sie sich »total verraten und betrogen« fühlen, wenn sie von einer Frau verletzt werden, würden sie sich nicht trauen, auf sie loszugehen, behaupten Frauen. Der Vorteil des eigenen Geschlechts ist auch der Grund dafür, von einer Rachetat Abstand zu nehmen, »weil eine andere Frau mich leichter durchschauen kann«, sagt Sabine. Doch auch die Frauen, die selbst ausdrücklich nichts von Rache halten, bewundern andere Frauen, »die den Mut haben, sich zu rächen«, bestätigt Lucia. Die Erziehung hält sie zurück, die Zweifel, daß dies richtig sei, und auch die Befürchtung, als »böses Weib« zu gelten, sind Begründungen, weshalb Frauen von Rache Abstand nehmen. Angst vor strafrechtlicher Verfolgung behindert die Ausführung ihrer Rachepläne genauso wie die Angst, ertappt zu werden. Wenn sie sich Männern gegenüber nicht rächen, ist die Angst vor Liebesverlust oder dem Verlassenwerden im allgemeinen der Grund, wie später noch ausführlicher beschrieben wird. Auch die Angst, vom Mann verachtet zu werden, hat abschreckende Wirkung.

Die Ursache vieler Ängste läßt sich verstehen, wenn wir die Bedeutung und den Einfluß der unterschiedlichen gesellschaftlichen Bereiche für ein Rachehandeln kennen.

4
Rache im gesellschaftlichen Kontext

1. Das Klischee der rachsüchtigen Frau

> Weiber haben das Herz einer
> Furie,
> das Gesicht einer Sirene,
> den Namen einer Lucretia,
> und das Gemüt einer Messalina.

In Anlehnung an ihr Sprichwort »Die Rache ist schwachen Seelen eigen« nennen die Dänen die Rache eine »Weiberkrankheit«. Was als Rache bezeichnet wird, ist nicht losgelöst von den jeweiligen kulturellen Normen zu sehen. In unserer Kultur läßt sich ein Verständnis von Rache erkennen, das für die Frau und den Mann ganz unterschiedliche Bedeutung hat. Zweifellos wird heute noch davon ausgegangen, daß bei Beleidigungen und Verletzungen, die von den Gesetzen nicht verfolgt werden, jeder Mann selbst zur Vergeltung schreiten dürfe.

Ein Mann, der sich für eine erlittene Kränkung rächt, gilt als stark, energisch, erfolgreich, fähig, heldenhaft, er hat Ehrgefühl im Leib. Rächt er sich an Frau und Kind, ist er schlimmstenfalls dominierend, rücksichtslos, selbstbehauptend, hilflos vielleicht, aber männlich allemal. Nur wenn er sich nicht rächt, ist er feminin, ein Schlappschwanz und Pantoffelheld.

Jeder Frau, die sich für erlittenes Unrecht rächt, wird unterstellt, rachsüchtig zu sein. Die Rache Übende verschmilzt mit der rachsüchtigen Frau. Von Rachsucht kann – wie Scheler schreibt – jedoch erst dann die Rede sein, wenn das Racheziel diffus wird, wenn Rache »ungerichtete« Ziele trifft. Denn zum Wesen der Rache gehört, daß sie sich »gezielt« auf den Verursacher des Unrechts oder der Kränkung richtet. Vielleicht auf dessen Eigentum. Vielleicht zerstört sie – symbolisch – sein Bild. Bei »Rachsucht« hingegen haben sich die bestimmten Ziele verschoben. Auch diejenige Person, die sich mit Vorliebe für Dinge rächt, die keiner Rache bedürften, wird von der Rachsucht geplagt. Sie wird vom Zwang nach Verfolgung angetrieben, der sie eine Befriedigung durch vollzogene Rache nicht finden läßt. Sie rächt sich vielleicht an Menschen, denen es besser geht als ihr, weil sie das Glück der anderen als persönliche Benachteiligung empfindet. Sie rächt sich, indem sie ihnen Schlechtes wünscht und sich über Mißgeschicke freut, die jene ereilen.

»Rachsucht« wird in Nachschlagewerken überwiegend als Bosheit, Aufsässigkeit, Mißgunst, Unversöhnlichkeit und Bitterkeit beschrieben (Meyers Lexikon, 1926): Negative Eigenschaften, die im allgemeinen Frauen zugeordnet werden. Es gibt Hunderte von Sprichwörtern, unzählige Arten von »Schimpf und Glimpf« über das »böse« und »rachsüchtige Weib«. Besonders beliebt scheint beim Volksmund ihre Bezeichnung als »Teufelin« zu sein. Dazu gibt es sogar eine »christliche« Erklärung, die als Sage im Österreichischen Schulboten von Krebs und Branky (1875, Jahrgang 25, S. 11) (ausführlich) nachzulesen ist. Sie erzählt, wie Christus und Petrus auf einer ihrer Reisen dazukommen, als sich der Teufel und ein Weib um ein Reisigbündel lautstark zanken. Christus schickt Petrus zu den beiden, um Frieden zu stiften. Daraufhin wird es sehr bald mäuschenstill. Als Petrus zurückkommt, fragt ihn Christus verwundert, wie es ihm denn möglich gewesen sei, den Streit so schnell zu schlichten. Petrus erwidert: »Da weder der Teufel noch das Weib nachgeben und auf meinen Rat hören wollten, zog ich mein Schwert und hieb beiden die Köpfe ab.« Christus ist entrüstet und erinnert Petrus daran, daß »derjenige, welcher das Schwert zieht, auch durch das Schwert umkommen soll«. Und er befiehlt Petrus zurückzugehen und ermächtigt ihn, den Opfern die Köpfe wieder aufzusetzen. Beschämt und verwirrt läuft Petrus zurück, verwechselt aber in der Eile die Köpfe und setzt dem Teufel jenen der Frau und der Frau den des Teufels auf. Die Sage schließt »einleuchtend«: Daher kommt es, daß das Volk heute noch sagt: »Ein böses Weib hat den Teufel im Leib.« Von den Wüstenheiligen wird berichtet, daß sie den Teufel in Gestalt der Frau fürchteten. Sie glaubten, der Teufel laufe als schöne Frau nackt durch die Wüste, um sie zu verführen. Und nur durch rohe Gewalt ließe er/sie sich vertreiben.

Frauen setzen sich mit einer Rachetat ins Unrecht. Sie gelten als haßerfüllt und »böse«; als streitsuchend, unverschämt, herrschsüchtig, unsympathisch, lieblos und frustriert. Als »rachsüchtiges Weib« wird die Frau gemieden, ist sie nicht Heldin, sondern »Teufelin«. Rächende Frauen werden daher kaum öffentlich verehrt. Wenn sie Bewunderung finden, ist diese mit Skepsis und Sensationsgelüsten vermischt. Sie lösen neben Abscheu auch heimliche Neugier aus. Man fürchtet sie als gefährliches, fremdartiges Wesen mit einer teuflischen, unkontrollierbaren Macht. Sie sind suspekt und unheimlich. Sie werden auch Hexen genannt. Eine Vermischung aus der Furcht vor ihrer geheimnisvollen Macht sowie der neidvollen Bewunderung ihrer wehrhaften Stärke bewirkt ihre öffentliche Verachtung.

Frauen, die sich rächen, werden im Rahmen ihrer »Verteufelung« auch zur Zielscheibe männlichen Spotts gewählt. Die Absicht ist, auf diese Weise die Beunruhigung, die Furcht (der Männer) vor der weiblichen Rache zu beschwichtigen und zu »entschärfen«. Die rächenden Frauen lassen sich dadurch in ein »kontrollierbares« Muster passen: Das Weib, das sich unterwerfen soll, fordert den »Angriffsmann« heraus, den Helden, den »Besieger«.

Typisch ist die Karikatur der rächenden Ehefrau, die – in Lockenwicklern und Morgenrock, sowie mit einem Nudelholz bewaffnet –, den (zu) spät heimkehrenden und betrunkenen Gatten an der Haustür erwartet. In gewisser Weise erinnert dieses Bild an die Situation von Frau und Mann, die vor mittelalterlichen Gerichten im »Gotteskampf« um ihre Rechte kämpften. Dort wie auch in der Karikatur zeigt sich, daß in den Fällen, in denen eine Frau »siegen« kann, ihr dies nur möglich ist, weil der Mann auf seine »natürlichen« Kräfte verzichtet. Beim »Gotteskampf« wird betont, daß die niedrigere Kampfebene des Mannes (er steht in einer Grube) aus »Rücksichtnahme auf das schwächere Geschlecht« geschieht; im Fall der »Nudelholz«-Karikatur befindet sich der Mann in der angreifbaren Verfassung einer Bier- oder Weinseligkeit.

Beliebt ist die Bezeichnung der Frau als »Hausdrachen«. Der Drache spielt in den Heldensagen eine wichtige Rolle. Dort wird er meist als fabelhaftes Tier von ungeheurer Größe, mit scharfem, furchtbaren Blick, oft mehrköpfig, mit vergiftendem Hauch, manchmal geflügelt, beschrieben. Seit es Ehrengerichte gab, war der Hausdrache eine Schandmaske, die als Ehrenstrafe getragen werden mußte. Diese Maske hatte große Ohren, Nase und Mund, eine Brille und eine lange Zunge.

Die »Furie« gilt als überzogen dramatisch-theatralische Rächerin. Ihre »verbissenen« Rachestrategien werden als Formen von Schikane gedeutet. Die »Giftmischerin« hingegen existiert als psychisch verformte Rächerin. Sie ist die Mörderin, die es zu entlarven und zu zerstören gilt. Oder sie ist die Kranke, Unzurechnungsfähige, die »ausgesondert« werden muß. Meist weist sie im Klischee bestimmte Merkmale auf. Sie ist verwirrt, alt, schrullig, eigenbrötlerisch, zurückgezogen: ein Sonderling. Psychisch krank ist sie in jedem Fall. Typisch »nett« verpackt und verharmlost etwa im Film »Arsen und Spitzenhäubchen«, wenn sich die kindlichen alten Damen über ihren Erfolg beim Töten der »lieben« Männer freuen. Schließlich wird ihnen das Handwerk von wackeren Polizisten gelegt.

Die »Dämonin« ist ein Ungeheuer: Hinterlistig-grausam wie die Giftmischerin, gleichzeitig verführerisch wie die Teufelin. Allerdings noch weniger erkennbar als diese, weil sie gefährlich-verlockende Netze spinnt, in denen sie das »Opfer« gefangenhält. Sie ist in besonderem Maße typisch für die Umkehrung des traditionellen Bildes vom männlichen Täter und dem weiblichen Opfer. Weil sie deshalb erhebliche Sorge um die etablierte Ordnung auslöst, wird sie am meisten durch Abwertung bekämpft.

Je »dämonischer« die Rächerin, desto strahlender der Held, der sie überwindet und besiegt.

In einer bundesdeutschen Zeitschrift wurde die rächende Frau als »göttliche Bestie der Emanzipation« betitelt. Dieses Etikett paßt in die »erwünschte« Linie: Zum einen führt es zur Verniedlichung der Wirklichkeit. Es vermittelt trotzige Aufmüpfigkeit, die Männer erheitern soll, interpretiert das Bild vom Schoßhündchen, das anfängt, sein Herrchen zu beißen: Ein Spiel, dessen Regeln der »Herr« bestimmt. Das klingt dann zum Beispiel so, wie sich ein älterer Schauspieler äußerte: Er nennt seine junge Frau die »Mäusekönigin«, wenn sie sich wehren, durchsetzen, ernsthafte Beachtung finden will. Ihr Widerspruch erheitert ihn. Sie ist die Königin, doch ihre Untertanen sind nur Mäuse (»Flausen im Kopf« ist die übliche Floskel). Er ist der Kater, der dem Schauspiel folgt. Und Mäuse fürchten einen Kater.

Andererseits impliziert das Etikett der »göttlichen Bestie« auch, daß Frauen ungehindert, unüberlegt, gnadenlos und in einer Art zerstörerischen Rausches über das Land fegen, gleich einer Sensenfrau, die mit wehendem Gewand sich eine Bahn durch rollende Männerköpfe schlägt. Es erinnert an die Verbrecherin und schafft gleichzeitig eine Verbindung zwischen Gewalt und Sexualität, es verherrlicht die Phantasie einer bezwingbaren Domina. Und damit scheint der Kreis geschlossen, denn gehört zu der Bestie nicht der Held, der sie bezwingt? Verlangen Ungeheuer nicht nach dem Drachentöter? Bietet die »Bestie Frau« somit nicht eine neue Heldenrolle für den Mann?

Eines scheint den ins Klischee verbannten Rächerinnen gemeinsam zu sein: Es heißt, sie haben eine zerstörte Seele. Ihre Rache hat kein Recht. Nimmt sie sich dieses Recht, wird ihre »Abnormalität« bestraft.

Weibliche Rache jedoch schöpft ihre Tiefe aus dem Kampf um gleiches Recht. Frauen üben Rache, um sich Selbstverständliches zurückzuholen: die Selbstverständlichkeit der Frau als Mensch.

Die Bestie und ihr Held kämpfen nicht um Gleichwertigkeit, sondern um die herkömmliche, alte Rangordnung.

Nicht zufällig werden rächende Frauen lächerlich gemacht, die Rachetat abgewertet und verharmlost, oft auch ignoriert. Und ebenfalls kein Zufall ist ihre Übersteigerung zum dämonischen Monster.

Die Klischees haben zum Ziel, die Frau wieder an ihre Rolle als »richtige«, als weibliche Frau zu binden. Männliche Angst um die etablierte Ordnung steckt dahinter. Sie sitzt tief und zeigt sich auch »in der plötzlichen Beachtung der von Frauen begangenen Straftaten«, wie Ann Jones in ihrem Buch »Frauen, die töten« schreibt. Es verbreitet sich die Angst, »Frauen könnten sich, einiger traditioneller Beschränkungen entledigt, ungezügelt Verworfenheit, Zerstörungswut und Mord hingeben«. Rachetaten von Frauen werden dann zur Abschreckung unter der Lupe betrachtet, im Zerrspiegel vergrößert, in Bausch und Bogen verteufelt. Richtig ist jedoch, daß männliche Straftäter überwiegen; wirklich ist, daß Männer in den meisten Fällen als Sieger des ganz normalen Scheidungswahnsinns hervorgehen, und es besteht kein Zweifel, daß der ungleiche Zugang der Geschlechter zur Macht den Spielraum weiblicher Rache beträchtlich eingrenzt.

In den Medien werden bestimmte Verhaltensmuster als »wirklich« und damit »Vorbild« vermittelt. Und sie werden im »wirklichen« Leben nachgelebt. Die sanfte, dienende, von gewalttätiger und heimtückischer Rache niemals verführte Frau sieht man im allgemeinen im Zusammenhang mit »typischen« Frauenberufen: von der Mutter, der Kindergärtnerin, der Altenpflegerin, der Krankenschwester bis zur Nonne. Bei Frauen wie Mutter Teresa, Florence Nightingale und dem »Engel der Müllhalden« stimmt das Bild mit der Realität überein. Im Falle der Krankenpflegerinnen des Großkrankenhauses Lainz im Wiener 13. Bezirk, zum Beispiel, die lästigen alten Patienten, statt sie zu versorgen, »ein Gratisbett beim lieben Gott« verschafften, klafft die Wirklichkeit mit dem Vorbild in erschreckender Weise auseinander. Diese

Frauen werden als »Ausnahmen« bezeichnet. Sie gelten als Entgleisung, die durch pathologisches Verhalten erklärt und durch strafendes »Aussortieren« behoben wird. Diese Art zu töten ist die extremste Form, Macht auszuüben. Und sie ist, unabhängig von der Tatsache, daß sie eine der schwersten Formen des Unrechts ist, für Frauen in unserer Gesellschaft die verwerflichste. Diese Frauen haben nicht nur entgegen weiblicher Tugend und Moral, sondern auch in »Eigenregie« gehandelt. Ohne männliche Autorität haben sie sich an Personen gewehrt, die wie sie selber Opfer waren: ausgesondert, abgeschoben, unbeachtet. Die Krankenpflegerinnen haben funktioniert im Sinne der Herrschaftsstruktur, solange sie den Schein einer tüchtigen Aufgabenbewältigung wahren konnten, denn die faktische Überlastung wurde von den Verantwortlichen zugegeben. Dieser Schein wurde durch indirekte institutionelle Zustimmung, im Schatten männlicher Autorität, gestützt. Als offenkundig wurde, mit welchen Mitteln dieser Schein sich nur aufrechterhalten ließ, begann man das Bild der Frauen zu analysieren. Sie sind aus der ihnen zugewiesenen, aufopfernden Rolle gefallen, unter Umgehung männlicher Kontrolle. Daher gilt nicht nur das Morden, die Tat, als solches verwerflich, sondern darüber hinaus die Tatsache, daß sich untergeordnete Frauen Macht angeeignet haben, die ihnen noch weniger als etwa einem Krankenpfleger zugestanden wird.

Mord, wie jede Art von Gewalt, ist auf eine gefährliche Art mit Kennzeichen männlichen Verhaltens verbunden. Die moralische Entrüstung, die ein Mord von Frauen auslöst, ist vehementer, die Schockwirkung darüber spektakulärer und nachhaltiger.

Weil Frauen wie Mutter Teresa das Ideal vertreten, zeigt die Medienwirklichkeit für die abweichenden, die unangepaßten Frauen, die sich rächen, die Konsequenzen ihrer »Rachsucht« auf.

In Danny de Vitos »Rosenkrieg«, dem vielbeachteten filmischen Protokoll einer »Scheidungskarriere« zum Beispiel, wird der zur Scheidung entschlossenen Ehefrau Barbara die abweichende, teuflische Rolle zugeteilt. Sie ist die Verbrecherin, weil sie durch ihren Wunsch nach Freiheit die Familie »zerstört«, weil sie gerecht entschädigt werden will für lange Jahre des Dienstes an Mann und Kindern bei gleichzeitigem Verzicht auf die Verwirklichung eigener Ziele. Gerechtigkeit bedeutet für Barbara »das ganze Haus« und nicht die Hälfte, wie ihr Ehemann und das Gesetz es will. Sie wird zum »Ungeheuer«, weil sie im Kampf um dieses Haus unnachgiebig bleibt, »kaltblütig«, so heißt es, bis zum tödlichen Ende, das sie verschuldet hat: Nachdem sie die Statik der Dachkonstruktion durch das Ansägen der Balken und durch Lockern der Verschraubung bricht, stürzt im nicht einkalkulierten Moment der am Balkon befestigte Lüster in die Tiefe. Just in dem Moment, als Jonathan – heldengleich – versucht, die Feindin, die »kaltblütige Hexe« – zu der sie seit ihrem Wunsch nach Scheidung in seinen Augen geworden war – zu retten, weil sie – endlich geschwächt – der Hilfe bedarf. Sein Wagnis läßt diese »Hexe« mißlingen. Sein Aufleuchten von Hoffnung auf Befriedung erstirbt im weißen Trümmerstaub, der sich als Wolke aus der Haustür wälzt. Seine Bereitschaft, ihr zu verzeihen, hätte dem »Krieg« dieses grausame Ende nehmen können. Doch die berechnende Rache der Frau hat ein Happy-End verhindert. Unversöhnlich, störrisch noch in ihrer letzten Geste, streift sie sterbend die Eintracht suchende Hand des Mannes von sich.

»Gerecht« ist, spürt der Zuschauer, daß Barbara selbst dadurch den Tod erleidet, ungerecht dagegen, daß sie den Mann mit in die Tiefe der Erstarrung reißt. Er gilt als Opfer ihrer »Rachsucht«. Weshalb? Auch hier geht es um die Verteufelung der Frau, die Rechte für sich fordert. Doch das, was im Film als tödliche Rache erscheint, ist nichts weiter als der Kampf der Frau um jenes Recht, das sie nicht zwingt, auf ihre Rechte zu verzichten.

Dabei sind es nicht die kleinen Demütigungen, die Frauen zur tödlichen Rache bewegen, sondern die Unmenschlichkeit, in deren Augen ihr Leben nichts gilt. Wenn man so gedemütigt wird, daß sich der Sinn des Lebens auflöst und die

Daseinsberechtigung schwindet, verleiht Rache dem Leben wieder einen Sinn.

Das ist auch der Hintergrund für die Racheaktivitäten einer anderen verfilmten Romanheldin: Ruth Patchett ist eine Durchschnittsfrau, die ihren Ehemann treu liebt, für Haus und Kinder stets das Beste will. Doch keiner dankt es ihr. Im Gegenteil, von ihrem Gatten wird sie beschimpft, gedemütigt, betrogen. All das verkörpert sie, sagt er, was ihn mit Abscheu erfüllt. Durch ihre bloße Existenz sieht er die Lust an seinen Lebensidealen gestört. Und als er sie verläßt, bricht für Ruth die ganze Welt zusammen. Sie ist verzweifelt, vor Schmerz gelähmt. Doch sie erholt sich und macht sich einen Racheplan: Sie legt Feuer im Haus, so daß es völlig zerstört wird; sie setzt die Kinder in ihres Mannes Liebesnest; sie weist ihm unerkannt Betrug im Beruf nach und bringt ihn schließlich dadurch für einige Jahre hinter Gitter – Freiheitsentzug total. Im Film (wie auch im Roman von Fay Weldon) wird ihr der Titel »Die Teufelin« verliehen. Ist das der Steckbrief eines Engels, der verstoßen wird, weil er sich gottgleicher Allmacht widersetzt?

Die Frau, die Rache übt, vergreift sich an der männlichen Ordnung: Sie wird nicht nur unberechenbar und damit unkontrollierbar, sie überschreitet auch das Gesetz. Das heißt, die Ordnung, die durch Männer errichtet wurde, wird durch die Frau mißachtet, in Frage gestellt. Die Unterwerfung der Frau funktioniert nicht mehr. Die Gegenrache der Männer wird noch gewalttätiger, so daß den Frauen nur noch die totale Zerstörung bleibt – und von dieser Katastrophe werden sie selbst verschlungen. Somit herrscht am Ende Gerechtigkeit und gleichzeitig Abschreckung für die Frau, die auf Rache sinnt.

2. Rache gehört nicht zu den Kennzeichen einer Heldin: Weshalb Mutter Teresa und Robin Hood nicht rachsüchtig sind

Frauen sollen mit dem Etikett der Rachsucht eingeschüchtert werden. Weil sie jene Ordnung stören, die der Rache ihre gesellschaftlich erwünschte Bedeutung zuweist: Das sichtbare, direkte Ausleben von Rache ist ein männliches Privileg, ist männliche Kraft- und Machtdemonstration. Die sie vor allem bleiben soll. Mit Robert Musil ausgedrückt: »Der verteidigungsfähige (kriegerische) Mann ist zu erhalten, der Krieg aber zu vermeiden. Oder: Der Mann ohne Eigenschaften, aber ohne Dekadenz.«

Dazu gehört das positive Bild des Rächers: Nur ein Mann vollbringt mit Rache Heldentaten. Da gibt es nicht nur den »gnadenlosen Rächer«, der um der Gerechtigkeit willen Gesetze bricht; den »Rächer der Enterbten«, der uneigennützig für die Hilflosen, Hintergangenen, Geprellten keinem noch so brutalen Kampf aus dem Wege geht. Es gibt vor allem den »gerechten Rächer«, der gottgleich über Leben und Tod des Ungerechten richtet. Es gibt den »Western«-Helden: Ein Kämpfer für die Gerechtigkeit, ein Rächer des Unrechts. Und es gibt »Rambo«, den Befreier der Vergessenen, Abgeschobenen und Gedemütigten. Die tapferen Rächerhelden gewinnen Ansehen und Ehre, weil sie sich als Überlegene erweisen. Als das, was in unserer Kultur als überlegen anerkannt ist: die Demonstration körperlicher Stärke, Gewalt und Grausamkeit. Das Bild des Helden wird durch Gewalttätigkeit und Gesetzesübertretungen nicht befleckt. Ganz im Gegenteil, »ein Held ist, wer den Mut hat, Grenzen zu überschreiten, ohne dabei der Angst und dem Zweifel anheimzufallen«, heißt es beispielsweise bei Erich Fromm.

Eine solche Definition mißt sich am männlichen Heldenbild. Mut gilt als männliche Tugend. Ein mutiger Mann kennt weder Zweifel noch Skrupel, wenn es um das »Gesetz der Ehre« geht. Der Rächer als Held spiegelt sich im historischen »edlen Banditen«. Er wird als Volksheld zum Mythos erhoben, auch wenn er angesichts der Liste seiner Taten eher einem idealisierten Verbrecher gleicht. Diebstahl, Brandstiftung, Mord und Erpressung gelten als anerkannte männliche Mittel, um Rache zu nehmen. Auch Raub setzt Mut und Tapferkeit – Ideale der Männlichkeit – voraus, Diebstahl hingegen Verschlagenheit, die typischerweise Frauen zugeordnet wird. Der rächende Bandit ist »der Held, der Beschützer, der Rächer des Volkes, der unversöhnliche Feind jedes Staats, ob ein bürgerliches oder soziales Regime, ein Kämpfer auf Leben und Tod gegen die Zivilisation von Staat, Aristokratie, Bürokratie und Klerus«, wie der russische Anarchist Bakunin schreibt (zitiert in Hobsbowm, 1979, S. 46). Mit anderen Worten: Ein Bandit ist ein Held, wenn er für die Unterdrückten kämpft. Nicht leise duldend, indem er ihr Schicksal teilt, sondern als Galionsfigur rächender Gewalt. Dafür wird er – im Gegensatz zum Verbrecher, der andere nur zum eigenen Nutzen schädigt – mit der Eigenschaft »edel« versehen.

So gilt Götz von Berlichingen als Held, den die Fürsten haßten und an den die Bedrängten sich wandten, auch Wilhelm Tell, der aus Rache für persönliche Schmach gleichzeitig in einem Handstreich seine Landsleute vom Tyrannen befreite, selbst Schinderhannes, der rheinhessische Räuberhauptmann, wurde von den Besitzlosen, die er zufrieden ließ, als Vorbild verehrt. Seine »ausgleichende Gerechtigkeit« bestand darin, daß er das eigene Unglück zusammen mit dem der anderen an den gemeinsamen Bedrängern rächte.

Und natürlich ist Robin Hood ein Held. Er ist der Archetyp des »edlen« Rebellen, der »von den Reichen nahm, um den Armen zu geben, und der niemals tötete, außer in Selbstverteidigung oder gerechter Rache« (Hobsbowm). Er ist die Verkörperung des Grolls der unterdrückten Angelsachsen gegen den normannischen Adel und Klerus. Doch nicht nur als »sozialer Rebell« ist Robin Hood ein Held. Auch wenn er sich selbst verteidigt, die eigene Schmach vergilt, erfüllt er die Vorstellung eines »rechtlichen Kämpfers«, der sich dem »Gesetz der Ehre« verpflichtet fühlt.

Literarisch verkörpert dieses Ideal auf typische Weise der »Graf von Monte Christo«, den der Rachedurst überleben ließ, weil er zu seinem Lebensinhalt wurde. Die Heldensage kennt den cornwallischen König Artus, den Ritter der Damen, und seine Ritter der Tafelrunde. Sie sind Helden »ohne Furcht und Tadel«, die nicht tatenlos Geselligkeit genießen, sondern in die Welt hinausziehen und auf Abenteuer ausgehen, um nachher in der Gesellschaft etwas zu erzählen zu haben. Die Abenteuer ließen gewöhnlich nicht lange auf sich warten: Wenn eine Frau kommt und klagt, setzten sie sich für deren Ehre ein; jedem Bedrängten geben sie Schutz. Helden sind auch Soldaten, die ihr Leben im Kampf fürs Vaterland riskieren, die nicht nur dem Volk, sondern auch zaghaften Politikern einen Dienst erweisen. Als Georg Jenatsch, der Graubündner Held während des Dreißigjährigen Krieges, durch Mord und Verrat »sein Vaterland ganz und völlig zu retten« vermochte, urteilte der Bürgermeister Heinrich Waser: »Ist es nicht ein Glück für uns ehrenhafte Staatsleute, wenn zum Heile des Vaterlandes notwendige Taten, die von reinen Händen nicht vollbracht werden können, von solchen gesetzlosen Kraftmenschen übernommen werden« (C. F. Meyer, Jürg Jenatsch). Georg rächt den Tod seiner Frau, die bei einer vom Freiherrn Pompejus Planta inszenierten Verschwörung ums Leben kam, indem er Planta tötet. Dieser Mord bleibt zugunsten des politischen Heldentums von Gesetzes wegen ungestraft. Selbst Miguel de Cervantes' Heldenfigur des Don Quijote repräsentiert in aller Lächerlichkeit Grundsätze männlich-ritterlichen Verhaltens, denn er hat »Beleidigungen gerächt, Unrecht ausgeglichen, Übermut bestraft, Riesen überwunden, Ungeheuer und Spukgestalten besiegt«.

Ein Mann ist ebenfalls ein Held, wenn er durch den persönlichen Racheakt gleichzeitig das Ideal seiner »Gemeinschaft« schützt. Kennzeichen eines Helden ist, daß er männliche Eigenschaften, die als »normal« und wünschenswert gelten, im Übermaß besitzt.

Ebenso verhält es sich bei der außergewöhnlichen, der heldischen Frau: Eine Heldin ist, wer die als ideal geltenden weiblichen Eigenschaften übertrifft.

Zu den Tugenden von Frauen zählen bedingungslose Liebe und tröstende Anteilnahme, Gehorsam, Sanftheit, Demut, Verzicht. Sie kann (soll) sich mit den Entrechteten solidarisieren, aber aktive Rache üben darf sie nicht. Von einer idealen Frau wird erwartet, trotz einer erlittenen Kränkung duldsam, verständnisvoll, verzeihend zu sein. Dafür wird sie belohnt. »Edel« ist die Frau, die auf Rachetaten verzichtet. Daß auch Frauen »Rachedurst« verspüren, wird zugelassen, ja sogar unterstellt. Auch Rachephantasien sind erlaubt. Den Durst real zu stillen, Rache sichtbar auszuleben, bleibt für die »Idealfrau« jedoch verboten. Die »Idealfrau« – das ist eine Frau, die kein »Eigentum« hat, über keinen Besitz verfügt, keine territorialen Ansprüche stellt – und dies nicht allein im materiellen Sinn, sondern mehr noch im Sinne einer Wertschätzung ihrer Person. Eine Verletzung ihrer menschlichen Würde, und eine Mißachtung ihrer Person soll sie verstehen, entschuldigen, vergessen, mehr noch: Sie soll sie als ihr zubestimmt gelten lassen. Eine Heldin ist wie ein Engel, der Schutz und Führung denen bietet, die »nicht wissen, was sie tun«, der unablässig gibt, ohne etwas dafür zurückzuverlangen, der die Rolle der Heilbringerin erfüllt. Mit anderen Worten: Ein Engel ist ein anspruchsloses Wesen. Eine Heldin ist ein Engel. Den Wunsch nach Rache in die Tat umzusetzen ist deshalb ein konfliktträchtiger Stolperstein für Frauen, die nicht bereit sind, Unrecht duldend hinzunehmen, um dem Idealbild zu entsprechen.

Die Ordensfrau und Friedensnobelpreisträgerin Mutter Teresa zum Beispiel gilt als Heldin, weil sie den Ausgebeuteten beisteht, ihr soziales Elend zu ertragen. Sie wurde durch ihre aufopferungsvolle Arbeit bei den Ärmsten in den Straßen der indischen Stadt Kalkutta bekannt. Aufopfernd und selbstlos versucht sie, Unrecht zu lindern, indem sie die Hungernden und Durstigen versorgt und die Kranken betreut. Sie könnte auch versuchen, an den Verantwortlichen dieses Elends »gerechte Rache« im Stile Robin Hoods zu üben: den zu Unrecht Besitzenden die Üppigkeit nehmen und die Beute unter den Armen verteilen und so die Entrechteten rächen. Diese Vorstellung scheint im Zusammenhang mit einer Heldin jedoch geradezu grotesk.

Frauen, die männliche Rachetaten vollbringen, können nur Heldin sein, wenn sie zur Märtyrerin werden oder von einem Helden, nachdem er sie getötet hat, »anerkannt« werden. Penthesilea, die griechische Amazonenkönigin, kämpfte auf der Seite der Trojaner gegen Achilles, den sie beinahe bezwungen hätte. Dann aber siegt der Held. Als er die Tote erkennt, beweint er ihre Schönheit und ihren Mut. Nur die tote Amazone wird als Heldin anerkannt. Lebt sie noch, wird sie bekämpft. Jeanne d'Arc, die rachedurstige Kriegerin, wurde erst zur Heldin, als sie für ihren Glauben starb. Deshalb wurde sie Märtyrerin und heiliggesprochen. »Weltliche« Freiheitskämpferinnen dagegen bleiben »schreckliche« Frauen und müssen damit rechnen, selbst von führenden Revolutionären (Helden) zum »revolutionären Hilfspersonal« degradiert zu werden. So kämpften zum Beispiel die »Amazonen« des russischen Befreiungskampfes Ende des 19. Jahrhunderts, wie Vera Sassulitsch, Sophia Perowskaja oder Vera Figner, nicht nur gegen die Ungerechtigkeiten und sozialen Mißstände des zaristischen Herrschaftssystems, sondern auch gegen die abweisende, frauenverachtende Haltung ihrer männlichen Genossen.

Die Frau stellt in der öffentlichen Meinung Gerechtigkeit her, indem sie – friedfertig, sich aufopfernd – die Welt verbessert. Der Mann, indem er gegen Unrecht tätlich kämpft. Im »Namen der Gerechtigkeit« kann er Rache nehmen, ohne daß man dies Verbrechen oder Rachsucht nennt.

3. Die Ehre der Frauen

»Ich mag nur sprechen über
Frauen,
Die selbst mein Auge konnte
schauen;
Doch will ich rühmen nur und
preisen
Die Frau'n, die züchtig sich er-
weisen.«

WOLFRAM VON ESCHENBACH

Es gibt die »Ehrendame«, deren Ehre darin besteht, schmük-
kende Begleitung eines Mannes zu sein. Dagegen kennt man
den »Ehrenherrn« nicht. Zum »Ehrenmann« wiederum gibt
es in unserer Kultur kein Äquivalent auf seiten der Frau. Die
»Ehrenfrau« existiert lediglich in Form der »Ehrenjungfrau«.
Sie ist Symbol der jungfräulich-bereiten, dienenden Frau.

Wenn von der Ehre der Frauen gesprochen wird, geistern
in den Vorstellungen von vielen Menschen auch heute noch
die keusche Vestalin, die jungfräuliche Walküre und die ent-
sexualisierte Mutter Maria herum. Jungfräulichkeit, Keuschheit und eheliche Treue gehören zu den Kennzeichen weiblicher Ehre. Und dies nicht nur in den mediterranen
Gesellschaften, Süditalien, Sizilien oder Sardinien, wo die
Frau in der Öffentlichkeit und innerhalb ihrer Familie noch
heute als »gefallenes Mädchen« verachtet wird, wenn sie mit
einem Mann vor der Ehe geschlafen hat. Nur die Lüge, die
Heuchelei, das Aufrechterhalten einer Fassade läßt einen un-
befleckten Ruf in einem solchen Fall überleben, denn bei der
Ehre geht es oft nur um den Schein, der gewahrt werden soll.

Eine Rückblende. Ort: Ingolstadt/Donau. Zeit: 1970, ein
Wochentag im März. Person: Irmgard, 19 Jahre alt, Ange-
stellte bei einem Versicherungsunternehmen.

Es wurde schon dunkel, als sie die Bürotür hinter sich ins Schloß fallen ließ. Sie hatte es eilig. Das Geschäft mit dem neonbeleuchteten Schild »Brautmoden« lag am Ende der großen Einkaufsstraße. Erst schaute sie sich noch mal die eleganten Schaufensterbräute an. Fenster um Fenster einladende weibliche Reinheit, märchenhaft verhüllt. Sie betrat entschlossen das Geschäft. Allein. Trotz ihrer 19 Jahre sah Irmgard ungewöhnlich kindlich aus. Schmal, etwa 1,60 groß, kurzes, braunes Haar. Die herbeieilende Verkäuferin fragte ungehalten nach ihrem Wunsch in der unmißverständlichen Annahme, sie müsse sich bei der Antwort verhört haben, denn ein »kleines Mädchen« ohne Mutter oder Mann, die es begleiten, könne ernsthaft kein Brautkleid verlangen. Als Irmgard jedoch ihrem prüfenden Blick standhielt, erkundigte sie sich nach ihrer Kleidergröße. Irmgard probierte, zog lange und kurze weiße Träume an und aus, drehte sich selbstverliebt vor dem Spiegel hin und her, setzte Kränze, Hüte, Schleier auf. Ihre Wangen glühten, sie litt an der Qual der Wahl. Plötzlich, aus heiterem Himmel, begann sich alles um sie herum zu drehen. Sie drohte umzusinken, und suchte mit den Händen Halt an der Verkäuferin. Nur einen Moment. Fühlen Sie sich nicht wohl, fragte diese besorgt, Sie sind ja ganz blaß. Ja, meinte Irmgard, das sei wohl ihr Zustand. Eine vorübergehende Schwäche. Ach so, kapierte die Verkäuferin, Sie »müssen« heiraten! Und sie richtete ihren Blick auf der Kundin leicht gewölbten Bauch. Irmgard nickte lächelnd. Aber in dem Fall, meinte die Verkäuferin streng, kämen all diese weißen Kleider nicht in Frage. Sie seien nur für die »richtige«, die »unbefleckte« Braut erlaubt. Auch den Schleier dürfe eine schwangere Frau nicht zur Hochzeit tragen. Das sei der Brauch.

Daran hatte Irmgard nicht gedacht. Nein, bedankte sie sich, ein andersfarbiges Kleid möchte sie nicht probieren, auch kein eierschalenfarbenes Seidenkostüm. Sie wollte nach Hause. Enttäuschung, Zorn fühlte sie, als sie die Tränen nicht mehr zurückhalten konnte, und tatsächlich auch ein seltsames Schamgefühl. Sie schämte sich dafür, vom »Recht der weißen Braut« ausgeschlossen zu werden.

Die heute noch verheiratete Irmgard erzählte mir, daß ihr damals auch der Pfarrer, bei dem die Verlobten Brautunterricht nahmen, bestätigte, daß sie mit dickem Bauch nicht heiraten dürfe. Er könnte allerdings darüber hinwegsehen, meinte er, wenn dieser »Fehltritt«, diese »Sünde« noch nicht sichtbar sei.

Alfred, der Bräutigam, der sich keine Sorgen um die Farbe seines Hochzeitsanzugs zu machen brauchte, wußte einen Ausweg: Er überreichte dem Herrn Pfarrer eine großzügige Gottesdienstspende dezent im weißen Umschlag. Worauf dieser seine Bedenken fallenließ. Und Irmgards Bauch? »Ich habe mich in ein Korsett geschnürt, das mir gerade genug Luft gab, um die Trauungszeremonie durchzustehen.«

Die weiße Hochzeit war gerettet, und damit die Ehre der Braut.

Bis in unser Jahrhundert hinein hatte eine Frau neben der Heuchelei die schaurig-radikale »Chance«, durch Freitod ihr Tugendbild in der Öffentlichkeit reinzuwaschen.

Sie starb sogar, um ihre vom Verlust bedrohte Tugend zu bewahren. Denn einer Frau, die mißbraucht und verlassen wurde, blieb als Alternative nur ein Leben in Schande. Paul Heyse beschreibt in seiner Ballade »Das märkische Fräulein«, wie die Frau ihre Entehrung durch den wilden Hauptmann vereitelt, indem sie ihn überlistet: Sie will ihm ein sicheres Mittel gegen den Tod im Kampffeld verraten, wenn er ihre Ehre schont. Und als er dies gelobt, beginnt sie mit den Anweisungen zur Demonstration ihres »Mittels«:

– So nehmt zur Hand das Feuerrohr
Und zielt nach meinem Herzen! –
Sie blickt so heiter wie zuvor,
Fährt lächelnd fort zu scherzen.
Ein Fingerdruck, ein roter Blitz –
Hinsinkt sie bleich zur Erden.
– Habt Dank! Ihr traft des Lebens Sitz,
Nun kann mich nichts gefährden.
Klagt nicht, daß Ihr betrogen seid!

Ich gab Euch ja die Lehre,
Wie sich ein deutsches Mädchen feit
Gegen den Tod der Ehre. —

Von der heiligen Euphrasia ist überliefert, sie sei bei der Christenverfolgung unter Diokletian einem Soldaten zur Schändung ausgeliefert worden. Daraufhin habe sie diesem eine unverwundbar machende Salbe versprochen und ihn zu einem Versuch an ihrem eigenen, mit der Salbe eingeriebenen Nacken aufgefordert, um sich mit einem Schwerthieb das Haupt abschlagen und nicht ihren Leib entwürdigen zu lassen.

Der Freitod war nicht zuletzt ein radikales Racheinstrument. Für die angesonnene entehrende Demütigung entzog sich die Frau physisch ihrem Schädiger und macht sich für seine Zwecke »unbrauchbar«.

In Franz Grillparzers historischem Trauerspiel »Ein treuer Diener seines Herrn« handelt Erny in diesem Sinn. Sie ist die junge, schöne Frau des Bancbanus, des Paladin bei König Andreas von Ungarn. Otto von Meran, der Bruder der Königin Gertrude, stellt ihr nach. Um nicht Opfer seiner Zudringlichkeiten zu werden, ersticht sich Erny.

Friedrich Hebbel greift in der Tragödie »Gyges und sein Ring« eine von Herodot im 5. Jahrhundert vor Chr. erzählte Geschichte auf von Gyges, der Rhodope, die Gemahlin seines Freundes Kandaules, König von Lydien, auf dessen Wunsch heimlich unverschleiert sieht. Als Rhodope dies erfährt, bleibt ihr, wenn sie ihre Reinheit bewahren will, nichts mehr übrig, als Gyges aufzufordern, mit ihrem Gatten im Zweikampf um die verletzte Ehre zu kämpfen. Kandaules wird getötet. Als Gyges, dem dann die Krone Lydiens zusammen mit der Witwe angetragen wurde, mit Rhodope vor dem Altar der Göttin Hestia (verwandt der ewig jungfräulichen Göttin Vesta des alten Roms) getraut worden ist, nimmt sich Rhodope das Leben, um dem Gesetz der Reinheit zu genügen.

Gemäß den geltenden Vorstellungen vom moralischen Menschen ist das Bewahrenswerte an ihm seine Ehre. Die Kennzeichen weiblicher Ehre in patriarchalen Gesellschaften sind Jungfräulichkeit, Keuschheit, Gattentreue und Mutterschaft.

Da sich Ehre auch durch ihre Demonstration beweist, ist die Frau durch die intimen Eigenschaften ihrer Ehre gefangen: Eine kämpferische Demonstration ihres (vom idealen Bild abweichenden) Selbstverständnisses von Ehre würde gleichzeitig deren Verlust bedeuten. Denn der idealen Frau ist zurückhaltendes, sittsames Auftreten auferlegt. Die »Kontrolle« ihrer Ehre unterliegt einem Mann. Durch ihn wird ihre Ehre bekundet (gepriesen oder beschimpft), er bezeugt gegenüber den anderen ihre Glaubwürdigkeit. Die Eigenschaften, die die Ehre der Frau bedeuten, erhalten ihren Wert nur durch das Maß und Urteil des Mannes. Mut, Muskelkraft und Kampfvermögen gelten als männliche Werte.

Der weibliche Ehrbegriff ist der Kontrolle des Mannes unterworfen und seiner Ehre einverleibt. Er wurde als Anspruch des Mannes an die Frau geschaffen und kann daher als fremdbestimmte Ehre angesehen werden. Ihre gesellschaftlich definierte Ehrenhaftigkeit können Frauen häufig nur auf dem Boden von Lüge und Unehrlichkeit aufrechterhalten. Sie wird heuchelnd vorgetäuscht. Die Frau ist vordergründig sittsam und tugendhaft, im Hintergrund probt sie Formen des heimlichen Widerstands, um ihr eigenes Verständnis von Ehre durchzusetzen.

Der traditionelle weibliche Ehrbegriff stimmt nicht mit den eigenen Vorstellungen der Frauen von ihrer Ehre überein. Ehre bedeutet für Frauen vorwiegend innere Wahrhaftigkeit, die zwischen Anspruch und Handeln keinen Widerspruch dulden darf. Um dies durchzuhalten und »sich selber treu zu bleiben«, brauchen sie Mut und Risikobereitschaft. Im traditionellen Verständnis wird die Ehre einer Frau jedoch der männlichen Ehre untergeordnet, und Eigenschaften wie Mut, Risikobereitschaft und Durchhaltevermögen werden als Kennzeichen weiblicher Ehre nicht zugelassen, indem sie vom männlichen Ehrbegriff »aufgesogen« werden.

4. Die verlorene Ehre

Klatsch bildet Meinung. Er ist ein Gebräu aus Wahrheit und Verdacht, Mißgunst und Sensationslust. Wird sein »Rezept«, die einzelne »Zutat« erkannt und »freigelegt«, gilt der Gerüchte-»Meisterkoch« als ebenso schädlich wie die Person, deren Ruf er schädigt. Deshalb achten Personen, die den Klatsch begründen und weitertransportieren, auf ihre »Unsichtbarkeit«. Sie können sowohl Schädiger als auch Rächer sein. Das Ziel des Klatsches ist, den guten Ruf einer Person in der öffentlichen Meinung zu schädigen. Bemerkungen über eine fatale Spielleidenschaft, unsaubere Tricks bei der Steuer, Zusammentreffen mit zwielichtigen Personen, Vermutungen über berufliche Mißerfolge, Versagen der Kinder oder ehebrecherisches Verhalten tun ihre Wirkung.

Klatsch als Mittel der Rufschädigung wirkt langsam, aber sicher; versteckt, aus dem Hinterhalt kommend, bleibt er stets ein wenig »zwielichtig« und daher anfällig für Zweifel über den »wahren« Sachverhalt. Der Klatsch-Inhalt durchläuft eine Kette individuell gefärbter Abwandlungen. Das »Ergebnis« ist im Vergleich zum Ursprung häufig weit verzerrt.

Schnell, wirkungsvoll, gründlich und scheinbar »zweifelsfrei« kann der Ruf durch die öffentlichen Medien geschädigt werden. Sie sind in hohem Maße unpersönlich, weniger zu fassen, nur auf kompliziertem Weg verantwortlich zu machen und kaum zu ignorieren. Verdacht, Verleumdungen und Lügen werden als Wahrheiten präsentiert und als solche von der Umwelt angesehen.

»Ehre« wird für die Frau mit »Tugend« gleichgesetzt. Tugend meint die durch die öffentliche Meinung kontrollierbare Sexualität der Frau. Und »verlorene Frauenehre« hat mit einem »Fehltritt« zu tun. Das heißt, die Frau verläßt den gesellschaftlich erwünschten, den »rechten« Weg. Wenn die Tugend dahin ist, ist auch die Ehre verloren. Der Ehrverlust ist für die Frau typischerweise mit einer Sexualmoral verbunden, die vom gesellschaftlich erwünschten Verhalten, von der »Norm« abweicht. Eigenständiges, selbstverantwortliches Verhalten der Frau, das in der öffentlichen Meinung jedoch als zu freizügig gilt, wird zum Stein des Anstoßes und gilt für sie als »unehrenhaft«.

Heute, heißt es im Klappentext zu Heinrich Bölls Roman »Die verlorene Ehre der Katharina Blum«, treffe die Ehrverletzung durch die Medien (beispielsweise) auf ein gestärktes Selbstbewußtsein der Frau: Sie versteht sich zu wehren, »notfalls mit Gewalt«.

Die »Geschichte« der Katharina Blum ist somit ein Zeitdokument. Katharina ist eine junge, »äußerst attraktive« Hausangestellte, die nebenbei bei Empfängen und Festlichkeiten die kalten Buffets besorgt. Weil sie fleißig und sparsam ist, kann sie sich eine kleine Eigentumswohnung und ein Auto leisten. Sie ist eine gute Tochter, die ihre Mutter finanziell unterstützt, und sie genießt das freundschaftliche Vertrauen ihrer Arbeitgeber. Sie wird als klug, fast kühl, treu und stolz beschrieben und »in sexuellen Dingen äußerst empfindlich, fast prüde«. Selbst zum Faschingstanz erscheint sie in hochgeschlossener Bluse. Sie sei eine Person, die von ihm verehrt werden kann, erklärt ihr Arbeitgeber Dr. Blorna, und der Grund dafür liege darin, »daß er Respekt (habe), fast Ehrfurcht vor ihrer, ja verdammt, Unschuld und mehr, mehr als Unschuld, für das er keinen Ausdruck finde«.

Der Wendepunkt der ehrbaren Katharina, die Ansehen genießt, zur ehrlosen Frau tritt ein, als sie sich beim Faschingstanz in den ihr unbekannten Ludwig Götten verliebt, einen Bundeswehrdeserteur, der von der Polizei angeblich wegen Raubmords gesucht wird. Sie nimmt ihn mit in ihre Wohnung. Dabei wird sie von der Polizei beschattet und am nächsten Morgen – nach einer Wohnungsdurchsuchung, bei der man den Gesuchten nicht findet – von bewaffneten Polizisten zur Vernehmung abgeführt – durch die Reihe der gaffenden Nachbarn hindurch, dem grellen Blitzlicht der Pressefotografen ausgesetzt.

Allein der Verdacht der »Mörderbraut« genügt nun, ihre ehrbaren Eigenschaften mit dem Ruch von Ehrlosigkeit zu versehen. Harmloses Verhalten wird als verbrecherisches Tun verdreht. Ihre Entscheidung, mit der Straßenbahn statt mit dem Auto zum Tanzfest zu fahren, weil sie nicht weiß, »ob sie viel oder wenig Alkohol trinken würde«, wird beispielsweise zur Anschuldigung, daß »sie viel trinken würde und gar gelegentlich betrunken sei«. Sie wird nun durch Polizei, Zeitung und die Leute ihrer Ehre beraubt, indem Einzelheiten ihres Lebens in einen anderen Zusammenhang gestellt werden, wo sie ehrenrührig und verbrecherisch erscheinen. Zusätzlich beschleunigen und erhärten ihren Ehrverlust eine Reihe erlogener Aussagen und Verleumdungen. Sie wird sogar als am Tod ihrer Mutter schuldig bezichtigt. Im Verlauf dieser Entehrung wird sie zum Freiwild, allen politischen Beschimpfungen, religiösen Ermahnungen, sexuellen Offerten wehrlos ausgeliefert.

Sie rächt sich, indem sie den Journalisten der ZEITUNG erschießt. Hat Katharina Blum damit ihr verletztes Tugendbild wiederhergestellt? Heinrich Bölls Antwort ist: In der öffentlichen Meinung ist und bleibt Katharinas Ehre verloren. Nach dem Rache-Mord am Journalisten ist sie erst recht die Verbrecherin, als die sie bereits zu Beginn ihrer Vernehmung verdächtigt wurde. Sie macht allenfalls nun ihrem von der Presse verbreiteten Bild der »Mörderbraut« Ehre. Die unbescholtene Person, die sie in ihren eigenen Augen und nach Aussagen ihrer nahen Mitmenschen war, wird sie nie mehr sein.

Ein Sprichwort sagt, diejenige Person verliere die Ehre, die sich beleidigen lasse, ohne sich zu verteidigen. Und ein anderes Sprichwort behauptet: »Was bringt zu Ehren? Sich wehren!« Dies alles stimmt für Katharina Blum nicht. Diese Sprichwörter beschreiben Vorstellungen von männlicher Ehre. Während Männer sich durch Kampf, Gewalt und Tapferkeit wehren, wird Frauen nur »sittsames«, zurückhaltendes Auftreten als Wehren zugestanden: Verkörpert im Ideal der demütig-fügsamen Frau, die dem männlichen Anspruch ans

Ideal im allgemeinen durch heuchlerische Unterwürfigkeit entspricht.

In den Augen der Gesellschaft steht Ehre für die Erfüllung vorgegebener Rollen und Normen. Und Schande bezeichnet die Abweichung von der Norm.

Dies bedeutet, daß eine Person, die vorgegebenen Erwartungen nicht entspricht, auch ihre Anerkennung, ihr Recht auf Stolz verliert. Alles, was sie dann »gewinnt«, ist Schande. Die in diesem Sinn »unfähige« Person verliert die Ehre. Was Unfähigkeit bedeutet, ist in den einzelnen Gruppen, denen man zugehört, verschieden. Zentrale Orientierung allerdings ist, ob die Ehre eines Mannes betroffen ist oder die einer Frau. Die Normen für die Frau sind präziser als für den Mann. Sie sind stets mit sexueller Unbescholtenheit verbunden, die für die unterschiedlichen Epochen zwar verschiedene Verhaltensweisen betrifft, doch im Kern normgerechtes Zur-Verfügung-Stehen meint.

Zu den Eigenschaften männlicher Ehre gehören Kraft, Unverzagtheit, heldenhafte Tapferkeit, männliche Potenz und vor allem Mut. In der Erzählung »Der Verbrecher aus verlorener Ehre« beschreibt Friedrich Schiller das Leben des Ebersbacher Gastwirtsohn Christian Schwan, der 1760 als Mörder und Räuber hingerichtet wurde. Weil ihn das Mädchen Johanne, das er wählte, mißhandelte und er Grund zur Befürchtung hatte, »daß seine Nebenbuhler glücklicher wären«, wurde er zum Wilddieb. Das Wildern galt als Beweis für Mut und Liebe zum Abenteuer. Roland Girtler schreibt dazu in seinem Buch »Wilderer«: »Konnte der junge Bursch darauf verweisen, ein guter Wildschütz zu sein, so konnte er auch damit rechnen, bei Freunden und den Mädchen Anerkennung zu finden.« Er durfte sich jedoch nicht vom Jäger ertappen lassen. Christian Schwan wurde von seinem Rivalen Robert verraten, der daraufhin »glücklicher Besitzer seiner Johanne« wurde. Für Christian Schwan bedeutete dies, daß sich ein »drückendes Gefühl des Mangels zu beleidigtem Stolze« gesellte.

Dem beleidigten Stolz aber begegnete er nicht wie ein

»Ehrenmann«, indem er offen im Kampf die gekränkte Ehre verteidigte und sich seinen Stolz zurückholte. Er wird statt dessen schließlich Roberts Meuchelmörder.

Noch bis Anfang dieses Jahrhunderts mußte ein ehrenhafter Mann für die Wiederherstellung seiner verletzten Ehre kämpfen. »Lieber den Tod im ehrlichen Kampfe, als bescholten, beschimpft weiterleben«, lautete die Devise der Ehrenmänner (Duellbuch). Verlor er im Kampfe sein Leben, dann starb er einen »ehrenvollen« Tod, und die beschmutzte oder angezweifelte Ehre wurde durch seinen blutigen Tod reingewaschen.

Wie verwurzelt die Ansicht vom Makel der Bescholtenheit und dessen pflichtgemäßer Tilgung war, zeigt der Artikel 64 im I. Buch des Sachsenspiegels, nach welchem bestimmt wird, daß selbst ein Toter, wenn er beschuldigt würde, durch einen gemieteten Kämpfer verteidigt werden konnte. Der Selbstmörder hingegen galt als Feigling und war ehrlos. Die Ehrlosigkeit wurde den Selbstmördern auch von kirchlicher Seite zugewiesen, indem ihnen zum Beispiel eine Bestattung in geweihter Erde verwehrt wurde.

Während der Mann um die Wiederherstellung seiner verletzten Ehre auch kämpfen kann (wie im folgenden Kapitel »Duell« beschrieben wird), kann eine Frau ihre Ehre nur einmal verlieren. »Mit eigner Hand« verteidigen kann sie ihre verlorene Ehre nach patriarchalem Verständnis auch heute nur noch um den Preis des moralisch-sittlichen Todes, etwa in Form von Rufmord. Zur Verteidigung ihrer Ehre ist sie im allgemeinen auf männliches »Wohlwollen« angewiesen. Bis ins 20. Jahrhundert hinein sprach man von beleidigter Mannesehre, wenn die Ehre einer Tochter oder Ehefrau verletzt worden war. So waren die Frauen davon abhängig, in welcher Form ihre männlichen Verwandten ihre eigene Ehre dadurch als gekränkt betrachtet haben. Und natürlich ging es auch darum, welche Interessen sie mit der Verteidigung ihrer Ehre verbanden. In einem Roman von Alarcon spiegelt sich dieses Verhalten zum Beispiel wider. Der Bruder einer jungen Frau, die ihn als Beschützer herbeiruft, gibt sich sehr schnell mit den Erklärungen des Eindringlings zufrieden, weil er seine Ehre für unverletzt betrachtet. Mendoza beschreibt, wie sich die Tochter eines Grafen dem König widersetzt, als es dieser nachts auf ihre Unbescholtenheit abgesehen hatte. Der Vater, zunächst zur Verteidigung der Tochter herbeigeeilt, zeigte sich – in Anbetracht des hochrangigen Ehrverletzers – von den vorgebrachten Entlastungsgründen des Königs nur allzu bereitwillig überzeugt. Diese Beispiele sind auch Ausdruck dessen, wie wenig die Ehre einer Frau galt, wenn sie für den Mann nicht von Bedeutung war.

War eine eigene Verteidigung ihrer Ehre im allgemeinen ausgeschlossen, blieb der Frau der Versuch, den Verlust zu vergelten. Dabei kamen ihr weibliche List, Phantasie und Verstand zugute. Ovid beschreibt in der Sage von Philomele zum Beispiel, welche List die Frau ersann, die von ihrem Schwager vergewaltigt worden war. Um das Verbrechen zu vertuschen, schnitt er ihr die Zunge ab. Doch was die herausgerissene Zunge nicht mehr sagen konnte, webte sie als Szene in einen Wandteppich ein. Ihre Schwester verstand die Botschaft. Die grausame Rache folgte: Gemeinsam beschlossen sie, den Sohn bzw. Neffen zu töten und ihn dem Vater zum Mahl vorzusetzen.

Der sagenhafte Langobardenkönig Alboin fand sein unheimliches Ende durch seine Frau Rosamunde. Er hatte die Tochter des Gepidenkönigs Kunimund geraubt, und nachdem Alboin Kunimund im Kampf getötet hatte, zwang er Rosamunde, aus dem Becher zu trinken, den er aus dem Schädel ihres Vaters hatte anfertigen lassen. Daraufhin dingt sie sich durch eine »Bettlist« die Mörder des Gatten.

Claire Zachanassian in Dürrenmatts »Der Besuch der alten Dame« holt sich ihre verlorene Ehre mit Geld zurück. Als ehrlose junge Frau mußte sie einst ihre Heimatstadt verlassen, weil sie vom Vater des Kindes, das sie erwartete, schmählich im Stich gelassen worden war. Als Milliardärin, der man alle möglichen Ehren erweist, kehrt sie zurück, um die Rechnung zu begleichen: Der einstige Geliebte muß sterben.

Im Roman »Die Rache einer Frau« von Jules Barbey

d'Aureville übt die Herzogin Rache an ihrem Mann, indem sie eine öffentliche Dirne wird. Dadurch kann sie ihn entehren, denn die Frau gilt als Besitz des Mannes. Unehrenhaftes Handeln der Frau fällt auf den Mann zurück. Eine »modernere« Version dieses Vorgangs geschah vor kurzer Zeit in Frankreich. Weil ihr Gatte, der rechtsradikale Jean-Marie Le Pen, in einem Interview äußerte, seine Frau könne als Putzfrau arbeiten, wenn sie mehr Geld haben wolle, wurde Ehefrau Pierrette, 53 Jahre alt, wütend. Sie ließ sich nackt für die Zeitschrift Playboy fotografieren – und füllte zum Entsetzen des Ehemanns enthüllende acht Seiten.

Auch wenn Keuschheit und sexuelle Reinheit heute nicht mehr als definierte Kennzeichen der Frauenehre gelten, haben sie sich in versteckter Form noch immer erhalten. Eine Frau, die ihre Liebhaber häufig wechselt, wird auch heute noch als »leichtfertig« betrachtet, mehr oder weniger heimlich »Hure« genannt. Ein Mann hingegen, der viele Geliebte hat, wird stolz darüber berichten. Vielleicht nur so lange, bis ihn »die Rache der Frauen« trifft. Eine verlassene Geliebte des Don Juan bringt die Wahrheit ans Licht: Der Frauenheld ist impotent. Um sein Ansehen als Mann ist's geschehen. Der Mann, welcher dem normativen Bild von Männlichkeit nicht entspricht und zudem nicht »verhindern« kann, daß dieses Versagen öffentlich bekannt wird, wird auch von Männern verachtet.

Im allgemeinen fühlt der Mann sich erst dann entehrt, wenn die Ehrverletzung öffentlich geworden ist. Konsequenterweise wird er seine Ehrbarkeit erst dann wiedergewinnen, wenn er öffentlich demonstriert, daß er nach einer Beleidigung seinen Ruf verteidigen kann.

In den ländlichen Gebieten Österreichs kennt man den Brauch, daß zur Weihnachtszeit der »Krampus« in die Häuser kommt. Die Männer, die sich als strafender Knecht des heiligen Nikolaus betätigen, sind nicht selten als Rächer unterwegs. Sie suchen Frauen auf, bei denen sie einmal als Liebhaber abgewiesen worden sind, und verdreschen sie nun kraft ihrer öffentlich gebilligten Krampus-Funktion. Am Stammtisch im Wirtshaus erzählen sie dann stolz, daß sie es »der überheblichen Person« ordentlich heimgezahlt haben. Die gekränkte Ehre des Abgelehnten ist »geheilt«.

5. Das Duell

Der Körper ist symbolischer Träger von Ehre. Wer geehrt wird, wird »dekoriert«: mit Kreuzen, Ketten, Nadeln, Schärpen, Orden und Medaillen. Mit Kronen und Zeptern, Titel und Doktorhüten. Er wird gegrüßt, geküßt, umarmt. Es gibt Rituale, die sich um Ehre gruppieren: Austausch, Verleihung und Darbietung von »Ehren« in Form von Objekten und Gesten.

Wer dagegen entehrt wird, die Ehre verliert, verliert neben der Achtung auch körperlichen Besitz. Der Körper einer Person, die vergewaltigt wird, ist nicht mehr unversehrt. Im Gefängnis gibt ein Sträfling mit den Kleidern auch die Ehre ab.

Wird die Ehre angegriffen, wird dies als Angriff auf die ganze Person einschließlich des Körpers aufgefaßt: Von der Verbalverletzung (zum Beispiel Beschimpfungen in Form von »Kraftausdrücken«) bis zur »Ehrenstrafe« (zum Beispiel das Aufstellen am Pranger im Mittelalter oder die Einbuße von Ämtern beim Verlust der bürgerlichen Ehre). Daraus leitet sich die Auffassung ab, daß Ehrverletzungen in einer Handlung »von Leib zu Leib« aufgelöst oder behoben werden können.

Die ursprüngliche Form einer solchen Handlung ist der »Raufhandel«, die Schlägerei. Als Waffe dienen Faust und Fuß. Etwa ab dem 14. Jahrhundert bis in die Anfänge des 20. Jahrhunderts wird das Duell die angesehendste Form, die verletzte Ehre wiederherzustellen. Es unterscheidet sich vom Raufhandel dadurch, daß es durch feste Formvorschriften geregelt und geordnet ist. Ein Duell ist »ein vor Zeugen nach festgesetzten Regeln ausgetragener Kampf zweier Personen infolge einer durch eine Beleidigung begründeten Herausforderung« (Duellbuch). Die Stärke beweist sich nicht mehr allein durch die Faust, sondern durch den Umgang mit der

Waffe. Nun ist das Zusammenspiel von Kraft und Geschicklichkeit bedeutend. Dazu werden die unterschiedlichsten Waffen verwendet. Das Schwert, der Säbel, der Degen, das Stilett, das Messer und die Pistole. In Frankreich wurde häufig mit dem Baton gekämpft (ein mannslanger Holzstab), in Holland und Norwegen war das »Schneiden« üblich, wobei versucht wird, mit einem Messer, das eine breite Klinge hat, oder einem scharf geschliffenen Geldstück des Gegners Gesicht zu zerschneiden.

Der Beleidigte und in seiner Ehre Gekränkte forderte den Beleidiger heraus. Der Beleidigte konnte sich meist allseitiger Sympathien sicher sein. Der Vorwurf der Feigheit und Unmannhaftigkeit galt als größte Beleidigung, die nicht ertragen werden konnte. Daneben kannte man noch einige Schmähungen, »unduldbare Worte« genannt, wie etwa Feigling, Weichling, Verräter, die ebenfalls nur im Kampf getilgt werden konnten. Für Schmähungen, Schimpf und Vorwurf, Verleumdung und üble Nachrede nahm der Beleidigte selten die Hilfe der Gesetze in Anspruch. Der »Mann von Charakter« benutzte lieber seine eigene Faust oder griff zur Waffe, um Kränkungen zu rächen.

Im Jahre 1532 hielt das von Maximilian I. zur Handhabung des Landfriedens eingesetzte Reichskammergericht die Zweikämpfe in Ehrensachen für ebenso zulässig wie die Notwehr, »denn dem Ehrenmanne sei die Ehre gerade so wichtig wie das Leben«. Dies wurde zur allgemeinen Anschauung und fand im selben Jahr in der vom Reichstag bestätigten Carolina, Artikel 140, ihren Ausdruck. Als Beleidigung gilt eine Handlung, die darauf abzielt, jemanden in seiner Ehre zu verletzen, indem dieser Person ein moralischer oder materieller Schaden zugefügt wird. Die wesentlichen Schritte, eine Beleidigung wettzumachen, wurden in den Regeln des Duells festgelegt.

Dort wurden drei Grade der Beleidigung unterschieden:

Eine Beleidigung des ersten Grades kann durch Worte oder schriftlich geschehen; ebenfalls durch eine Handbewegung, eine abfällige Geste oder durch ein verächtliches Lä-

cheln, welche von dem Betroffenen als beleidigend aufgefaßt werden.

Eine Beschimpfung rechnet man zu den Beleidigungen
zweiten Grades, während der Schlag, abgesehen davon, ob er
stark oder schwach, oder durch eine abwehrende Bewegung
oder durch Zufall gar nicht aufgetroffen hat, als eine Beleidigung dritten Grades bezeichnet wird. Zur Beleidigung dritten Grades zählt man auch die Androhung einer Tat, die Beschuldigung, eine verbrecherische Handlung begangen zu
haben oder die Bezichtigung, ein Familienmitglied verführt
zu haben.

Der Beleidigte hat, entsprechend des Grades der Beleidigung, das Recht auf Waffenwahl, Wahl der Duellart, und bei
einer Beleidigung dritten Grades, falls Pistolen gewählt wurden, auch die Bestimmung der Distanz, sowie auf den Gebrauch eigener Waffen.

Wer durch einen Schlag beleidigt wurde, bleibt auch dann
in den Rechten des Beleidigten, wenn er sofort zurückschlägt
oder mit irgendeinem zur Hand liegenden Gegenstand den
Beleidiger verwundet. Man nimmt in einem solchen Fall an,
daß der durch einen Schlag tief empörte Angegriffene nicht
verantwortlich dafür gemacht werden kann, wenn er dadurch
»momentan seiner Sinne nicht mächtig ist und selbst aggressiv wird« (Duellbuch).

Der Beleidiger hat die Pflicht, sich für Beleidigungen ersten und zweiten Grades zu entschuldigen oder dafür Genugtuung mit der Waffe zu leisten. Für Beleidigungen dritten
Grades ist als Genugtuung nur der Kampf mit der Waffe
möglich.

Eine Forderung ist »ausgesprochen« worden, indem man
einst dem Beleidiger den Handschuh ins Gesicht warf, später
wurden zum Zeichen der Forderung Visitenkarten ausgetauscht, Forderungen schriftlich gegeben oder durch die Se-
kundanten (Zeugen) überbracht.

Eine Stellvertretung (von seiten des Beleidigten) war aus-
nahmsweise zulässig, wenn zum Beispiel der Vater beleidigt
wurde, wegen Alters oder körperlicher Gebrechen jedoch

außerstande war, seine Ehre persönlich verteidigen zu können; dann konnte der Sohn oder ein anderer naher Verwandter in Verteidigung der Ehre des Angegriffenen die Waffe ergreifen und als dessen Vertreter jene Rechte beanspruchen, die dem Beleidigten zukamen. Das Vertretungsrecht wurde in besonderen Fällen unter Zustimmung des Gegners auch intimen Freunden zugestanden.

Von einem Recht der Frauen, Beleidigungen durch eine Forderung zum Duell »zurückzuzahlen«, ist nirgends die Rede. Dafür gibt es Gründe.

Wer von der Verteidigung ausgeschlossen wird, besitzt entweder nichts, was bewahrenswert wäre, oder ist unfähig, sich selbst zu wehren. Dies ist eine verallgemeinernde Beschreibung des patriarchalen Postulats weiblicher Minderwertigkeit.

Nach patriarchalem Verständnis bedeutet Verteidigung, mit Muskelkraft und Waffe zu kämpfen. Da Frauen als das schwache Geschlecht gelten, soll diese Art der Verteidigung nur Männern vorbehalten sein. In der Römischen Republik, einem Kriegerstaat, waren Frauen zum Beispiel »Menschen von minderer Art«, weil sie als kampfuntüchtig betrachtet wurden. Für einen Mann war der erniedrigendste Tod, durch den Racheakt einer Frau zu sterben. Dies konnte nicht geduldet werden.

In der Nibelungensage wird Kriemhild von Hildebrand erschlagen, nachdem sie mit eigener Hand Hagen, den Mörder ihres Mannes Siegfried, erschlagen hat.

Das Alte Testament berichtet von Abimelech, der, während er die Stadt Tebes belagerte, von einem Stein getroffen wurde, den ihm eine Frau an den Kopf geworfen hat. Dem »schmählichen Tod von einer Frauenhand« entging er dadurch, daß er sich von seinem Waffenträger durchbohren ließ (Buch der Richter 9,22–24).

Verteidigung und Ehre sind mit dem Ideal des patriarchalen Männlichkeitsmodells verknüpft.

Die Verletzung der Ehre einer Frau wird als Kränkung der Ehre des Mannes aufgefaßt. Zu ihrer Verteidigung treten daher ihre männlichen Verwandten ein: der Vater für die Tochter, der Bruder für die Schwester und der Gatte für die Ehefrau. Beispielhaft bei Goethe etwa, wenn sich Beaumarchais mit Clavigo duelliert, der seine Schwester verführt hat. Er ersticht ihn im Duell neben der Bahre Maries, die wegen Clavigos erneutem Treuebruch gestorben ist. Goethe hat damit ein Ereignis dramatisiert, das aus dem Leben seines Zeitgenossen Pierre Augustin Caron de Beaumarchais gegriffen ist.

Der Vater Diane de Poitiers, der Geliebten Heinrichs II., wurde als Mitschuldiger des Connetable von Bourbon verhaftet, gefoltert und zum Tode verurteilt. Im letzten Augenblick wurde er jedoch zu Kerker begnadigt. Später wird berichtet, er habe die Entjungferung seiner Tochter durch Franz I. rächen wollen. Victor Hugo benutzt dieses Motiv für »Le roi s'amuse«, die Urform der Oper »Rigoletto«.

In der frühesten Dichtung um den kastilischen Grande Cid (um 1140) werden seine Töchter auf Wunsch des Königs mit den Infanten von Carrion verheiratet. Als sie aber nach der Hochzeit von ihren Gatten mißhandelt und vernachlässigt werden, nimmt der Vater Rache und stiftet für seine Töchter neue Ehen mit den Prinzen von Navarra und Aragon.

Um verletzte männliche Ehre geht es typischerweise auch dann, wenn das Duell wegen der Untreue einer Frau »notwendig« wurde.

Im Jahre 1883 beschäftigte zum Beispiel der Fall Graf Stephan Batthyanyi und Dr. J. Rosenberg die ungarischen Kreise. Der Rechtsanwalt Rosenberg hatte Ilona, die Tochter des Budapester Millionärs Schosberger, in Marienbad kennengelernt. Zwischen den beiden entspann sich ein Liebesverhältnis. Da die Eltern jedoch einer offiziellen Verbindung der beiden nicht zustimmten, ließen sie sich heimlich durch einen Rabbiner in der Nähe von Marienbad trauen. Daraufhin willigten die Eltern der jungverheirateten Frau ein, wenigstens die Verlobung bekanntzugeben. Ilona mußte zur Vorbereitung dieses Anlasses mit ihren Eltern nach Budapest zurückkehren. Kurze Zeit später lernte sie den Grafen Stephan Batthyanyi kennen, verliebte sich in ihn und präsentierte der Budapester Gesellschaft – statt ihres bereits angetrauten Gatten – den Grafen als ihren Verlobten. Daraufhin forderte der sitzengelassene Rechtsanwalt den Grafen. Dieser schob zunächst die Annahme der Forderung hinaus unter dem Vorwand, er müsse sich erst über die Satisfaktionsfähigkeit des Provokanten informieren. Mittlerweile wechselte Ilona ihren Glauben. Sie wurde Christin und heiratete den Grafen, der mit ihr eine Reise nach Italien antrat. Rosenberg forderte nochmals schriftlich den Grafen. Als dieser aus Italien zurückkehrte, mußte er daher zum Duell antreten. Am 22. Oktober 1883 fand das Pistolenduell statt, wobei der Graf beim dritten Kugelwechsel durch einen Schuß in die Schläfe getötet wurde.

Auch Ferdinand Lassalle, Gründer der sozialdemokratischen Bewegung in Deutschland, fand seinen Tod im Duell. Veranlassung zu der Herausforderung gab Helene von Dönniges, die sich nach der Flucht zu Lassalle doch wieder ihrem ersten Verlobten, Janko von Rakowicz, zuwandte. Dadurch entstanden Verwicklungen, die zu einer Herausforderung Lassalles führten. Janko von Rakowics schoß zuerst. Lassalle antwortete sofort, doch seine Kugel ging fehl, da er eine tödliche Verwundung im Unterleib erhalten hatte.

Gemäß den Vorstellungen der damaligen Gesellschaft verlangte ein Ehrenmann von der Außenwelt Achtung und Anerkennung seines persönlichen Wertes hinsichtlich seines sittlichen Charakters und eine dies würdigende Höflichkeit im Umgang. Er wahrte seinen guten Ruf vor Verleumdung, hielt seine Ehre von jedem Makel rein und suchte, wenn er bescholten wurde, im Kampf die vorherige Fleckenlosigkeit seines »Ehrenschildes« wiederzuerringen.

In allen europäischen Ländern ging das Duell vom Adel auf die ursprünglich von diesem gebildeten Offizierskorps und auf das höhere Beamtentum akademischer Prägung über, und bei beiden erhielt es sich trotz aller offiziellen Verbote bis ins 20. Jahrhundert. Der Duellboden war das »Feld der Ehre«, und wer sich darauf nicht bewähren wollte, galt als ehrlos.

Die Duellanten standen dabei vor dem Dilemma, daß das Duell dem Ehrbegriff einer Gesellschaftsschicht entsprach, die sich am kämpferischen Männlichkeitsbild orientierte, aber als Form privater Rache bereits seit dem 14. Jahrhundert als Verbrechen gegen den Staat galt. Doch ein »Mann von Charakter« kannte weder Zweifel noch Skrupel, wenn es um das »Gesetz der Ehre« ging. Ehre bedeutet(e) dem Mann Stärke, Besitz und Anerkennung. Und Beleidigung den Verlust derselben.

Der Konflikt war für die Frau noch größer. Kränkungen ihrer Ehre wurden nur als solche anerkannt, wenn sich ein Mann dadurch beleidigt fühlte. Andernfalls war sie weder beleidigungsfähig noch konnte sie durch ihr Handeln Ehrlosigkeit beheben.

Ein Beispiel des noch um die Jahrhundertwende geltenden Ehrbegriffs beschreibt Theodor Fontane in seinem Roman »Effi Briest«, dessen Inhalt auf eine Begebenheit zurückgeht, die sich im Bekanntenkreis Fontanes zugetragen hatte. Baron von Instetten findet die Briefe, die der Bezirkskommandant Crampas an Effi geschrieben hatte, als er in die junge Baronin verliebt war. Instetten fühlt sich – nach all den Jahren und der längst beendeten Beziehung – tief in seiner Ehre verletzt und sieht keinen anderen Weg zur Wiederherstellung seines Ansehens vor sich und der Welt, als Crampas zum Duell zu fordern. Crampas wird getötet. Dem Ehrgesetz weiter folgend, läßt sich Instetten von seiner Frau scheiden. Ihre Eltern verweigern Effi die Zuflucht zu ihnen – aus gesellschaftlichen Rücksichten. So muß sie bis zu ihrem Tod in entehrenden Verhältnissen leben.

Instetten hat durch das Duell seinen Ruf als »Mann von Charakter« wiederhergestellt. Effis Ehre ist verloren. Ihr bleibt die Ausgrenzung, die soziale Erniedrigung und die Schande. Die Tatsache, daß sie sich von Crampas vor vielen Jahren getrennt und seitdem ein tugendhaftes Leben an der Seite ihres Mannes geführt hatte, und auf die Erfüllung ihrer Gefühle verzichtet hat, verhalf ihr nicht dazu, den »Makel« ihres früheren Verhaltens zu beheben. Es gab für Effi keine

Möglichkeit, einen Zustand herzustellen, indem sie als gedemütigte Frau ihre Ehre und die Achtung der Umwelt zurückholen konnte. Ihr hätte sich nur der Freitod angeboten.

In der Literatur gibt es das Motiv der als Mann verkleideten Frau, die ihren früheren Liebhaber zum Duell fordert. Wenn die Verkleidung allerdings »entlarvt« wird, wird auch das Duell »entschärft«. Sache und Person werden der Lächerlichkeit preisgegeben. Eine Frau hatte, falls niemand ihre Rechte verteidigen konnte (oder wollte), keine Möglichkeit, für ihre verletzte Ehre Genugtuung zu fordern. Als Frau galt sie als Wesen ohne eigene Ehre und erfüllte nicht das Gebot der »ehrenwerten« Gleichwertigkeit.

Die Unebenbürtigkeit des Duellgegners wurde im 17. Jahrhundert so sehr zum Kriterium erhoben, daß es beispielsweise für einen Adeligen unehrenhaft war, gegen einen Mann von geringerer Herkunft anzutreten. Einem Menschen von geringer Herkunft wurde es als Verbrechen angelastet, sich mit dem Angehörigen einer höheren Schicht kämpfend messen zu wollen.

Sich duellierende Frauen waren im »Normalfall« nicht vorgesehen. Wenn sich zwei Frauen duellierten, wurde ihnen kaum das Bedürfnis nach Wiederherstellung ihrer gekränkten Ehre, sondern Eifersucht und Haß unterstellt.

Im »Duellbuch« von 1896 wird folgendes darüber berichtet: »Von Zeit zu Zeit tauchen immer wieder Nachrichten über Damenrencontres auf, und diese werden nie völlig verschwinden können, solange die Eifersucht das Blut der Vertreterinnen des schönen Geschlechtes in Wallung versetzt und der Haß den zarten Händen die Waffe in die Hand drückt.«

Eines dieser dokumentierten Duelle fand zur Zeit Richelieus zwischen der Comtesse von Polignac und der Marquise de Nesle statt. Hervorgerufen wurde dieses Pistolenduell durch den Sekretär des Herzogs, der »beide Nebenbuhlerinnen zu derselben Stunde zum Stelldichein ins Bois de Boulogne beschied«. Am nächsten Tag schossen sich dann die beiden Frauen. Die Marquise fehlte, wurde jedoch selbst leicht an der Brust durch die Kugel der Gegnerin verletzt, »und sank auf den Boden«.

Von einem anderen Zweikampf wird berichtet, der sich 1886 auf dem Schlachtfeld zu Waterloo zwischen Frau Astic de Valsayre und Miss Shelby zutrug. Verursacht wurde der Waffengang durch einen Streit der beiden Damen über die Frage, »ob die französischen oder amerikanischen Doktorinnen den Vorzug verdienen, wobei die lebhafte Französin schließlich der Amerikanerin den Handschuh ins Gesicht warf«. Bei diesem Streit handelte es sich um eine »zeitgemäße Frage«, heißt es in der Berichterstattung, und Miss Shelby trug eine leichte Verwundung am Arm davon.

Um »zeitgemäße Fragen« handelt es sich zum Beispiel auch, wenn heutzutage Feministinnen aus verschiedenen Lagern nebensächliche Entscheidungen erzwingen wollen bei der Frage, wer nun den »besseren«, »ehrlicheren« und »richtigeren« Weg für Frauenrechte eingeschlagen hat. Und wenn sie sich gegenseitig der Irrwege bezichtigen, wenn nicht gar offen beschimpfen. Ihre »Duelle« werden in Schriften und Reden gefochten. Oft geht es um Formen und eine Bewertung der unterschiedlichen Wege, und nicht um den Inhalt: die öffentlich sichtbare, eigenständige und unabhängige Arbeit von Frauen, die sich aus der Zuweisungsrolle befreien. Das Einlösen des Anspruchs auf Achtung und Ehre und das Beharren auf dem eroberten Territorium ist, worum es Frauen gehen sollte. Das kann weder durch einzelgängerische Konzeptlosigkeit noch durch blauäugige Vorstellung von Harmonie und Solidarität zwischen Frauen erreicht werden. Weibliche Wege lassen sich nicht nur auf »den einen« reduzieren. Und Frauen, die denselben Weg wählen, werden ihn mit ganz individuellen Voraussetzungen beschreiten, die ihr Voranschreiten bestimmen. Die Gangart, die Geschwindigkeit ist genauso unterschiedlich wie die »Last« des Lebenslaufs, die mitgetragen wird.

Wenn sich zwei streiten, freut sich der Dritte, heißt ein Sprichwort. Dies trifft ganz sicher zu, wenn die Streitenden Frauen sind, und der Dritte ist ein Mann.

6. Das Gottesgericht

Ein Duell erfordert mindestens zwei miteinander streitende Parteien. Im Rahmen des nach dem Ehrenkodex geregelten, doch gesetzlich verbotenen Zweikampfes konnten zwei Personen ihre Ehrenhändel »privat« ausfechten. In Form der Fehde taten dies nicht nur einzelne Personen, sondern ganze Familien, größere soziale Gruppen (Stämme) oder Standesverbände (wie etwa Bauern gegen Fürsten). Zugelassen waren zur Beteiligung an solchen Fehdekämpfen nur die Männer. Daß Frauen ebenfalls mitgekämpft haben, versuchen inzwischen feministische Historikerinnen nachzuweisen (vergleiche Honegger/Heintz, 1984).

Ein Merkmal von Fehde und Zweikampf war, daß so lange gekämpft wurde, bis ein Sieger feststand, dessen Ehre durch den Sieg wiederhergestellt war bzw. dessen Anklage dadurch zum Recht verholfen wurde. Fehden zogen sich häufig über Jahre hinweg. Das so ergangene »Urteil« wurde als »endgültig« betrachtet. Dagegen gab es keine Berufung.

Wurde eine Anschuldigung vor Gericht gebracht, war es bei primitiven Gesellschaften möglich, Tatfragen schlicht auf Grund der Aussagen von Zeugen zu entscheiden. Es gibt jedoch Fälle, in denen ein ausreichender Beweis nicht durch Zeugen erbracht werden kann. Schon bei den primitiven Stämmen griffen daher die Menschen zu irrationalen Beweismethoden wie den Eid und das »Gottesurteil«.

Die Aschanti von der Goldküste Westafrikas bedienten sich zum Beispiel des Gottesurteils, wenn es um Zauberei oder Ehebruch ging. Eine Form bestand darin, daß versucht wurde, die Zunge der angeklagten Person dreimal mit einer Nadel zu durchstechen. Mißlang dies, war sie schuldig. Bei einer anderen Form des Gottesurteils benutzten die Aschanti Gift. Der Mann, der den Angeklagten vor Gericht gebracht hatte, mußte eine große Menge giftiger Odom-Rinde besorgen. Diese legte man in Wasser und erhielt ein ekelhaftes Gebräu. Nach dem Vollzug bestimmter ritueller Handlungen mußte der Angeklagte Krug um Krug dieser Flüssigkeit trinken. Seine besorgten Angehörigen gewährten ihm dabei Zuspruch. Die Wirkung des Trunks konnte Übelkeit sein oder aber Tod. Erbrach sich der Angeklagte, so überstand er die Sache natürlich und galt als unschuldig. Wenn sich allerdings sein Ende ankündigte, kam ein Exekutionskommando herbeigeeilt und enthauptete ihn, denn er sollte nicht als Selbstmörder sterben.

Bei den Comanchen wurde eine Frau, die der ehelichen Untreue verdächtigt wurde, dem Urteil der Sonne und der Erde überwiesen. Es ging dabei um eine rituell festgelegte Beschwörung der Unschuld. Die Comanchen glaubten, daß die Sonne herausbekam, ob die Frau, die sich diesem Ritual unterzogen hatte, schuldig war. Meineid bestrafte die Sonne mit Tod.

Im europäischen Mittelalter forderten die Gesetze bei den geringsten Anlässen den Zeugeneid, und zur Bekräftigung eines solchen Zeugeneides traten wiederum eine ganze Reihe von »Eideshelfern« auf, die den Eid des Zeugen bekräftigen mußten. Die Glaubwürdigkeit der Eide wurde nach dem Stand der schwörenden Person beurteilt und nach ihrer Zahl. Was ein Adeliger mit drei Zeugen beweisen konnte, vermochte ein Bauer zum Beispiel nur mit sieben zu entkräften. Außerdem stieg die Zahl der verlangten Zeugen mit der Wichtigkeit der Sache. Schließlich bewirkten diese Beweisführungen eine wahre »Eidesflut«, bei der Meineide an der Tagesordnung waren. Um mit dieser Unsitte aufzuräumen, beschloß Kaiser Otto I. im Jahre 967 (unter Zustimmung der Kirchenversammlung von Ravenna), daß statt dessen das Gottesgericht des Zweikampfes eintreten soll. Sogar die Kirche stellte willig die Plätze vor Kirchen und Klöstern dafür zur Verfügung. Gott sollte die Wahrheit ans Licht bringen, indem er der angeklagten Person – wenn das Recht auf deren Seite stand – half, die anklagende Person in einem gerichtlich überwachten Waffenkampf zu besiegen. Diese Beweismethode kam den Interessen des herrschenden Kriegerstandes in idealer Weise entgegen. Da sie im Umgang mit Waffen geübt waren, konnten rebellierende Ritter ohne große Bedenken rauben, morden oder sich an Frauen vergehen. Sie mußten nichts Schlimmeres befürchten als eine Herausforderung ihrer Geschicklichkeit. Das erleichterte es, ein Held zu werden. Die Waffe bedeutete für einen Mann ein Symbol der Ehre.

Sowohl gottesgerichtliche Zweikämpfe als auch andere Arten von Gottesurteilen wurden besonders oft bei Verfahren wegen Hexerei oder Ehebruchs angewandt, da bei beiden ein Beweis durch Zeugen als schwierig galt.

Man glaubte, daß Gott zur Rettung der unschuldigen Person durch unmittelbare Einwirkung die Kräfte der Natur hemmen werde, so daß nur der Schuldige zu Schaden kommen, der Unschuldige aber unverletzt aus der Prüfung hervorgehen werde.

Es diente somit nicht nur als Beweismittel, sondern gleichzeitig als Strafe, wenn der »Schuldige« die Probe nicht überlebte.

Beim Gottesurteil des kalten Wassers wurde die angeklagte Person an Armen und Beinen gefesselt ins Wasser geworfen. Ging sie nicht unter, war sie schuldig. Bei der Prüfung durch heißes Wasser mußte sie einen Gegenstand (meistens einen Ring) aus einem Kessel siedenden Wassers mit bloßer Hand unversehrt herausholen, um als »unschuldig« zu gelten. Bei der Anwendung des glühenden Eisens mußte dieses eine festgesetzte Strecke weit mit unbedeckter Hand getragen werden. Zeigte die Hand dann keine Brandwunden, glaubte man, mit dieser Person sei Gott, und sie hatte die Rechtssache gewonnen. Beim Gottesgericht des Kreuzurteils erhielten Kläger und Beklagter am Anfang eines Gottesdienstes ein Kreuz, welches sie mit erhobenen Händen emporhalten mußten. Wer zuerst die Hände fallen ließ, hatte seine Sache verloren.

Ein beliebtes Gottesurteil stellte das Bahrgericht dar. Ein des Mordes Beschuldigter mußte nackt vor das Gericht treten. Dann wurde ihm die abgeschlagene Hand des Ermordeten vorgehalten, auf die er dreimal seine Finger legen mußte. Erneuerte sich das Bluten der Hand, so galt der Angeklagte als schuldig. Die Bahrmethode spielte auch in der Nibelungensage eine Rolle. Als Kriemhild der Leichnam ihres ermordeten Gemahls Siegfried vor die Tür gebracht worden war, verlangte sie, daß alle Mannen ihres Bruders Gunter nacheinander an die Leiche treten. Und als Hagen herantritt, fließt Blut aus Siegfrieds Wunde. Der Mörder galt somit als überführt. Auch Gloster in Shakespeares King Richard III. wird zufällig als Mörder Heinrichs VI. entlarvt, als er der Bahre begegnet.

Die Möglichkeit der Frau, sich vom Verdacht der Untreue durch ein Gottesgericht zu reinigen, war schon im alten Babylon bekannt. Im altindischen Epos Ramayama wird Sita vom Ungeheuer Ravana entführt, nach ihrer Befreiung von ihrem Mann Rama verstoßen, aber gleich darauf in Liebe aufgenommen, weil sie unverletzt einem brennenden Scheiterhaufen entstiegen ist.

In der alttestamentarischen Erzählung von Susanna symbolisiert der von Gott aufgerufene junge Prophet Daniel das Gottesurteil. Nachdem die beiden lüsternen Alten, die Susanna beim Baden in ihrem Garten überraschen, von ihr abgewiesen worden sind, klagen sie Susanna des Ehebruchs mit einem Jüngling an. Daniels Weisheit rettet sie vom Tode durch Steinigung. Er erkennt an ihren sich widersprechenden Aussagen den Betrug, und die Alten werden an Stelle Susannas zum Tode geführt.

Von einem »überlisteten« Gottesurteil wird in der mittelalterlichen »Tristan und Isolde«-Sage erzählt, in der die Liebe des Ehebruchs schwärmerisch behandelt wird. Isolde soll auf ihre eheliche Treue einen Eid ablegen und das glühende Eisen tragen. Um zur Richtstätte zu gelangen, muß sie und ihr Gefolge über einen Fluß. Am Ufer steht ein zerlumpter Bettler – der verkleidete Tristan –, der sich erbietet, Isolde, die Königin, an Land zu tragen. Sie »umfaßt ihn mit Armen und Beinen« (Vedel, 1911), und als sie an Land kommen, legt sie ruhig den Eid darüber ab, daß sie niemals einen Mann in ihren Armen gehabt habe außer ihrem Ehemann, den König, »ja, und den zerlumpten Bettler vorhin«. Und dann trägt sie unbeschadet das heiße Eisen.

Der gerichtliche Zweikampf verdrängte zunehmend alle anderen Beweismittel, wenn es um Beschuldigungen befleckter Ehre ging. Beim Ehrenduell mußte jeder für seine eigene Sache eintreten, ausgenommen Krüppel, Greise und Priester. Für diese war eine Vertretung im Kampf gestattet (die sog. »Lohnkämpen«).

Frauen durften als nicht waffenfähig im allgemeinen ebenfalls nicht kämpfen, sondern mußten einen männlichen Kämpfer stellen. Wenn keiner für sie kämpfen wollte, mußte die Frau den Kampf selbst bestehen. In der Schweizer Chronik (1548) wird von einem solchen Kampf berichtet: »Darnach im Jahr des Herrn 1288 am 5. Tage Januarii geschah zu Bern an der Matten ein Kampf zwischen einem Mann und einem Weyb. Das Weyb lag ob und gewann den Kampf.« War die Frau mutig genug, ihren eigenen Unschuldsbeweis anzutreten, hatte sie eine realistische Chance zu siegen. Denn für den Kampf zwischen Frau und Mann wurde die Kampfstätte auf besondere Weise vorbereitet: Für den Mann wurde eine runde Grube ausgehoben, die ihm bis zum Gürtel reichte. Er durfte diese nicht verlassen und sich nicht einmal auf deren Rand stützen oder sich daran festhalten. Als Waffe bekam er eine Keule, während die Frau ein Tuch von gleicher Länge hatte, in dessen Ende ein schwerer Stein eingeknotet war. Gelang es dem Mann, die Frau zu sich in die Grube zu reißen, konnte er sie töten. Das gleiche Los harrte seiner, wenn sie das Tuch mit dem Stein so um seine Keule schlagen konnte, daß sie ihn zugleich wehrlos machen und umreißen konnte. Sie konnte ihn auch erschlagen. Die für Frau und Mann unterschiedliche Kampfesebene galt als Versuch, dem »schwächeren Geschlecht« eine »gerechte« Chance anzubieten.

Die Verordnung Herzog Tassilos in Bayern, den Kämpfern einen Schwur abzunehmen, daß sie ehrlich und offen

fechten wollten und weder Zauberkraut noch Beschwö-
rungsmittel an sich verborgen hätten, ist wohl im Zusammenhang mit der Furcht vor den irrationalen Kräften der Frau
zu verstehen, die für ihre eigene Sache kämpft. Im allgemeinen ließen sich Frauen jedoch durch Kämpfer vertreten. Von
Kunihilde, der Gemahlin Kaiser Heinrichs III. und Schwester
des Königs Hardenut von England, wird berichtet, daß sie
nach ihrer Beschuldigung als Ehebrecherin einen jungen
Engländer bestimmte, für sie zu kämpfen. Dieser junge
Mann bezwang seinen an Größe und Kraft überlegenen
Kämpfer, wodurch die Unschuld Kunihildens »erwiesen«
war. Wegen Luitparde, Tochter Ottos I. und Herzoginwitwe
von Lothringen, fand ebenfalls ein Zweikampf statt. Ein
Adeliger Kuno, der um ihre Hand geworben und abgewiesen
wurde, rächte sich, indem er sich offen rühmte, die Gunst
Luitpardes genossen zu haben. In einer öffentlichen Ver-
sammlung bat Otto, es möge jemand im Kampfgericht für
seine Tochter, die ihre Unschuld beschworen habe, einste-
hen, damit sie von dem Verdacht gereinigt werde. Ein Graf
Burchard focht für sie und siegte.

Weitaus häufiger wurden die Gottesurteile dazu benutzt,
um Unschuldigen zu schaden. Obwohl bereits das Lateran-
Konzil im Jahre 1215 der Priesterschaft die Teilnahme daran
verbot, trieb die katholische Kirche mit Gottesurteilen viele
Frauen als Hexen in den Tod.

Der gerichtliche Zweikampf hielt bis ins 19. Jahrhundert
hinein. In England wurde er erst durch Parlamentsakte vom
Jahre 1819 abgeschafft. Der Zweikampf hat sich außerge-
richtlich, in seiner veränderten Form als geregeltes Privat-
duell, als Mittel zur Entscheidung wahrer oder vermeintli-
cher Ehrenkränkungen trotz des Verbotes der bürgerlichen
Gesetze bis in unser Jahrhundert hinein erhalten.

Eine Fortführung dieser Verfahrensmethoden bildet in
gewisser Weise auch heute noch der Prozeß als Duell, als ein
Gefecht der Worte.

7. Rache, Recht und Gerechtigkeit

Wer sich nicht rächt, ist nicht
gerecht.

Nirgendwo steht geschrieben: Rache ist verboten. Nur der Kreis der Personen, die sich rächen »dürfen«, ist ausgewählt geordnet: durch Konvention, Religion und Recht.

Das Recht ist ein Teil unserer Kultur, der neben Konvention, Brauchtum, Religion, Moral und Sitte unser Verhalten und Handeln lenkt. Die »Führung« des Handelns und dessen Kontrolle geschieht durch wertbesetzte Normen: Rechtliche, religiöse, moralische, konventionelle »Anweisungen«, die das Zusammenleben von Menschen regeln. Sie ergeben sich aus den jeweiligen »Grundüberzeugungen«, die in einer Kultur als »Wahrheit« gelten und Richtschnur gesellschaftlichen Handelns sind. Daher weisen sie kulturelle Eigenarten auf. Um ihre Einhaltung sicherzustellen, wird angepaßtes, »konformes« Verhalten belohnt, und für Abweichungen stehen Abschreckungs- und Strafmaßnahmen bereit.

Das Recht kann nicht sämtliche Aspekte des menschlichen Lebens regeln. Für alle Kulturen gilt, daß nicht alle Normen mit rechtlichen Problemen zu tun haben. Elisabeths Streit um den Sitzplatz zum Beispiel ist keine rechtliche Frage. Die in unserer Kultur gepflegten Umgangsformen regeln hier theoretisch »richtiges« und »unrechtes« Verhalten. »Man« pflegt den Platz, den eine andere Person belegt, nicht einfach wegzunehmen. Keine der beiden Personen kann einen rechtlichen Anspruch auf den Platz erheben. Der Mann nimmt hier das ungeschriebene »Recht« einer privilegierten Personengruppe wahr. Elisabeth erlebt die damit zusammenhängende Ungerechtigkeit, für die sie sich rächt.

Eine rechtliche Norm unterscheidet sich in einem wesentlichen Punkt von den anderen Normen und Ordnungen, die mit dem sozialen Zusammenleben verbunden sind: Bei ihrer Nichtbeachtung oder Verletzung zieht sie »regelmäßig physische Gewalt – ob als Drohung oder tatsächliche Gewaltanwendung – nach sich, die durch einzelne oder durch Gruppen angewendet wird, welche ein von der Gesellschaft anerkanntes Privileg dazu besitzen« (Hoebel). Das heißt, der legitime Gebrauch physischer Gewalt gilt als wesentliches Merkmal für Recht in einer jeden Gesellschaft, »sei sie primitiv oder zivilisiert«. Hoebel schreibt: »Das Recht hat Zähne, die notfalls zubeißen können.« Doch »beißen darf nur derjenige, dem das Vorrecht bei einem bestimmten Fall zusteht«. Durch die organisierte Macht der Gewalt, das legitimierte Privileg der Gewaltausübung, wird das Recht vor allem zum Herrschaftsinstrument. Mittels Recht wird Gewalt »zwangsweise« ausgeübt. Es gibt viele Formen von Zwang. Aber nur bestimmte Methoden und Formen sind rechtlich zulässig. Die wesentliche Voraussetzung zur rechtmäßigen Gewaltanwendung ist die allgemeine gesellschaftliche Billigung solchen physischen Zwangs sowie der Drohung mit solchem Zwang.

Dies gilt für jene verwandtschaftlich-organisierten, sogenannten »primitiven« Gesellschaften genauso wie für die hochkomplex organisierten, modernen Staatsgebilde der westlichen Welt. Rechtshistoriker haben gezeigt, daß sich die Entwicklung des Rechts nicht chronologisch vollzogen hat, sondern daß es sich den sozialen und wirtschaftlichen Entwicklungsstadien der Völker anpaßt. Somit ist ein »späteres« Recht nicht notwendigerweise das fortgeschrittenere oder differenziertere. Seagle schreibt, daß das Recht von Babylon aus dem dritten Jahrtausend vor Christus beispielsweise viel entwickelter war als das Recht der Hebräer, Griechen und Römer eineinhalbtausend Jahre später. Das Recht der germanischen Stämme des frühen Mittelalters war andererseits primitiver als dasjenige einiger Völker des klassischen Altertums.

Die Rechtsgeschichte unterscheidet im wesentlichen drei

Rechtstypen: Das »primitive Recht« ist das typische Recht der Sammler- und Jägervölker, der vorgesetzlichen Zeit derjenigen analphabetischen Völker, die noch keine Gerichtshöfe entwickelt haben. Trotzdem haben sie soziale Regeln anerkannt und haben bestimmte Methoden angewendet, um soziale Konflikte zu lösen. Obwohl sie sich überwiegend auf die Körperstrafe verlassen, kennen sie auch Formen materieller Wiedergutmachung. Die lokalen Gruppen sind untereinander verwandt. Das Bedürfnis nach einer Herrschaftsstruktur, die über die einzelne Familie hinausgeht, ist nicht vorhanden.

Das »archaische Recht« ist typisch für fast alle Völker des Altertums, einige afrikanische Stämme sowie für die alten Germanen. Es ist das Recht des Feudalismus und der Sklaverei; das Recht von Gesellschaften, die ihren Unterhalt aus Hackbau (Ackerbau) und ein wenig Handwerk beziehen. Seine fundamentalste Errungenschaft ist die Entstehung der Gerichte. Unmittelbare persönliche Beziehungen zwischen der Gesamtheit aller Mitglieder sind nicht länger möglich.

Das »gereifte Recht« ist nicht nur voll bürokratisiert, sondern in die Hände von hauptberuflichen Juristen und Fachleuten übergegangen. Es ist in erster Linie das Recht des modernen Kapitalismus. Seine Anfänge lassen sich jedoch schon im alten Griechenland und Rom erkennen.

Hoebel geht davon aus, daß die eigentliche Entwicklung des Rechts mit der Expansion des Hackbaus beginnt, denn dadurch wurde eine wirtschaftliche Lebensgrundlage geschaffen, die Ansiedlungen mit einer größeren Bevölkerung möglich machte. Noch wichtiger erscheint dabei der Umstand, daß innerhalb eines abgegrenzten Gebietes mehrere Ansiedlungen nebeneinander bestehen können. Hoebel schreibt: »Der Zwang, friedliche Verhältnisse zu gewährleisten, wird stärker, wo viele Gemeinschaften in engen Wechselbeziehungen zueinander leben. Man braucht mehr, und man braucht wirksamere rechtliche Regelungen.«

Recht ist, wie seine Entwicklung zeigt, in Wechselwirkung mit der jeweiligen Kultur verflochten. Es ist deshalb nicht statisch, sondern veränderbar. Es ist jedoch immer Ausdruck eines Kampfes und zielt auf die Lösung von Konflikten. »Der Bruch der sozialen Ordnung ist die Mutter des Rechts«, schreibt Seagle. Was als Konflikt in einer Gesellschaft anerkannt wird, und wie die Regeln lauten, nach denen der Kampf ausgetragen wird, hat sich mit der Entwicklung der jeweiligen Gesellschaft gewandelt.

Lange, bevor das Bedürfnis entstand, für die Sicherheit des Besitzes oder Eigentums zu sorgen, war es notwendig, die Sicherheit des Lebens zu schützen. Die Tötung eines Menschen stellte unter bestimmten Umständen daher auch in der primitiven Gesellschaft das erste anerkannte Unrecht dar. Es gilt jedoch als privates und durch die Rache reparables Übel. Eine Ausnahme bilden die »legitimen« Morde wie die in vielen Gesellschaften praktizierte Kindstötung (wenn Mädchen etwa als wertlos gelten) oder die Tötung einer untreuen Ehefrau durch den Ehemann.

Recht beruht auf der Konvention, daß nur eine bestimmte Gruppe von Menschen innerhalb eines Gesellschaftsverbandes befugt ist, Recht zu schaffen. Bei den Verwandtschaftsverbänden der Familien, Sippen und Clans erfüllten Familien- und Stammeshäuptlinge diese Funktion, wobei die Regeln typischerweise Ausdruck des allgemeinen Verständnisses von Recht waren. In Rechtssystemen des »gereiften Rechts« dagegen werden die Regeln nur noch von wenigen »Fachleuten«, den Juristen, festgelegt und sind nicht mehr Ausdruck allgemein anerkannter Werte, sondern »Allgemeinregel« derjenigen Gruppe, die ihre Werte durchzusetzen vermag. »Im Konflikt einander widerstreitender Regeln wird einer davon dadurch zur Herrschaft verholfen, indem sie zum ›Recht‹ erklärt wird«, schreibt Seagle. Sie entsprechen kaum noch dem allgemeinen Verständnis von Recht, sondern sind Ausdruck des Wertsystems der herrschenden Gesellschaftsklasse. Eine Rechtsänderung wird daher lediglich den Sieg einer anderen Klasse bedeuten. Dem Staat unserer Zeit ist es gelungen, das Monopol der Gewalt bei sich zu konzentrieren.

Vorrechte kann erfahrungsgemäß nicht nur das Recht verleihen. Auch die Religion trägt beispielsweise dazu bei, ebenso wie Sitte, Brauchtum und Konvention. Da alle gesellschaftlichen Regeln auf den Grundüberzeugungen einer Gemeinschaft beruhen, scheinen diese »Wahrheiten« in ihnen auf. Die Grundüberzeugungen werden auch Postulate genannt. Sie bilden das »Gerüst« des Wertsystems einer Kultur, auf welches deren einzelne Teile zurückgreifen und daher miteinander verflochten sind. Wie bereits beschrieben, unterscheidet sich Recht von den anderen kulturellen Teilbereichen durch den legitimen Gebrauch physischer Gewalt als Sanktionsmittel.

Die verschiedenen Vorrechte des Mannes in unserer Kultur können jedoch auf dem Hintergrund der Merkmale des Rechts betrachtet werden. Nicht nur aufgrund der Tatsache, daß überwiegend Männer »Recht schaffen« konnten, sondern auch dadurch, daß der Inhalt des Rechts das Herrschaftsverhältnis der Geschlechter widerspiegelt.

Über die rechtliche Situation der Frau in den primitiven Gesellschaften wissen wir, daß sie bei den meisten Völkern gesellschaftlich niedriger steht als der Mann. Die Frau erscheint als Mensch zweiter Klasse, als körperlich schwächer und unmündiger. Dadurch fallen den Männern einseitig Ansprüche, Ermächtigungen und Vorrechte zu, für die es kein Äquivalent auf der Seite der Frauen gibt. Ihren Wert bekommt sie als Arbeitskraft und dadurch, daß sie unentbehrlich für die Fortpflanzung ist.

Die Persönlichkeit des Mannes wird im allgemeinen an seiner Leistung als Ernährer und seinem Erfolg bei Frauen gemessen. Deshalb wird er die Zurückweisung durch eine Frau, oder die »Besitzergreifung« der Frau durch einen anderen Mann, als Herausforderung in seiner Stellung als Mann betrachten. In einem solchen Fall steht ihm das Vorrecht des Strafens zu.

Bei den verschiedenen Völkern bildeten sich Strafarten für Ehebruch heraus, die später zuweilen legitimiert wurden. Die Bestrafung war meist nicht Sache der öffentlichen Gerichtsbarkeit, sondern blieb der Willkür des betrogenen Ehemannes überlassen. In vielen Kulturen mußte die Frau nach einem Ehebruch mit dem Tod rechnen. Bei den Hebräern wurde sie verbrannt oder gesteinigt, im alten Babylon ertränkt. Bei anderen Völkern wurde die Frau verstümmelt, bei den Germanen wurde sie aus dem Hause gepeitscht, nachdem ihr die Haare abgeschnitten worden waren. Bei den Griechen und Römern war der Ehemann verpflichtet, die Frau aus dem Hause zu weisen, sie verfiel der gesellschaftlichen Ächtung.

Auch den Liebhaber der Frau traf die Rache des Ehemannes. Er wurde bei den verschiedenen Völkern erschlagen. Erst im römischen Kaiserreich nahm der Staat die Bestrafung des Ehebruchs in die Hand. Unter Kaiser Konstantin galt Ehebruch als ein Kapitalverbrechen, das am Beleidiger mit dem Schwert gerächt wurde. Justinian allerdings erkannte dem Ehemann wieder das Recht zu, den Störer seiner Ehe eigenhändig umzubringen. Auch zu alttestamentarischen Zeiten wurde der Liebhaber einer Ehefrau mit dem Tode bestraft.

Von den Eskimos heißt es, sie seien so friedliebend, daß sie keine Kriege kennen. Doch unter den Männern ist die Rivalität sehr verbreitet. Das Privatrecht der Eskimos befaßt sich im wesentlichen mit dem Raub von Frauen sowie mit Mord und Totschlag. Hoebel schreibt, sie befinden sich in ständigem Wettstreit und oft auch in heftiger Auseinandersetzung um den Besitz von Frauen. Ein Eskimo kann seine Ehefrau ohne deren Einverständnis »verleihen«. Wenn sich ein anderer Mann die Frau jedoch ohne Zustimmung des Ehemannes »ausleiht«, gilt dies als Ehebruch. Der Ehemann wird darauf reagieren, um sich in den Augen der anderen nicht lächerlich zu machen. Im allgemeinen wird er den Ehebrecher verprügeln oder zu einem Gesangswettstreit herausfordern. Dieser »Singkampf« ist eine unblutige Form des Duells, bei dem es darum geht, gekränkte Ehre durch satirische, beschimpfende Gesänge zu rächen.

Eine provozierende Herausforderung bedeutet es, wenn ein anderer offen von der Ehefrau »Besitz ergreift«. Die erfolgreiche Eroberung der Frau durch einen anderen Mann stellt einen Affront dar gegenüber ihrem Ehegatten und seine Kraft, eine Frau an sich zu binden. Dies empfindet der Eskimo als Herausforderung an seinen Status als Beherrscher. Mord und Totschlag sind üblicherweise die Folge.

Von 27 Mordfällen, über die im einschlägigen Schrifttum berichtet wird, ist nur ein einziger, in dem eine Frau gemordet hat. Der Anlaß war als »geringfügig« bezeichnet: Eine Frau stach eine andere in den Bauch, die sie spottend als unfruchtbar bezeichnet hatte.

Gesetzliche Strafen folgen zwangsläufig auf Rechtsverletzungen, derer man schuldig wird. Eine Verpflichtung zur Rache gibt es formal nicht. Sie ist durch Staat und Kirche untersagt, äußert sich jedoch als Teil männlicher Ehre und männlichen Vorrechts. Im »Gesetz« der Blutrache ist diese Pflicht wesentliches Kennzeichen. Sie besteht für die Familien oder Sippenangehörigen, wenn einer der ihrigen getötet oder in seiner Ehre gekränkt worden ist. Dies mußte am Schuldigen oder an einem seiner Verwandten gerächt werden. Nächste Angehörige an Mördern und Beleidigern zu rächen war ein Gebot, das bei fast allen Kulturen galt. Schon im Alten Testament ist die Blutrache religiöse Pflicht, auch bei den Griechen und Römern war dieses Gebot heilig. Ihm lag der Glaube zugrunde, daß der Getötete erst mit der Erfüllung des Gebots seine Ruhe finde.

Den mittelalterlichen Rittern wurde die Verpflichtung symbolisch mit dem Ritterschlag aufgetragen. Der Schlag mit dem flachen Schwert auf den Hals oder die Schulter deutete an, daß dies die letzte Beleidigung sei, die der Ritter nun gesetzmäßig dulden dürfe.

In England verpflichteten sich Adel und Bürger 1584 im »Bond of Association«, jede Verschwörung gegen die Krone unter Einsatz des Lebens zu verhindern *(The duty of revenge)*. In der Sage wird Hamlet vom Geist des ermordeten Vaters in die Racheverpflichtung genommen.

Nach christlichem Recht galt Ehebruch als Verbrechen, und der Ehemann war verpflichtet, seine verletzte Gattenehre zu rächen, sei es mit eigner Hand oder durch die Hand des Henkers. Wenn er dieses Verbrechen duldete, machte er sich der Teilhabe an einer Todsünde schuldig. Er wurde mit Hörnern »geziert« und mußte auf Eselsrücken durch die Stadt reiten.

Bis heute gilt das Vorgehen des Ehemannes gegen den Störer seiner Ehe nicht nur als Recht, sondern als Ehrenpflicht. Der männliche Ehrenkodex verpflichtet den Ehemann, seine Ehre wiederherzustellen, die dadurch verletzt wird, daß der Ehebrecher ihn seines intimsten Besitzes – seiner Ehefrau – beraubt. Da die Frau nach traditionellem Recht und Auffassung nicht das gleiche Besitzrecht an ihm hat wie er an ihr, kann sie gegen eine Rivalin kein Recht auf Wiederherstellung oder Wahrung ihrer Ehre geltend machen. Nicht zuletzt auch deshalb, weil nach herrschender Auffassung ihre Ehre durch eine außereheliche Beziehung ihres Mannes gar nicht als verletzt galt. Sie kann den Mann allenfalls wegen Untreue verklagen. Aber selbst im schlimmsten erwiesenen Fall wird er im allgemeinen mit einer leichten Buße davonkommen. Die hintergangene Ehefrau wie auch die betrogene Geliebte griff daher nicht selten zur rächenden Selbsthilfe.

In den Gesetzestexten zivilisierter Gesellschaften spielt Rache keine Rolle. Der Begriff wurde vom Strafgesetz aufgesogen. Rache drückt sich somit durch die Gesetze aus. Erich Fromm zitiert in seinem Buch »Anatomie der menschlichen Destruktivität« (1968) K. A. Menningers Einstellung, daß »alle Formen der Bestrafung – von den primitiven bis zu den modernen – ein Ausdruck von Rache« sind.

In Nachschlagewerken wird Rache typischerweise als »ursprüngliche Form der Vergeltung« (Meyers Lexikon) bezeichnet, oder als »Vergeltung erlittenen Unrechts auf eigene Faust« (dtv). Nach Grimm (Deutsches Wörterbuch) ist im Wort »Rache« ein alter germanischer Rechtsbegriff eingeschlossen: »Das Setzen außerhalb des Landrechts und die Austreibung aus dem Lande infolge Angriffs auf den Landfrieden.« Hier wird die Vorstellung des Vertreibens und Verfolgens deutlich, die den Begriff der Rache auch heute noch prägt. Auch in der griechischen Mythologie ruhen die Rachegöttinnen nicht eher, bis den »Missetäter« die verdiente Strafe trifft. Wo der Rache-Begriff in der juristischen Fachterminologie heute erscheint, wird er in den Zusammenhang mit der Fehde gestellt. Hier bedeutet Rache »die private Vergeltung einer wirklichen oder vermeintlichen Unrechtshandlung durch den Geschädigten«. Die Fehde wird als »erlaubte Rache oder Selbsthilfe« definiert. Die Vergeltung von Unrecht mündete im allgemeinen bei den Völkern mit primitiven oder archaischen Rechtssystemen in Fehde, wenn sich der Übeltäter weigerte, der Forderung nach Wiedergutmachung nachzukommen. Dies konnte zum Beispiel wegen Wilderns auf fremden Jagdgründen oder Weiden, oder wegen Ehebruchs entstehen. Nicht zuletzt entwickelte sich die Fehde jedoch aus der Vergeltung von Mord. Als »Blutfehde« oder »Blutrache« richtete sich die Vergeltung im allgemeinen nicht allein gegen den Mörder, sondern gegen ein oder mehrere Mitglieder des Clans des Mörders. Meist bedeutete die Blutrache eine endlose Kette von Totschlägen. Daß sie auch in zivilisierten Gesellschaften noch nicht verschwunden ist und als »Recht« im soziologischen Sinn gilt, wird besonders durch die Praktiken der Mafia bewiesen sowie in den Beziehungen der Nationen untereinander. In Form der Todesstrafe nimmt auch ein Staat für sich nichts anderes als das Recht der Blutrache in Anspruch. Im Fall der Todesstrafe wird das Recht auf Blutrache auch im juristischen Sinne Recht, aber keinesfalls üben die Geschädigten selbst diese Rache aus.

In Kulturen, die das »Gesetz« der Rache zumindest dulden, besteht die indirekte »Warnung« (durch gesetzliche »Mindestanforderungen« an gegenseitiger Achtung der menschlichen Würde) für den Rächer, sich bei der Rachetat zu »zähmen«, damit das Maß der Vergeltung angemessen bleibt. Weil Rache sonst kein Ende findet und der Streit in solchen Fällen schon in den alten Kulturen durch das Einschreiten einer Autorität geschlichtet werden mußte.

Rache ist ebenso wie Recht Teil des gesamten gesellschaftlichen Kontrollsystems. Der Unterschied zum Recht besteht darin, daß die Regeln der Rache nicht festgelegt sind. Die Art der Bestrafung durch Racheakte und das »Strafmaß« sind nicht zwingend normativ und allgemein verbindlich vorgeschrieben. Sie orientieren sich an traditionellen, ungeschriebenen Normen und an einem persönlichen Vergeltungsbedürfnis. Sie sind jedoch keinesfalls frei, sondern eingebunden in das jeweilige kulturelle Wertsystem.

»Im Hintergrund aller Erfahrung mit dem Recht lauert stets die Gewalt«, schreibt Seagle. Ähnliches kann man von der Erfahrung mit der Rache sagen. Mit dem Unterschied, daß die Ausübung der Rache-Gewalt durch eine Privatperson jeder Legitimation entbehrt. »Rechtens« wird die Ausübung von Gewalt erst durch dazu autorisierte Personen und Instanzen. Trotzdem fühlen sich bestimmte Gruppen in unserer Gesellschaft auch ohne legitimierte Rechtsfunktion »berechtigt«, Gewalt über andere Gruppen anzuwenden. Und es ist kein Zufall, daß dies der Mann eher tut als die Frau. Ist es doch nicht zuletzt die gesellschaftliche Billigung des männlich-orientierten »Rechts des Stärkeren«, das solche Vorstellungen weiter bestehen läßt.

Weil im traditionellen Verhältnis der Geschlechter in unserer Kultur der Mann übergeordnet ist und der Frau gegenüber Macht-Privilegien hat, scheint die Anwendung von Gewalt als »Ordnungsfaktor« existierender Herrschaftsverhältnisse »rechtens«. Die Gewalt von Männern über Frauen erscheint als eine Art Gewohnheitsrecht, als ungeschriebenes Vorrecht. Dieses »Recht« wird aufrechtzuerhalten versucht, und Frauen tragen dazu bei, indem sie »mitspielen«. Durch widerstandslose Anerkennung können sich Ansprüche als Quasi-Rechtsansprüche etablieren, auch wenn keine öffentliche Macht in Form von Recht dahintersteht. Im Zusammenleben von Frau und Mann ist Unterdrückung und Verletzung der Menschenwürde möglich, für die es keine Gesetze gibt, weil sie »nur« als Übertretung der Regeln menschlichen Anstands gilt und im Schutz der Privatheit geschieht. Deshalb müssen keine Sanktionen der öffentlichen Gewalt befürchtet werden.

Rache wird somit immer dann notwendig und wirksam,

wenn keine gesetzliche Vergeltung eine Schädigung verhindern oder Ungerechtigkeit beseitigen kann.

Wir leben in der Vorstellung, Recht diene der Sache der Gerechtigkeit. Die Idee des Rechts als Gerechtigkeit bleibt jedoch häufig nur ein Ideal. »Recht haben und Recht bekommen ist zweierlei«, das ist ein altbekannter, an der Wirklichkeit erprobter Spruch. Die Erwartung an die Justiz ist, für erlittenes Unrecht eine »angemessene« Strafe zu verleihen. Entspricht das Strafmaß nicht den Vorstellungen von Gerechtigkeit der geschädigten Person, führt dies häufig zu Rachegefühlen. Die erlebte Ohnmacht gegenüber der Rechtsprechung bewirkt, für eine als »angemessen«, als ausgleichend empfundene Gerechtigkeit selbst zu sorgen. In diesem Sinn läßt sich erklären, weshalb eine Mutter (Marianne Bachmaier) den Mörder ihrer kleinen Tochter im Gerichtssaal erschoß. Frauen, die überfallen oder vergewaltigt wurden, beklagen immer wieder, daß ihre Situation, die Situation des Opfers, bei der Bestrafung des Täters ungenügend berücksichtigt wird.

Jede Person hat ein Recht auf »guten Ruf« und Achtung durch die Mitmenschen. Wird ein Mensch durch einen anderen beleidigt, kann er das Recht in Anspruch nehmen: Er kann klagen, um seinen guten Ruf wiederherzustellen. Niemand kann laut Gesetz ungestraft beleidigt werden. Rechtlich ist die »bürgerliche Ehre« das Maß an Achtung, das jedem unbescholtenen Menschen zukommt. Bei schuldhafter Verletzung der Ehre besteht ein zivilrechtlicher Anspruch auf Schadenersatz und Unterlassung. Die Angelpunkte sind »der unbescholtene Mensch« und die »schuldhafte Verletzung«. Beide Begriffe bieten weitgehenden Spielraum für beliebige Auslegung an.

Private Beleidigungsklagen sind zur »Bagatellsache« geworden, die von den Gerichten ungern erledigt werden. Gleichzeitig hat jedoch die öffentliche Bedeutung der Fälle zugenommen, zum Beispiel Fälle der Verletzung persönlicher Ehre durch Eingriffe der Medien, wie sie in Heinrich Bölls Erzählung »Die verlorene Ehre der Katharina Blum« als literarische Ausprägung erscheint. Für bestimmte Gruppen der Gesellschaft läßt sich oft kein Richter finden, der diese Gesetze anwendet. Die Nichtseßhaften etwa, die Ausländer, ebenso die Frauen, die durchaus nicht außerhalb der Gesetze stehen, können die Gerechtigkeit des Rechts nicht ohne weiteres für sich in Anspruch nehmen. Gegen sie werden die Gesetze davon unabhängig angewandt. Es kann nicht überraschen, wenn sie sich »Recht holen mit der eignen Hand«. »Dem Rachegefühl«, sagt Max Scheler, »ist schon von Natur aus das Bewußtsein des ›Rechtseins‹ verbunden, das zum Beispiel dem Wut- oder Zornesausbruch fehlt.« Wenn eine Person Rache übt, fühlt sie sich also im »Recht«.

Die Vorstellung von der Gerechtigkeit wird auch dann problematisch, wenn man an die Gerissenen, Schlauen oder auch einfach die vom Glück Begünstigten denkt, die durch die Maschen des Gesetzes schlüpfen und nicht selten verachtungsvoll auf die Bestraften hinabsehen.

In den gegenwärtigen westlichen Rechtssystemen ist die Frau per Gesetz zwar aufgewertet, im allgemeinen »gleichberechtigt«. Das Recht steht somit theoretisch auch auf ihrer Seite. Für Frauen geht es nicht mehr so sehr darum, das rechtliche Territorium zu erringen und zu verteidigen. Die berufstätige Frau der heutigen westlichen Industrieländer kämpft um ihre Anerkennung als gleichrangiger Mensch, für den die Gleichung Beruf plus Frau ist gleich Mensch ernst genommen wird.

Gesellschaftliche und gleichzeitig persönliche Sichtbarkeit ist auch heute nur für eine Anzahl privilegierter Frauen selbstverständlich, seien sie nun privilegiert durch Herkunft, Bildung, oder vom Schicksal mit Gesundheit begünstigt. Die Mehrheit der Frauen steht ganz »normal« im Alltagskampf, um sich diese Anerkennung zu erkämpfen und die errungene Achtung zu verteidigen.

In der auf die Antike zurückgehenden Tradition wird »Gerechtigkeit« als Tugend im sozialen Verhalten verstanden. Sie gilt als Garantie einer harmonischen Ordnung und ist sowohl Eigenschaft des sich »richtig« verhaltenden Menschen als auch Maßstab, Norm des Verhaltens. Ein gerechter Mensch wird nicht nur loben, sondern auch Unrecht vergelten. In diesem Sinne ist die Rache eine Voraussetzung für Gerechtigkeit. Ein Mensch, der einen anderen schädigt, weiß im allgemeinen, daß er Unrecht tut. Seine Hoffnung ist, »ungeschoren« davonzukommen, sein Gerechtigkeitsempfinden läßt ihn mit Vergeltung seiner Tat rechnen.

Das Recht, heißt es, macht uns zu freien Menschen. Es gibt in der Geschichte jedoch genügend Fälle, in denen das Recht mit der Freiheit nicht das geringste zu tun hat. Die Rechtsform der Sklaverei zum Beispiel ist das genaue Gegenteil von Freiheit. Und die »Gesetze« des Tyrannen kennen keine Werte der Selbstbestimmung und Unabhängigkeit. Es ist nicht notwendig, auf diese extremen Formen zurückzugreifen. Auch die demokratischen Gesetze eines Industriestaates können weder die Forderung nach Gerechtigkeit noch Freiheit garantieren, weil offensichtlich das festgelegte Recht und dessen Anwendung durch die privilegierte Autoritätsmacht die Anforderungen mehr oder weniger erfüllen oder verfehlen kann.

8. Rache und Religion

Alle Schuld rächt sich auf Erden.
GOETHE

Gott, der Herr, stieß Adam und Eva aus dem Garten Eden hinaus, weil sie von dem Baum gegessen haben, von dem zu essen ER Adam verboten hatte. Eva hatte sich mit der List und der Schläue der Schlange verbunden, um gegen Gottes Verbot aufzubegehren. Sie pflückte den paradiesischen Apfel vom Baum der Erkenntnis und gab auch Adam davon. Die Folge ihres eigenmächtigen Handels war, daß sie die Schlange, Adam und sich selbst der Rache Gottes aussetzte. Gott rächt sich, indem er Eva und Adam und mit ihnen das ganze Menschengeschlecht mit den Mühen des irdischen Lebens konfrontiert. Er verweist die Menschen in ihre sterblichen Grenzen. Eva, die Frau, gilt seither in der christlichen Welt als Urheberin und Verkörpung des Bösen: Sie hat den Übergriff auf die Autorität Gottes gewagt. Sie ißt vom Baum der Erkenntnis, weil sie wißbegierig und mutig, listig und risikofreudig ist: lebendig.

Im Alten Testament ist zu lesen, daß Gott Adam die Weisung gab, nicht vom Baum der Erkenntnis zu essen (1. Mose 2,15–17). Eva war zu diesem Zeitpunkt noch gar nicht erschaffen. Gott hat nie das Wort an Eva direkt gerichtet. Dies tat er erst nach dem Sündenfall. Und auch erst, nachdem er Adam rufend suchte, ihn zur Rede stellte und dieser die Schuld von sich auf Eva wälzte: »Das Weib, das du mir beigesellt hast, die hat mir von dem Baume gegeben, da habe ich gegessen« (1. Mose 3,12).

Adam sollte nach Gottes Willen für Eva verantwortlich sein. Eva sollte Adams Aufforderung und nicht er der ihrigen folgen. Doch Adam verhielt sich uninteressiert und träge. Er hat von sich aus kein Bedürfnis entwickelt, vom Baum der Erkenntnis Wissen zu »erobern«. Von Gott zur Rechenschaft gerufen, zeigte er sich furchtsam und feige.

Es kann angenommen werden, daß Gott, der Herr, von Adam, den ER mit Stolz als Sein Ebenbild geschaffen hatte, enttäuscht war. Evas Lebendigkeit steht zu Adams Passivität im Gegensatz. Eva dürfte Gott beträchtlich höhere Achtung abgewonnen haben.

Doch er hatte Eva als Frau geschaffen. Den Fehlschlag seines Schaffens einzugestehen und die Abwertung seines männlichen Geschöpfes zu beschließen, ließ sich mit der Vorstellung göttlicher Ehre nicht vereinbaren. Daher mußte Eva ausdrücklich in die ihr zugedachten Schranken verwiesen werden. Gott rächte sich an Eva, indem er nun Adam zu Evas Herrn bestimmte: »Er aber soll dein Herr sein« (1. Mose 3,16). Er machte Eva zur Magd, um sie nicht als würdige Herrin anerkennen zu müssen.

Adam traf die Rache Gottes, weil er dem Weib gehorcht hat, statt Ihm, seinem Schöpfer. ER stellt ihm die Mühsal des irdischen Lebens in Aussicht, gibt ihm jedoch gleichzeitig – zu seiner Entlastung – das Weib als Dienerin zur Seite.

Die biblische Schöpfungssymbolik läßt den Schluß zu, daß von einer Frau, die auf diese ungerechte Weise zur Magd erniedrigt wurde, anzunehmen ist, daß sie diese Entkräftung nicht ungerächt läßt.

Ist die »ewige Rache« göttliche Gerechtigkeit?

Es liegt im Wesen der Rache, daß nur ihr Vollzug die gewünschte Wirkung herstellt: Genugtuung als Ausgleich eines erlittenen Schadens und Wiederherstellung der Selbstachtung und Würde.

Wenn von der Gerechtigkeit Gottes gesprochen wird, ist dies Ausdruck einer Überzeugung, daß er gute Werke belohnt und böse bestraft. Darin offenbart sich der absolut heilige Gott, der nie aus Willkür handelt. Er handelt nach dem Prinzip der Vergeltung. Jeder bekommt das, was ihm zusteht. Doch das, was dem Menschen zusteht, erschließt sich nicht allein aus seinen subjektiv bewerteten Werken, sondern ist abhängig davon, wie diese Werke von Gott bewertet werden. Vergeltung ist somit strafende oder belohnende Anerkennung einer Tat. Und Gott ist die Instanz, die solche Anerkennung verleiht. Dieser Glaube postuliert, daß das irdische Schicksal eines Menschen Gottes Lohn oder Strafe für seine Lebensführung sei, und daß zwischen beiden Übereinstimmung bestehe im Verhältnis von Ursache und Wirkung.

In den Bibelübersetzungen wird die Strafgewalt Gottes als Rache bezeichnet. Rache und Strafe werden synonym gebraucht. Gottvater ist der Rächer. Der heilige Gott der Rache (Psalm 94,1) und der Vergeltung (Jeremia 51,56) steht mit allen Richterbefugnissen über dem Tun der Menschen.

Der Gedanke der unmittelbaren Rache Gottes beherrscht das Alte Testament. Es kennt grundsätzlich nur den irdischen Ausgleich. Beispiele dafür sind die Sünde der Stammeltern, die Sintflut, der Turmbau zu Babel, der Untergang von Sodom.

Die Vergeltung traf häufig die Gemeinschaft. Kollektivbestrafung war im besonderen bei Volkskatastrophen nicht selten. Jeremias, Ezechiel sowie das Deuteronomium lehnen allerdings die Sippenhaftung ab; nur der einzelne wird belohnt oder bestraft, und zwar nach seinem gegenwärtigen sittlichen Verhalten.

Erst die Propheten, die letzten alttestamentlichen Schriften und die Apokalyptik weisen auf jenseitige Vergeltung und Auferstehung des Fleisches hin.

Einige Religionswissenschaftler wie etwa Klaus Koch bestreiten überhaupt ein Vergeltungsdogma. Koch argumentiert, daß der Gedanke des vergeltenden Gottes ein Mißverständnis sein könnte, das aus einer falschen Übersetzung der Bibel resultierte. Die 1964 veröffentlichte Revision der Lutherbibel setzte zum Beispiel an vielen Stellen das Wort »Vergeltung« ein, wo es im originalen Luthertext mit »Rache« übersetzt wurde.

Die Forderung der Talion – Auge um Auge, Zahn um Zahn – wäre dann auf einen ganz spezifischen Rechtsfall, nämlich Körperverletzungen mit blutigen Folgen, beschränkt und keineswegs Prinzip alttestamentlichen Rechtsdenkens gewesen. Koch schreibt, bei dem Vergeltungsgedanken handle es sich vielmehr um eine »immanente Seinsgesetzlichkeit«. Das heißt, die Gut- oder Übeltat umgibt den Menschen auf eine Weise, daß sie schicksalwirkend ist. Karl Hjalmar Fehlgren (1932) entdeckte, daß die hebräischen Wörter für sittlich gutes oder böses Tun in der Regel auch gutes oder böses Ergehen ausdrücken. Daraus ist geschlossen worden, daß aus der menschlichen Tat für den Täter das entsprechende Ergehen entspringt, ohne Vermittlung durch eine göttliche Vergeltung. Tatsächlich ist das Tun-Ergehen-Schema im Alten Testament bei den Propheten und in der Weisheitsliteratur weit verbreitet. Allerdings wird diese innermenschliche Ordnung durch Jahwe in Kraft gesetzt, »indem dieser die Tat am Täter wirksam werden läßt«. Da Jahwe selbst die den Taten innewohnenden Folgen auslöst, ist der Unterschied zum herkömmlichen Vergeltungsglauben nicht wesentlich.

Das Judentum hat den Vergeltungsglauben aus dem Alten Testament übernommen. Die religiöse Krise, die dieser Glaube in der nachexilischen Religion hervorgerufen hat, weil er nämlich durch die Erfahrung des Lebens widerlegt wird (Job; Prediger Psalmen 39,73) ist im Judentum durch die Weiterbildung der Eschatologie überwunden worden. Die Verallgemeinerung des Vergeltungsgedankens führt zur Annahme einer sittlichen Weltordnung, in der Gott für die gerechte Vergeltung zu sorgen hat. Sie führt ebenfalls zur Forderung eines Fortlebens der Seele nach dem Tod, damit diejenigen, die auf Erden der Vergeltung entgangen sind, dann belohnt oder bestraft werden können. Es war gerade der Glaube an Gottes gerechte Vergeltung, der die Entwicklung einer Vergeltung im Jenseits vorangetrieben hat. Der Mensch empfängt den Hauptlohn für seine guten und bösen Taten erst im zukünftigen Äon. Ein charakteristischer Zug der jüdischen Religion (im besonderen der rabbinischen Lehre) liegt darin, daß sie dem Vergeltungsglauben die besondere Form des Verdienst-Gedankens gegeben hat. Das bedeutet, der Mensch erwirbt sich durch die Erfüllung der Gebote der Tora (die fünf Bücher Mose) einen Anspruch auf Lohn.

Die biblischen Strafen werden aufgrund von Gewohnheitsrecht und Gesetzestexten der Bundesgemeinde und ihren Organen zur Ausführung übertragen. Sie haben das Recht und die Pflicht, Übeltäter der gerechten irdischen Strafe zuzuführen. Als schwerste Strafe sieht das alttestamentliche Recht die Todesstrafe vor. Sie wird zumeist durch Steinigung, manchmal durch Verbrennung vollstreckt. Ausdrücklich wird sie im Deuteronomium erwähnt für Götzendiener, Gotteslästerer, bei Unzucht, für widerspenstige Söhne, Sabbatschänder und bei Majestätsbeleidigung. Die Steinigung geschah vor der Stadt; die Zeugen hatten den ersten Stein zu werfen. Die Kreuzigung ist dem alttestamentlichen Recht unbekannt. Öffentlich vollzogene Prügelstrafe trifft den Ehemann, der seine Frau verleumdet, und den Sohn, der seine Eltern schmäht. Sie ist aber auch bei anderen Vergehen angewandt worden und wurde mit vierzig Stock- oder Peitschenhieben vollzogen. Das rabbinische Recht schrieb 39 Schläge vor, um nicht aus Versehen die zugelassene Höchstzahl zu überschreiten. Die im alten Orient übliche Verstümmelung kommt in Israel nur als Strafe für Schamlosigkeit vor.

Geld- oder andere Vermögensstrafen, die an den König oder an den Fiskus zu entrichten wären, kennt das Alte Testament nicht, sondern nur Bußen, die an den Geschädigten zu zahlen sind und in gewissen Fällen den zwei- bis siebenfachen Schadensbetrag erreichen konnten.

In die Schuldsklaverei konnte auch die Familie einbezogen werden. Sie ist, wie sonst im alten Orient, nicht eigentlich Strafe, sondern eine zivilrechtliche Entschädigung des Gläubigers bei Zahlungsunfähigkeit des Schuldners.

Im Neuen Testament spricht Jesus vom Gericht Gottes. Er nennt Bedingungen für Lohn und Strafe und in seiner Predigt anerkennt er das Lohnmotiv. Die Ethik des Evangeliums ist eine religiöse Gehorsamsethik (Matthäus 10,28). Lohn bedeutet für Jesus »Aufnahme in das Gottesreich«, Strafe aber

»Ausschluß von ihm«. Wo Jesus von einer Vergeltung im irdischen Geschehen spricht, da betont er immer, daß sie alle menschliche Fassungskraft und Berechnungsmöglichkeiten übersteigt (Markus 2,5; Lukas 13,1–5) und daß alle Vergeltung der absoluten Freiheit Gottes überlassen ist (Matthäus 20,1–15). Jesus lehnt jede Verstrickung eines einzelnen in Kollektivschuld, aber auch jede Berufung auf »Verdienste der Väter« ab (Lukas 16,26; Matthäus 8,11). Jede Schilderung von Lohn und Strafe wird vermieden, jede Verdienst-Lehre im Sinne des Judentums wird abgelehnt. Der Mensch ist nie ein autonomer Partner Gottes, sondern ein Untertan, und Gottes Vergeltung ist ein Geschenk. Immer wird deutlich gesagt, daß alle Vergeltung letztendlich »unverdienbar« sei, auch wenn es heißt, daß Gott jedem nach seinen Werken vergelten werde. Der christliche Mensch des Neuen Testaments wird aufgefordert, sich nicht zu rächen: Du sollst dich nicht rächen, sondern deinen Nächsten lieben wie dich selbst. Der Liebende liebt jenseits von Lohn und Vergeltung. Diesem Ideal der absolut anspruchslosen Liebe fallen Generationen von Verliebten immer wieder neu zum Opfer. Ebenso wird die Mutterliebe außerhalb der Vergeltung gestellt: Eine Mutter will nicht »bezahlt« sein für ihre Liebe zum Kind.

Haß, als Gegenteil von Liebe bezeichnet, wird jedoch gestattet, wenn er sich gegen »das Schlechte« richtet. »Haß und Zorn gegen das Schlechte bedeutet Liebe zum Nächsten; den wir davon befreien wollen. Daher sind auch alle Mittel zulässig, die den Nächsten vom Bösen befreien könnten, wie Strafen, Entziehung des Vertrauens und anderes«, heißt es im »Lexikon für Theologie und Kirche«. Es wird jedoch vor der Gefahr gewarnt, »daß der Haß gegen Schlechtes am Nächsten in Haß gegen ihn selber übergeht und zum feindseligen Haß gegen den Nächsten, und damit zur Sünde, wird«. Als böse gilt, wer die Regeln des Christentums mißachtet. An den Bösen darf gebührende Rache geübt werden: Die Missionare üben Rache unter den Heiden, weil sie Gott nicht anerkennen. Bis heute findet ein gläubiger Christ nichts dabei, einen Andersgläubigen »von Gott« töten zu lassen. Und die Gläubigen anderer Religionen stehen den Christen in keiner Weise nach. Eine große Anzahl von Menschen bedienen sich heute bewußt der Macht, die ein Gott, sei es Christus, Allah oder einer der zahlreichen, dem Zeitgeist entsprechenden »Ersatzgötter«, über viele Menschen hat. Als Wölfe im Schafspelz benutzen sie sie, um daraus eigene Macht zu gewinnen. Die Religionsgeschichte erzählt von Raubkriegen und Völkermord schon in alttestamentlicher Zeit. Heute dient Gottes Namen vor allem zur Rechtfertigung verschiedener materieller, politischer oder geistiger Interessen: für oder gegen Atomkraft, für oder gegen Krieg, für oder gegen Abtreibung.

Frauen werden in jüdischen und christlichen Mythen überwiegend als Urheberinnen und Verkörperungen des Bösen beschrieben. Konnte das Alte Testament noch Frauen wie Judith und Esther als Heldinnen bezeichnen, die stellvertretend für ihr Volk an dessen Feinden Rache nehmen, indem sie diese betören und täuschen und dann umbringen (lassen), so werden im Neuen Testament heldische Frauen nur noch als Märtyrerinnen zugelassen. Dasselbe Verhalten von Frauen – die Anwendung ihrer weiblichen Verführungskünste –, wird nun als sündig deklariert. Es gilt nun der eigenen »Begierde« und wird nicht mehr als »Opfer« für andere eingesetzt. Frauen werden in Verführerin, Jungfrau und Mutter eingeteilt. Zu den ersteren zählt Potiphars Frau, die Joseph den Kopf verdrehte; oder Herodias, die sich von ihrem Mann trennte, um dessen Bruder Herodes zu ehelichen. Im Gegensatz zu den »unanständigen« Verführerinnen erscheinen die »Opfer« im guten Licht. Joseph rang zwar mit sich und seinen Gefühlen, hielt aber der Verführung stand; Herodes ist zwar ein Schurke, doch steht er immerhin zu seinem Wort – Salome jeden Wunsch zu erfüllen – und macht dadurch Ehrenhaftigkeit geltend. Daß Herodias die Tochter benutzte, um sich an Johannes dem Täufer zu rächen, der sie offen als Sünderin »entlarvt« hatte, belastet erschwerend Herodias Charakter. Sünderinnen, wie etwa Maria Magdalena, haben die Möglichkeit, zu bereuen und ein Leben in Opferhaltung und Buße anzutreten.

Zum überragenden Vorbild des Neuen Testament wird

die jungfräuliche Mutter Maria. Das Mädchen Maria erhielt Gottes Gnade und wurde von ihm zur Mutter Seines Sohnes auserwählt. Maria ist gehorsam. Auf die Verkündigungsbotschaft des Engels sagt sie: »Siehe, ich bin des Herrn Magd; mir geschehe, wie du gesagt hast« (Lukas 1,38). Maria wird auserwählt und gehorcht. Im Gegensatz zu Eva, die nicht gehorcht und deshalb zur unfreiwilligen Magd wird, bezeichnet sich Maria selbst als Magd des Herrn. Von einer freiwilligen Magd sind kaum Rachetaten zu befürchten.

Maria ist neben der Mutter die makellose, unverdorbene Jungfrau. Und Beispiel für ein christliches Merkmal der jungfräulichen Würde: Sie bedeutet nicht Ehelosigkeit, sondern die Hingabe an Gott und an die Ziele des Gottesreiches. Diese Hingabe wird durch das Gelübde der Keuschheit verstärkt und befestigt. Keine irdische Frau kann jedoch wie Maria die immerwährende Jungfrau und Mutter sein. Als Mutter kann sich die Frau nur Ehre erwerben, wenn sie den Erzeuger ihres Kindes nachweisen kann. Und als Mutter schließt sie die Jungfrau aus.

Das Neue Testament gesteht der Obrigkeit das Recht zur Bestrafung der Übeltäter, auch durch Hinrichtung, zu (Römer 13,3; 1 Petrus 2,13f.). Der Christ muß aber bereit sein, für seinen Glauben von der Obrigkeit Strafen zu erleiden (Märtyrer). Auch die christliche Gemeinde hat Strafvollmacht über ihre Glieder und kann als Strafe den Ausschluß aus der Gemeinde verhängen.

Erich Fromm vermutet als eine der Ursachen von Rache die Selbsterhöhung der Menschen. »Offenbar nimmt der Mensch die Gerechtigkeit selbst in die Hand, wenn Gott oder die menschlichen Instanzen versagen. In seinem leidenschaftlichen Verlangen nach Rache erhebt er sich gleichsam selbst zur Rolle Gottes und der Racheengel.« Dem eigenen Anspruch, selbst Gott zu sein und sich gegen alle durchzusetzen, können aber nur die Starken gerecht werden. Diejenigen, die schwach sind oder schwachgehalten werden, geraten in Panik oder suchen sich verborgenere Pfade, um Gerechtigkeit für sich herzustellen.

Die christliche Sittenlehre erhält ihre Eigenart durch die Sätze der Bergpredigt: »Ihr habt gehört, daß da gesagt ist: Auge um Auge, Zahn um Zahn. Ich aber sage euch, daß ihr nicht widerstreben sollt dem Übel, sondern so dir jemand einen Streich gibt auf deinen rechten Backen, dem biete den andern dar. Und so jemand mit dir rechten will und deinen Rock nehmen, dem laß auch den Mantel. Und so dich jemand nötiget eine Meile, so geh mit ihm zwei« (Matthäus 5,38–41; auch Lukas 6,29–31). Hier wird also widerstandsloses, freiwilliges Hinnehmen von Unrecht gefordert, der Verzicht auf jegliches Recht verlangt. Diese Forderungen werden verständlich aus der Erwartung des Gottesreichs. »Richtet nicht, so werdet ihr auch nicht gerichtet. Verdammet nicht, so werdet ihr auch nicht verdammet« (Lukas 6,37), ruft Jesus seiner Gemeinde zu. Angesichts des bevorstehenden Weltgerichts und einer untergehenden Welt wird aller Besitz bedeutungslos, werden menschliche Ehre und Freiheit gleichgültig. Damit verschwindet für den Menschen der Anreiz, irgendeinen Rechtsanspruch geltend zu machen. Nicht nur, daß diese Auffassung im Gegensatz zur Idee des Missionierungsauftrags steht, die Forderung, Unrecht unwidersprochen zu erdulden, war auch mit der patriarchalen Ehrauffassung des Mannes nicht vereinbar. Also räumt Martin Luther die Rache »für andere« ein und liefert eine Rechtfertigung für männliches Heldentum: »Ein Christ soll also geschickt sein, daß er alles Übel und Unrecht leide, nicht sich selbst räche, auch nicht vor Gericht sich schütze, sondern daß er allerdings nicht bedürfe der weltlichen Gewalt und des Rechts für sich selbst. Aber für andere mag er und soll er Rache, Recht, Schutz und Hilfe suchen und dazu tun, womit er mag« (Von weltlicher Obrigkeit, Werke, Berliner Ausgabe, IV 1, S. 245).

Mit der Ehre der Frauen lassen sich diese Forderungen nach Hinnehmen von Unrecht ohne weiteres vereinbaren, denn ihr Fremd- und Selbstbild war das einer »Dienerin« und Magd.

Wenn ein Mensch sich nicht von anderen bestimmen lassen will, muß der Glaube vom nur guten Menschen, der keine bösen, rachlustigen Gedanken haben darf, aufgegeben werden. Dies bedeutet einerseits, daß die in der Kindheit erlebten Rachegefühle und -phantasien durch deren Abwertung in der Erziehung nicht verschüttet oder verdrängt werden dürfen. Kinder erleben Rachegefühle, weil sie sich selbst wichtig nehmen. Die christliche Erziehung trägt dazu bei, daß das kindliche Gerechtigkeitsgefühl verdrängt werden kann. Das bedeutet aber auch, anzuerkennen, daß das Rachemotiv im erzieherischen Alltag existiert. Empfehlungen an Kinder, wie sie etwa in der »Kleinen Lebenskunde für Knaben und Mädchen« (1957) gegeben werden, wonach sie sich nicht nach dem Grundsatz »Wie du mir, so ich dir« zu richten, sondern vielmehr nach dem Grundsatz der Bergpredigt zu handeln haben, gehen an den Voraussetzungen für ein würdiges Zusammenleben der Menschen vorbei, das nur möglich ist, wenn Leben, Ehre, Freiheit, Territorium und auch Eigentum durch Recht geschützt und verteidigt werden können. Der Autor Anton Kummerer schreibt: »Ihr sollt nicht zurückschlagen!« Schlechtes soll man nicht mit Schlechtem vergelten, »weil wir dann selber schlecht werden«. Man gewöhne sich so an die Roheit und Grausamkeit und werde vom Bösen angesteckt. Außerdem werde das Böse durch Zurückschlagen nicht beseitigt, sondern vermehrt, verdoppelt. Er nennt die Rache »das verdoppelte Böse«. Der Christ, heißt es, bezieht Kraft nicht aus der Tat, sondern aus Duldung und Demut. Er stellt keinen Anspruch auf die Tat. Auf diese Weise macht der christliche Glaube das Ertragen von Leiden auf Erden zur Tugend. Nur dann, wenn es um die Verbreitung und die Verteidigung des Glaubens geht, ist Tat gefordert und erlaubt. Dazu gehört auch die Verteidigung der keuschen Jungfräulichkeit einer Frau, wie die weibliche Tugendhaftigkeit in einer Kultur auch jeweils beschrieben wird.

Recht und Religion waren in den meisten Phasen der Zivilisation innig miteinander verknüpft. Bis zur Gegenwart bedeutet die Religion einen wichtigen Faktor bei der Unterstützung der weltlichen Sanktionen des Rechts. Wenn Priester zur Herrschaft berufen wurden, verhielten sie sich stets ebenso wie alle anderen Machthaber.

Die »Zehn Gebote«, die Mose etwa um das Jahr 1300 vor Christus vom Berge Sinai zu seinem Volk hinabbrachte, regeln bis heute das Zusammenleben in der christlichen Welt. Die hebräischen Gesetze des Pentateuch, des bekanntesten der alten Gesetzbücher, enthalten religiöse und weltliche Vorschriften in buntem Durcheinander. Das gleiche gilt für den Koran. Diese Buntheit ist auch ein Ausdruck der Widersprüchlichkeit zwischen sozialer und spiritueller Religion.

In den frühen Tagen Roms stellten die Priester (die Beamte waren) nicht nur die Auspizien, sondern sie gaben auch juristischen Rat, responsa genannt, und halfen bei der Prozeßführung.

Shylock, der reiche Jude in Shakespeares »Der Kaufmann von Venedig«, beschreibt die Widersprüchlichkeit in der Rechtfertigung jüdischer und christlicher Rachegedanken folgendermaßen: »Und wenn ihr uns Unrecht zufügt, sollen wir uns nicht rächen? – Wenn wir euch in allem übrigen gleich sind, so wollen wir's auch darin sein. Wenn ein Jude einem Christen Unrecht tut, was sagt seine Demut? Rache! Wenn ein Christ einem Juden Unrecht tut, was muß seine Geduld sein nach christlichem Vorbild? Nun, Rache!«

9. Das Geheimnis der »Rache des Schicksals«

Zur Rach' sei gemach.
SIMROCK

Die Vorstellung einer schicksalhaft ausgleichenden Gerechtigkeit, wonach ungerecht behandelte Menschen nur abzuwarten brauchen, bis sie ihre Wirkung entfaltet, ist gefährlich, weil sie die Passivität im Hinnehmen von Ungerechtigkeiten unterstützt. »Ich glaube, es ist alles eine Frage der Zeit. Man muß sich nur zurücklehnen und abwarten. Das Leben macht das von ganz allein.« Diese Aussage der 45jährigen Journalistin Sophia ist eine weitverbreitete Einstellung.

Es gibt Ereignisse, die eine Person »lahmlegen« können. Wer sich auf der gesamten Lebensfront gedemütigt sieht, tut sich schwer, das Gefühl nach »totaler Rache« zu unterdrükken. In einem solchen Fall gilt es jedoch zu bedenken, daß die Richtlinie und das Ziel jeglichen Rachehandelns auch der eigene »Gewinn« sein soll, nicht die zusätzliche eigene Schädigung. Eine mögliche Vergeltung des Schicksals abzuwarten lähmt das Vermögen, für sich selber unterwegs zu sein. Passiv abzuwarten kann kräftezehrender sein als von eigenen Racheaktionen abzulassen, weil sie unter bestimmten Gegebenheiten das Ziel verfehlen.

Das Beispiel von Edda, 38 Jahre, soll diese Gedanken erläutern. Nach zehnjährigem Zusammensein mit ihrem Freund mußte sie feststellen, daß er sie seit einem Jahr mit anderen Frauen heimlich betrogen hatte. Sie litt an seinem Verrat und mußte einsehen, daß ihre Partnerschaft gescheitert war. Eine Folge davon war, daß ihr Selbstwertgefühl erheblich erschüttert wurde. Sie fühlte sich elend und besetzte ihre Gedanken mit Racheplänen. Dazu kam, daß sie beruflich – sie ist Bildhauerin – auf der Stelle trat. Sie zweifelte daran, ihre künstlerische Fähigkeit anerkannt zu bekommen. Sie geriet in Panik, als sich ihre Schulden häuften, weil ihr »Publikum« sie zu meiden schien: Sie bekam keine Aufträge, verkaufte nichts. Ihr Unwertgefühl steigerte sich ins Unendliche. Auch ihre Freunde wandten sich zunehmend von ihr ab. Immer mehr wurde sie zur entkräfteten, gedemütigten Frau. Ihre Gedanken kreisten um Rache und kosteten Energie, die sie bis zur Erstarrung lähmten. Ihre Rachestrategie war, zunächst Widerstand zu leisten, um nicht zerstört zu werden. In ihrem Fall galt es, dem eigenen Schicksal auf die Füße zu helfen. Nur dadurch, daß sie sich zum aktiven Handeln zwang, holte sie sich Gerechtigkeit zurück. Ihr erster Schritt war, sich einer Psychotherapie anzuvertrauen. Dann suchte sie wieder Anschluß an ihre Freunde, machte sich auf den Weg zu den Behörden und versuchte, finanzielle Unterstützung für ihre Kunstobjekte zu erhalten. Sie trennte sich von Arbeiten, mit denen sie sich künstlerisch längst nicht mehr identifiziert hatte, und wagte den Sprung in eine neue künstlerische Richtung.

Edda sagt: »Wenn ich abgewartet hätte, bis ein gnädiges Schicksal meine erlittene Kränkung an meinem Freund gerächt hätte, wäre ich vermutlich heute tot. Denn ich hatte den Eindruck, daß es ihm sehr gutging ohne mich. Und das war eine irrsinnige Kränkung, daß er mir scheinbar nie wirklich nachgetrauert hat. Das hat nicht nur mich, sondern unsere Beziehung in all den vergangenen Jahren entwertet.« Wesentlich war also ihr aktiver Schritt, sich selbst zu retten. Und dies kann in Anbetracht der Umstände Verzicht auf Racheschritte dem Schädiger gegenüber bedeuten, weil sie in dieser Situation nur das eigene Unglück verstärken. Nachdem Edda wieder erstarkt war, erlaubte sie ihrem früheren Freund nicht mehr, sie durch zur Schau gestellte Gleichgültigkeit weiter zu kränken. Sie sprach ganz deutlich aus, daß sie sein Verhalten verletze, und erklärte ihm, daß sie ihn vorerst nicht mehr sehen wolle. Diese Zurückweisung, sagt Edda, sei nun ihre Rache, da sie unabhängig von der persönlichen Beziehung beruflichen Austausch pflegten, von dem in erster Linie er sehr viel profitiert hatte.

Vor einer Rachetat steht für Frauen im allgemeinen die Entscheidung, sich nicht zerstören zu lassen. Daß die Rachetat nicht zur Zerstörung, sondern zur Weiterentwicklung führen kann, hat zur Bedingung, daß die rächende Person eine ihr gerecht werdende Form der Rache und den »richtigen« Zeitpunkt wählt.

Mit der bewußten Schädigung einer anderen Person lädt ein Mensch Schuld auf sich. Das Motiv für die »böse Tat« kann viele Ursachen haben: Neid, Mißgunst, Eifersucht oder einfach die Lust am Bösen. Der Racheakt ist eine Antwort auf eine »unverdiente« Schädigung. In der öffentlichen Meinung wird Rache jedoch ebenfalls mit Schuld verknüpft. Daher ist der Glaube an die Rache des Schicksals oft der Wunsch, sich nicht mit Schuld zu beladen. Und er ist nicht zuletzt Ausdruck einer Angst vor Strafe. Diese Angst beruht auf der Einstellung, daß, was auch immer ein Mensch einem anderen antut, dies schließlich auf ihn selbst zurückfallen wird. Vor dieser Wirkung müßte sich diejenige Person fürchten, die einer anderen Böses zufügt. Aber nicht die Person, die sich für erfahrenes Unrecht rächt.

Was nach »Schicksal« aussieht, ist oft in einer Fehleinschätzung der Situation begründet. Es kann das Ergebnis mangelnder Bewußtheit, fehlender Information oder verzerrter Wirklichkeit sein. Die 45jährige Schauspielerin Christine, die bereits als junge Frau sehr bekannt war, erzählt folgendes Beispiel:

»Ich war mit einem Mann zusammen, da war ich ungefähr 22, und ich hatte den Eindruck, daß er mit einer anderen Frau ein Gspusi hat, was auch gestimmt hat. Ich habe dann einen sehr bekannten englischen Rockmusiker kennengelernt und hab mit ihm geschlafen. Meine damalige Freundin hat an die Presse gegeben, daß ich mit diesem Musiker zusammen war, und mein Freund hat dann praktisch als Schlagzeile gesehen, daß er entthront war und daß seine Tat im Vergleich zu meiner Rache nichts wert war.«

Die Verbindung mit dem Musiker ist jedoch nicht lange gutgegangen:

Damals dachte Christine, aus der Beziehung sei nichts geworden, weil sie sie als Racheakt an ihrem Freund eingegangen war. Sie plagte das schlechte Gewissen. Heute ist Christine überzeugt: »Hätte ich dies nicht als Racheakt betrachtet, hätte ich ganz realistisch gesehen, daß er ein Popstar ist, an dem die Mädchen hängen. Die Beziehung ist deshalb nichts geworden, weil sich in so einer Konstellation nichts Positives für mich ergeben kann.«

Christine hat unbewußt das Scheitern der Beziehung erwartet, weil sie der Meinung war, Rache zu üben sei eine üble Tat. Die Analyse der Übereinstimmung von Erwartung und Wirklichkeit hat sie erst später geleistet.

Setzt man also Rache gleich mit einem böswilligen Akt, der als Strafe auf einen selbst zurückfällt, bleiben die wirklichen Faktoren, die für ein Unglück verantwortlich sind, oft unerkannt. Leben heißt Höhen und Tiefen erleben. Die Wirklichkeit besteht selten aus harmonischer Gerechtigkeit. Nicht alle Tiefen jedoch sind Strafen für unsere weniger edlen Taten. Sie werden durch ein buntes Geflecht von Einflüssen bestimmt. Angefangen von einer ausreichenden medizinischen Versorgung, wenn wir mit Komplikationen geboren werden, bis zu dem Befehl, im Krieg für ein abstraktes Vaterland sein Leben lassen zu müssen. Das Leid, das mißhandelte Kinder erfahren, ist sicher nicht als Antwort ihrer eigenen bösen Taten zu erklären. »Schicksal« wird auch durch Machtverhältnisse produziert.

Es spielt keine Rolle, wie man es nennt, ob göttliche Gerechtigkeit, Rache des Schicksals oder Rache der bösen Tat. Alle zusammen verdammen die verletzte, gedemütigte Person zur Passivität und zum Leiden. Das Verbot, persönliche Rache zu verfolgen und damit Gerechtigkeit in die eigene Verantwortung zu nehmen, ist verknüpft mit dem christlichen Versprechen, Gott werde sein Vorrecht der Vergeltung anwenden – im Diesseits oder Jenseits. Die Lebenserfahrung zeigt jedoch (und dies ist bereits zu alttestamentlichen Zeiten ein Konflikt), daß die wenigsten Schädiger ohne menschliches Zutun von einer gerechten Rache getroffen werden.

Wenn es in den Sprüchen des Alten Testaments heißt: »Der Lohn der Demut und der Gottesfurcht ist Reichtum, Ehre und Leben« (Sprüche 22,4), deutet dies auf einen Lohn im Jenseits hin. In unserer Wirklichkeit läßt sich dieser Lohn für jene Eigenschaften kaum bestätigen.

Friedrich Schiller läßt Maria Stuart zu Elisabeth von England sagen: Es leben Götter, die den Hochmut rächen! nachdem sie vergeblich gebeten hatte, aus der Kerkerhaft entlassen zu werden. Elisabeth fürchtet die Rache der Götter nicht, sie fürchtet den Verlust ihres Throns. Deshalb läßt sie Maria hinrichten, nachdem sie sie bereits 18 Jahre gefangengehalten hatte. Maria Stuart nimmt ihr Schicksal an, weil sie sich durch den ihr angelasteten Gattenmord schuldig fühlte. Sie hatte nach der Ermordung ihres zweiten Ehemannes Lord Darnley den Mörder Bothwell geheiratet. Historische Vermutungen besagen, daß sie mit dem Mordplan einverstanden gewesen sei. Sollte dies der Wahrheit entsprechen, wäre – in Übereinstimmung mit dem Glauben an eine göttliche Gerechtigkeit – dieser Mord durch ihren Tod gerächt. Elisabeth von England gab den Befehl, Maria zu töten, und lebte als glückliche Regentin weiter. Wir wissen nicht, ob ihr diese Tat im Jenseits vergolten wurde. Sie starb, das wissen wir, nicht durch eines Henkers Hand.

10. Magie und Aberglauben

Sie ist eine Hexe, das ist ihre
Magie:
»Rufe die Dinge, benenne sie!«
HEINZ R. UNGER

Eine tiefgreifende Folge des passiven Schicksalsglaubens ist
der Verzicht auf aktive Lebensgestaltung. Indem man ein
»Tun« vermeidet, ist man Opfer und wird vom Schicksal ge-
trieben. Die Verantwortung für sich selbst wird abgegeben
oder gar nicht erst übernommen. Kränkungen und ungerechte Behandlung werden hingenommen. Magie bedeutet
auch Einfluß nehmen. Die Voraussetzung einer Durchfüh-
rung von »magischer Rache« ist die aktive Entscheidung, sich
sein Recht »mit eigner Hand« zurückzuholen. Zwar indirekt
mittels magischer Kräfte, die ihre Wirkung jedoch erst ent-
falten, weil wir sie damit »beauftragen«.
    Aberglaube bedeutet, an das wahrnehmbare Wirken ma-
gischer Kräfte zu glauben. Aberglaube lebt in Sagen und
Märchen und spielt auch im Volksbrauch und in der Volks-
heilkunde eine Rolle. Aberglaube rankt sich um die Furcht
vor Dämonen, wiederkehrenden Toten, Geistern und der
Zauberei.
    Die christliche Anschauung, daß der Wille Berge verset-
zen könne, ist ein Aberglaube. Es ist das uralte Denken, wenn
man etwas wirklich will, dann bekommt man es auch. Dies
spiegelt sich auch in dem Wunsch von Kindern wider, von
ihnen herbeigerufene magische Kräfte mögen die erlebten
Ungerechtigkeiten rächen. Solche Wünsche werden im
glücklichen Fall in der Phantasie ausgelebt und helfen so,
Verletzungen kindlicher Würde zu überleben. Für Kinder ist
die Phantasie oft gleichbedeutend mit der Tat. Je ohnmächti-

ger eine Person zur direkten Beeinflussung eines Geschehens ist, desto mehr wird der Wunsch nach magischen Kräften vorhanden sein. Magische Kraft bedeutet Macht.

Psychologisch wurzelt die Magie im Ausdrucksverhalten. Mit dem Ausdruck wird die in ihm gemeinte Sache Wirklichkeit. Die magischen Akte sind manchmal symbolisches »Vormachen«: Soll Regen fallen, wird Wasser verschüttet; das Berühren von Reliquien überträgt deren Kraft; das Durchstechen eines Bildes des Gegners trifft diesen selbst; das ausgesprochene Wort bewirkt unmittelbar die in ihm gemeinte Sache. Auch Sportler arbeiten damit: Sie machen sich Bilder vor dem Kampf und lassen den Sieg vor ihrem geistigen Auge immer wieder ablaufen, so daß sie ihn schließlich wirklich erringen.

Magie und Religion sind in den kultisch-rituellen Akten eng verwoben. Der Gedanke der Prophezeiung, die sich schließlich von selbst erfüllt (bekannt auch unter dem Begriff »self-fulfilling prophecy«), hat, wie Johan Huizinga schreibt, seine Wurzeln im kultischen Drama der antiken Welt. Es stellt ein »kosmisches Geschehen dar, aber nicht bloß als Repräsentation, sondern als Identifikation: Der Kult bringt die Wirkung zustande, die in der Handlung bildhaft vorgeführt wird« (Huizinga, S. 22). Der altindische Opferdienst der Veden zum Beispiel beruht auf dem Gedanken, daß die Kulthandlung – sei sie Opfer, Wettkampf oder Darstellung – dadurch, »daß im Ritual ein gewisses gewünschtes, kosmisches Ereignis vorgestellt, wiedergegeben und verbildlicht wird, die Götter zwingt, dieses Ereignis wirklich geschehen zu lassen«.

Gläubige Menschen, die, wenn sie Unrecht erfahren haben, um Gottes Hilfe beten, meinen nicht selten damit »Strafe für den Übeltäter«. Sie erflehen durch das Gebet – eine magische Handlung – Gerechtigkeit. Magische Akte können Segen oder Schaden bewirken. Daher unterscheidet man im allgemeinen zwischen »Weißer« und »Schwarzer« Magie.

»Weiße« Magie soll Naturkräfte und Götter wohlgesonnen stimmen. Dieser Magie bedient man sich in alten Kulturen, damit die Ernte gedeiht und die Felder erhalten bleiben. Sie dient als Heilmittel und als Hilfe im Krieg (magische Pfeile!). Weiße Magie ist auch Schutz- und Abwehrzauber. Man verwendet dazu den Talisman, das Amulett oder einfach die eigene Spucke. Ihre Kräfte sollen das eigene Schicksal günstig stimmen und Böses von einem selber oder einer anderen Person fernhalten. Es heißt zum Beispiel, sich in die Hände spucken bringe Glück; Kleeblätter, Sternschnuppen oder Hufeisen haben ebenfalls glückbringende Bedeutung, eine Schuppe vom Neujahrskarpfen im Portemonnaie soll Geldmangel verhindern, das Glitzern bestimmter Edelsteine soll den »bösen Blick« abwehren.

»Schwarze« Magie ist Schadenzauber und ist eine ganz andere Sache. Sie gilt seit alten Zeiten als eine verschwiegene Waffe der Rache. Daher sind in allen Kulturen die Schadenzauberer gefürchtet. Es besteht jedoch die Auffassung, daß der Schadenzauber nur dann gegen eine Person aktiv werden kann, wenn diese ein Verbrechen, eine Ungerechtigkeit, Grobheit oder Fahrlässigkeit begangen hat. Schadenzauber wird bei vielen Völkern mit Mord gleichgesetzt und entsprechend mit dem Tod bestraft. Für die Eingeborenen Westgrönlands ist Schadenzauberei zum Beispiel grundsätzlich ein Vergehen an der Gemeinschaft, das mit dem Tod bestraft wird. Das gleiche gilt für die Ifugao auf Nord-Luzon. Schwere Fälle von Zauberei waren das einzige Verbrechen, das das Rechtssystem der Comanchen kannte. Bei den Aschanti von der Goldküste Westafrikas galt Schadenzauberei als Mord, auf dem ein zusätzlicher Makel haftete. Wer wegen Zauberei verurteilt worden war, wurde nicht enthauptet, denn Blut eines Zauberers darf wegen der bösen magischen Kräfte nicht vergossen werden. Er wurde erdrosselt (wie jemand, der den König verflucht hatte), zu Tode geprügelt, mit Öl übergossen und verbrannt, ertränkt oder ausgesetzt, um den Hungertod zu sterben (vgl. Seagle). Wenn bei den Papuas auf Neuguinea jemand eine Hexe oder einen Hexer erschlagen hatte, so durften er und seine Familie ein Jahr lang nicht mit der Familie des Erschlagenen zusammen essen, weil nach der dort geltenden Ansicht dessen Blut sonst über sie gekommen wäre (vgl. Sterly, S. 293).

Zur »Schwarzen« Magie gehören der Todes-, Krankheits- und Berührungszauber. Bei einigen Stämmen in Neuguinea ist der »Tabu-« oder »Verbotszauber« eine noch heute gebräuchliche Art des Schadenzaubers, der vor allem gemacht wird, um die Gärten vor Dieben zu schützen. Um die Diebe abzuhalten, legt ein Gartenbesitzer »Tabu« auf seinen Garten: Er knotet ein Bündel aus Farnblättern an den Gartenzaun oder an eine Zuckerrohrstange, oder er legt eine Stachelranke über den Weg und spricht »Schutzmachtworte« darüber. Wenn der Dieb die Blätter oder die Ranke berührt, soll er offene Wunden oder Geschwüre bekommen. Das Tabu konnte zum Tod eines Diebes führen. Auch in unserer Wirklichkeit versuchen nicht nur Gartenbesitzer, ihr Terrotorium mit einem Stacheldraht zu schützen, mit der Absicht, einer Person, die das »Tabu der Grenze« überschreitet, Verletzungen zuzufügen.

Die Urbevölkerung Haitis, deren traditionelle Religion der Voodoo ist, kennen die Angst, aus Rache »zombifiziert« zu werden. Die Opfer sterben eines scheinbar natürlichen Todes. Sie wurden jedoch vom Rächer mit einem Todeszauber belegt und später aus dem Grab geholt. Mit Hilfe der magischen Kräfte des Rächers und einem Brei aus psychoaktiven Pflanzen werden sie wiederbelebt. Dann müssen sie als seelenlose Zombis weiterleben und durch Sklavenarbeit ihr armseliges Leben fristen. Um sie vor einem solch grausamen Schicksal zu bewahren, lassen Angehörige häufig die Toten enthaupten oder ihnen mit einem Messer das Herz durchstechen, um ihren sicheren Tod zu garantieren.

Zur »Schwarzen« Magie gehört der »böse Blick« genauso wie die Verwünschung oder der böse Fluch. Der Fluch ist ein Unheilswunsch, der einem Menschen oder einer Sache Vernichtung oder Schaden bringen soll. Noch im Alten Testament wird er beachtlich oft ausgesprochen, etwa in den Fluchpsalmen. Im Neuen Testament dagegen gilt: »Segnet, die euch verfolgen!« Trotzdem besteht der Fluch gegen die Verfälschung der Lehre (Apostelgeschichte 8,20ff.). In den »Fluchtafeln«, die überwiegend aus Blei waren, wurden böse Wünsche eingeritzt zum Lahmlegen oder gar Vernichten persönlicher Feinde. Fluchtafeln wurden häufig in Gräbern verscharrt und zur Verstärkung der Wirkung auch mit einem Nagel durchbohrt. Im Athen des 4. Jahrhunderts wurde der Zauberbrauch mit bleiernen Fluchtafeln als Prozeßfluch zur Schädigung des Gegners in der Gerichtsverhandlung verwendet. Mit Hilfe einer Verwünschung war es bei den Aschanti möglich, einen Selbstmord zu einem Racheakt zu machen. Wenn zum Beispiel zwei Personen Streit hatten und die eine keinen Ausweg mehr wußte und nicht mehr leben wollte, konnte sie sich noch Genugtuung verschaffen, indem sie den König verfluchte und der anderen Person die Schuld dafür gab, das heißt, sie mußte diese Verwünschung sozusagen »beim Kopfe« der anderen Person beschwören. Da auf Verfluchen des Königs die Todesstrafe stand, war somit auch das Leben der anderen Person verwirkt. Daß ein Gekränkter Vergeltung durch Selbstmord üben kann, beruht bei vielen Völkern auch auf dem Glauben, daß er als Geist die bessere Gelegenheit habe, Rache zu nehmen.

Für den »Fernzauber«, der einen entfernten Gegner treffen soll, ist die Verwendung von »Rachepuppen« schon seit Urzeiten bekannt. Das plastische Abbild der Person aus leicht bildbarem Material wie Wachs, Lehm oder Teig wird in Gestalt einer Puppe hergestellt. Sie werden entweder mit Nadeln oder Nägeln an bestimmten Teilen (meistens an der Herzstelle) durchstochen oder durchschossen, umbunden, auch verbrannt oder geschmolzen, in die Luft gehängt, ins Wasser getaucht oder vergraben. Dadurch soll der Tod oder ein Dahinsiechen des Gemeinten oder ein Erkranken an den getroffenen Körperteilen herbeigeführt werden. Sie können aber auch gegenzauberische Heilung bringen. Der Fernzauber mit Rachepuppen ist nur eine unter vielen Arten von Bildzauberkünsten. »Bildzauber« bedeutet Zauberhandlungen, die mit Bildern ausgeführt werden und auf dem Glauben an die Identität oder Verwandtschaft des Bildes mit dem Dargestellten beruhen. Manche Bilder tragen die Namen der Verfluchten als Inschrift. Andere stellen Szenen des gewünschten Ereignisses dar. Sie beruhen auf der Vorstellung, daß das Bild Gewalt über das Dargestellte (Mensch oder Tier) gibt. Schon die antiken Fluchtafeln und die Zauberpapyri des hellenistischen Ägypten kennen Bildzauber. Über den Islam im Mittelalter vermittelt, war der Bildzauber seit dem 14. Jahrhundert an den Höfen Europas verbreitet, als politisches Delikt verfemt und vom Papst verbannt.

Der älteste überlieferte deutsche Fall trifft 1066 Erzbischof Eberhard von Trier, der angeblich mit einem geschmolzenen Wachsbild umgebracht worden ist (Gesta Trevirorum, S. 182). Der Glaube an solche Bildzauberei findet sich in der Literatur des 13. Jahrhunderts zum Beispiel bei Albertus Magnus oder bei Berthold von Regensburg. Wachs- und Bleibilder tauchen in Traktaten gegen Ketzer und Hexereien im 14. und 15. Jahrhundert auf. Aus Kärnten und Tirol sind Mordanschläge mit von Stecknadeln durchstochenen und eingegrabenen Wachs- und Lehmpuppen schon aus dem 15. Jahrhundert überliefert. 1578 sollen in England in einem Misthaufen drei Wachsbilder gefunden worden sein, durch die ein Dorfpfarrer bei London die Königin und zwei andere Personen, deren Namen er daraufgeschrieben hatte, habe umbringen wollen. Protestantische Pamphlete von 1619 und 1620 behaupten, die Jesuiten in Rom hätten Bildnisse eines jeden ketzerischen Fürsten in Wachs geformt, um sie täglich so lange zu verfluchen, bis die Ketzer dadurch gestorben sind. Ende des 17. Jahrhunderts sollen Georg III. und Georg IV. von Sachsen durch Verbrennen einer Rachepuppe getötet worden sein. Auf der friesischen Insel Amrum soll im vergangenen Jahrhundert als Ursache einer schweren Erkrankung festgestellt worden sein, daß eine Frau das wächserne Bild eines Männchens mit einer Stecknadel im Herzen im Sand vergraben hatte.

Der Rachepuppe verwandte Zauber, die man auch heute kennt, sind das Durchstechen einer Kerze, das Abbrennen eines Lichtes, das Durchstechen von Photographien und Spielkarten. Okkultes Schrifttum verbreitet noch heute die Ansicht von Paracelsus über die wächsernen Bilder, daß es möglich sei, durch den eigenen Willen den Geist des Widersachers in ein Bild zu bringen und ihn danach krumm zu machen oder zu lähmen, indem man dies im Bild tue.

Heilkundige Frauen werden im Volksmund oft als Hexen bezeichnet, die nicht nur heilen können, sondern ihre magische Kraft vor allem als Schadenzauber einsetzen. Dieser Auffassung nach sind es immer Hexen, die ohne Bedenken nehmen, wonach es sie gelüstet, und ohne jede Rücksicht Rache üben. Daher sind sie gefürchtet. Daraus folgt: Eine Hexe verächtlich zu behandeln ist gefährlich. Hexen haben Macht. Man fürchtet sie und verachtet sie zugleich, doch man verbirgt es vor ihnen. Man tut ihnen Gutes, aus Furcht vor ihrer Rache, nicht weil sie einem sympathisch sind. Man heuchelt Freundlichkeit und Entgegenkommen. Das heißt, wenn Rache aufgrund der Macht des Gegners gefürchtet werden muß, schlägt offenes Verhalten in Heuchelei um.

Als Motive der Hexen für ihre schädigenden Angriffe gelten Rache und Neid. Sie rächen eine ihnen zugefügte Beleidigung oft mit dem Tod, wobei die Vergeltung häufig in keinem Verhältnis zum Anlaß steht. Die Rachemotive der Hexen, schreibt Joachim Sterly, gründen in der Sorge, zu kurz gekommen zu sein und aufholen zu müssen.

Sterly beschreibt die Hexer und Hexen in Neuguinea als »unerschrockene Leute, die empfindlich und rachsüchtig reagieren und jederzeit einen Menschen umbringen, über den sie sich geärgert haben« (S. 52). Weil sie jedoch um ihr eigenes Leben fürchten müssen, töten sie nicht zügellos. Hexerei gilt auch in Neuguinea als Verbrechen. Wenn jemand unerwartet stirbt und es besteht der Verdacht auf Hexerei, wird Anklage erhoben und verdächtige Personen werden überprüft. Früher waren es vor allem die Medizinmänner, die der Hexerei entgegenwirkten. Heute beauftragen die Angehörigen eines Opfers einen »Hexenfinder« mit der Aufklärung des Todesfalls.

»Kumo«, wie das Hexenwesen auf Neuguinea genannt wird, gilt vorwiegend als »Frauenzauber«. Wenn sich Kumo-Frauen an anderen Leuten rächen wollen, schädigen sie vielfach deren Kinder. Auffallend ist, daß mehr Männer als Frauen dem Kumo zum Opfer fallen. Sterly äußert die Vermutung, daß Kumo-Frauen es vermeiden, anderen Frauen Schaden zuzufügen, weil sie Kumo als eine Waffe gegen die Vorherrschaft der Männer betrachten.

Frauen in unserem Kulturkreis berichten von Aktionen mit »Rachepuppen« oder der Zerstörung von Bildern, die die Person, von der sie gekränkt wurden, darstellen oder mit ihr im Zusammenhang stehen. Sie schicken Geschenke zurück, weil sie deren weiteren Besitz als schädigenden Einfluß empfinden, und von der magischen Kraft des Fluches zeigen sie sich überzeugt. In der Fluchgewalt sehen sie eine Macht, die auf einem Merkmal beruht, welches zum Beispiel der Soziologe Leopold Rosenmayr als Kennzeichen einer »Altenmacht« beschreibt: »Durch Verwünschung kann man eingreifen, auch wenn man körperlich schwach, gehbehindert oder blind ist« (Rosenmayr, 1983, S. 63).

Die 39jährige Ärztin Wally erzählt von ihrer Rachemethode, die sich in einer »magischen Besetzung« äußert: »Weil sich mein Partner nicht wirklich emotional geöffnet hat, weder sich gegenüber noch mir gegenüber, hab ich mich irrsinnig ausgebreitet in seinem Leben. Ich hab mich insofern gerächt, indem ich sehr viel wirklichen Raum beansprucht hab. Wenn ich in seine Wohnung gekommen bin, war ich wahnsinnig platzeinnehmend und hab überall meine Sachen deponiert, und alles mußte so sein, wie ich das wollte. Ebenso war es mit dem Freundeskreis. Ich hab nur meine Freunde gelten lassen.« Sie schildert dies als ihre Form von Rache dafür, daß ihr Partner ihr den Zugang zu seinen innersten Gefühlen versperrt hat. Sie hat Macht über ihn ausgeübt, indem sie seinen Lebensraum besetzt hat. Sie hat ihn symbolisch »aufgegessen«.

In der Sage ist die magische Vorstellung, daß man durch »Aufessen« Rache am Gegner nimmt, unter dem Namen

»Herzmäre« bekannt. Die Geschichte vom gegessenen Herzen geht auf eine altindische Erzählung im 10. Jahrhundert zurück. Dem Radscha Rasalu wurde das Mädchen Kokilan am Tage ihrer Geburt zur Verlobten gegeben. Doch Kokilan ist später in ihrer Ehe unglücklich. König Hodi erlangt Zugang zum Palast und zur Königin und wird ihr Geliebter. Rasalu tötet ihn, reißt dem Toten das Herz aus und setzt es seiner Frau als Speise vor. Als sie es gegessen hat, sagt ihr der Gatte, daß es das Herz ihres Geliebten war. Kokilan wird von Schuldgefühlen ergriffen und beschließt, Hodi nachzusterben, und stürzt sich von der Zinne.

Das Motiv der Herzmäre wird in den Liedern der Troubadoure besungen, ist Inhalt von Volksballaden, Romanen und Dramen bis ins 19. Jahrhundert. Es findet sich auch im griechischen Mythos. Der Sage nach hat Thyestes mit der Frau seines Bruders Atreus Ehebruch begangen. Atreus tötet daraufhin die aus dieser ehebrecherischen Beziehung hervorgegangenen Kinder und setzt sie ihrem Vater Thyestes zum Mahl vor.

Dem »Aufessen« liegt die magische Vorstellung zugrunde, daß mit der Vernichtung des Gegenstands der Untreue und der Dokumente der Kränkung die Tat nicht nur gerächt, sondern sogar ausgelöscht und somit symbolisch als nicht existent erscheint.

Ein dem kannibalisch anmutenden »Aufessen« gegenüber »menschlich« erscheinendes »Rache-Rezept« gegen einen notorischen Ehebrecher empfehlen die »Hexensprüche aus dem Ries«: »Nimm eine Nadel, mit der ein Toter eingenäht worden ist, und stecke die Nadel dem Menschen durch den Hut oder den Schuh. Dann kann er nicht mehr weglaufen.«

11. Rachegöttin und Kampfmaid: Rache
in der Mythologie

Nach der »Theogonie« Hesoids entstand zuerst das Chaos,
dann die breitbrüstige Erde Gaia. Sie gebar aus sich den Himmel (Uranos), die Berge, das Meer und, von Uranos befruch-
tet, die Kyklopen, Hekatoncheiren und die Titanen. Uranos,
dem Vater, waren die Kyklopen und die Hekatoncheiren
bald zu gewaltig und daher verhaßt. Deshalb stieß er sie in
den Schoß der Erde zurück. Bedrängt von der Last der in
ihrem Innern eingeschlossenen Kinder ersann Gaia gegen
ihren Gemahl eine List. Sie schuf das graue Eisen und machte
daraus eine gewaltige Sichel, rief ihre Titanen-Söhne und
forderte sie auf, die Mutter am Vater zu rächen. Nur Kronos
zeigte sich zur Ausführung der Rachetat bereit. Gaia führte
ihn in ein Versteck, gab ihm die schneidendscharfe Sichel in
die Hand und sagte ihm, was zu tun sei: Er sollte seinen Vater
entmannen. Als nun Uranos sich wieder im Geleit der Nacht
über die Erde ausbreitete, packte ihn Kronos von seinem
Versteck aus und verstümmelte ihn.

Aus den Blutstropfen, die aus der Wunde des Verstüm-
melten zur Erde niederfielen, erwuchsen die Erinnyen
Alekto, Tisiphone und Megaira, die Rächerinnen. Aber nicht
nur die Rachegöttinnen wurden auf diese Weise geboren,
sondern gleichzeitig entstanden die Giganten: Dämonen der
Rache, der rohen Gewalt und der blutigen Tat.

Die Aufgabe der Erinnyen war es, die Verdammten in die
Unterwelt zu führen, um sie dort zu peinigen. Ihr Walten war
allerdings nicht auf die Unterwelt beschränkt, vielmehr setzten sie dort meist nur das Rächeramt fort, das sie schon auf
der Oberwelt an dem Verbrecher ausgeübt haben.

In den Überlieferungen werden sie als Wesen von grauen-
erregender Gestalt beschrieben, die mit geschwungener Fak-
kel den Missetäter als ihre Beute verfolgen, wie der Jäger

sein Wild. Auch wenn er unter die Erde flieht, sie wissen ihn überall zu finden. Blutsaugend hängen sie sich an seine Fersen, bis sie ihn zu Tode gehetzt haben. Sind ihre Opfer dann tot, zerren sie sie in die unterirdische Marterkammer hinab, wo unter anderen Tantalos zu jener ewigen Strafe des Schmachtens nach einem immer dargebotenen und immer wieder entzogenen Genusse verurteilt ist, wo Sisyphos, um einen immer von neuem bergab rollenden Felsblock berganzudrängen, und die Danaiden, um ein durchlöchertes Faß vollzuschöpfen, unaufhörlich und vergeblich sich abarbeiten.

Friedrich Schiller beschreibt in seiner Ballade »Die Kraniche des Ibykus« die Erinnyen folgendermaßen:

»*Ein schwarzer Mantel schlägt die Lenden,*
sie schwingen in entfleischten Händen
der Fackel düsterrote Glut,
in ihren Wangen fließt kein Blut.
Und wo die Haare lieblich flattern,
um Menschenstirnen freundlich wehn,
da sieht man Schlangen hier und Nattern
die giftgeschwoll'nen Bäuche blähn.«

Sie verfolgen jeden »verstohlenen« Mörder und heften sich an seine Sohlen:
»*Und glaubt er fliehend zu entspringen,*
geflügelt sind wir da, die Schlingen
ihm werfend um den flücht'gen Fuß,
daß er zu Boden fallen muß.
So jagen wir ihn ohn Ermatten,
versöhnen kann uns keine Reu',
ihn fort und fort bis zu den Schatten
und geben ihn auch dort nicht frei.«

Die wesentliche Funktion der Erinnyen lag darin, die Rechte der Mütter zu vertreten. Daher verfolgten sie zunächst alle Kränkungen und Beleidigungen, die Müttern zugefügt wurden. Ein zweites wesentliches Merkmal war, daß die Erinnyen die Verfolgung eines Missetäters nicht ungerufen, sozusagen »von Haus aus« übernahmen. Sie traten die Rache-jagd an, nachdem sie vom »Aufschrei« des Gekränkten, deren Angehörigen oder durch Anordnung eines Gottes herbeige-rufen wurden. Das heißt, das Recht auf Rache mußte einge-fordert werden. Ein solcher »Aufschrei« konnte auch ein »Rache-Gebet« sein, wie es zum Beispiel von einem unbe-kannten Dichter aus der Zeit der Perserkriege (ca. 490 v. Chr.) überliefert ist:

»Höre mich, Zeus im Olymp, ich erflehe ja nur, was gerecht ist:
Endlich für so viel Leid gib zum Ersatz mir ein Glück!
Laß mich sterben, dafern von den drückenden Sorgen ich nimmer
ausruhn soll und Verlust ewig sich reiht an Verlust.
Doch so scheint es bestimmt; nie soll ich die Frevler bestraft sehn,
die mit schnöder Gewalt, was ich besaß, mir geraubt
und nun schwelgen, indessen ich selbst aus dem Strom des Verderbens
elend und nackt wie ein Hund nur mit dem Leben entrann.
Dürft' ich ihr Herzblut schlürfen! Und führt' ein vergeltender Dämon,
wie mein Sinn es begehrt, endlich herauf das Gericht!«

Im griechischen Drama der Orestie begegnen uns die Erin-nyen zunächst als die zürnenden, wilden Rachegöttinnen. Doch wir erfahren auch von ihrer tiefgreifenden Wandlung.

Aischylos (525–456 v. Chr.) hat in der Orestie die Ge-schichte der Rechtfertigung des Muttermörders Orest darge-stellt. Orest begeht Muttermord, um die an seinem Vater Agamemnon von seiner Mutter Klytaimnestra begangenen Verbrechen der Untreue und des Mordes zu rächen. Wäh-rend Agamemnons langjähriger Abwesenheit im Trojani-schen Krieg hatte sich sein Vetter Ägisth um Klytaimnestra bemüht und die lange Widerstrebende gewonnen.

Nach seiner Rückkehr erschlug Klytaimnestra Agamem-non und Kassandra, die seherische Tochter des Troerkönigs Priamos, mit einem Beil im Bad. Sie zeigt keine Reue, denn die Tötung ihrer Tochter Iphigenie durch Agamemnon und seine Liebschaften mit der Sklavin Briseis und mit Kassandra entfachten und bestärkten ihre Rachepläne.

Agamemnon hatte Iphigenie auf Aulis geopfert, um die Götter um Wind zu bitten, damit die Griechen ihren Rachefeldzug gegen den trojanischen Königssohn Paris fortsetzen können. Dieser hatte die schöne Helena, Schwester Klytaimnestras und die Frau des Königs Menelaos von Sparta, entführt mit Hilfe von Aphrodite, der Paris zuvor den Apfel als Schönheitspreis zuerkannt hat. Nach der Opferung Iphigenies wird die Windstille abgewandt und die Griechen landen vor Troja, das schließlich nach zehnjähriger Belagerung durch eine List – das Trojanische Pferd – erobert werden konnte. War Klytaimnestra, als es um die Opferung Iphigenies ging, noch die gehorsame Gattin und Mutter, von der Agamemnon Verständnis und Zustimmung für seine politischen Ziele erwartete, lehnt sie sich nach Agamemnons Rückkehr aus Troja gegen jede weitere Unterdrückung auf. Der Schriftsteller Gustav Ernst läßt in seinem Stück »Blutbad« (1989) Klytaimnestra zu Agamemnon folgende Überlegungen sprechen, als er sich im Bad befindet und sie das Beil gegen ihn erhebt:

»*Dein Erfolg ist da. Ich bin*
wie du es immer gewollt hast
wie du
hoffentlich nicht ganz so
aber in den entscheidenden Momenten
habe ich gelernt, wie du zu sein
wo es auch dir wichtig ist, etwa
in der Frage der Macht . . .
Was sonst schützt mich vor der deinen?
Und ich weiß
wie ich sie erringe, dankenswerterweise
durch dich.
Gewalt brechen
kann man nur durch Gewalt.«

In Aischylos Drama findet Klytaimnestra für ihre Tat und deren Motive keine Zustimmung. Ihre Kinder Elektra und Orest werden – im Gegenteil – zu ihren Richtern. Elektra will den Vater rächen und die Mutter töten. Doch ihr Bruder Orest bekommt vom Gott Apollon den Auftrag, die Rache zu vollziehen. Er tötet die Mutter. Im Wertsystem der Erinnyen wird die Todesschuld der Frau am Ehemann jedoch geringer eingestuft als die Sohnesschuld an der Mutter. Orest verletzt das Tabu, welches mit dem schrecklichsten Fluch beladen ist. Die Erinnyen verfolgen nun den Muttermörder und treiben ihn auf seine langen und schrecklichen Irrfahrten über Länder und Meere. Am Ende seiner Odyssee wendet sich Orest an das Delphische Heiligtum des Apollon und an den Gerichtshof von Athen. Unter dem Vorsitz der Göttin Athene wird sein Fall verhandelt. Der Prozeß geht mit Stimmengleichheit aus. Dann stimmt Athene zugunsten des Orest und schafft so die nötige Mehrheit. Orest wird freigesprochen. Die Erinnyen müssen von ihm ablassen. Nach Robert Ranke-Graves bedeutet dies den endgültigen Triumph des Patriarchats.

Ingvild Birkhan schreibt, Klytaimnestras Racheakt an Agamemnon liege nicht im »Erwartungshorizont des Apollinischen Systems. Selbst die Möglichkeit einer Entsühnung hat keinen Platz«. Apollon fordert den Muttermord, und Orest soll dafür ungestraft bleiben. Die Zeus-geborene Athene gibt die entscheidende Stimme ab. Der Mord ist also rechtens. Der Mythos sagt, Athene sei aus dem Haupt des Zeus geboren. Sie gilt daher als Beweis für die Macht des Mannes, der selbst zum Akt des Lebensschaffens auf die Frau und Mutter verzichten kann. Indem Orest die Mutter vernichtet, hat er ein neues Wertsystem eingeleitet, das den Mann mit der Zeugungsmacht und daraus abgeleitetem Verfügungsrecht über Frau und Kind setzt. Die Bedeutung und Autorität der Mutter sei damit überholt, argumentiert Birkhan: »Die Auseinandersetzung mit und Erinnerung an die getötete Mutter wird verdrängt, indem die Mutter als Mangelwesen definiert wird, die nicht der wahre Ursprung der Kinder sei.«

Catherine Keller weist jedoch darauf hin, daß es zu dieser Interpretation im Mythos nur mit Hilfe einer Verdrängung der Erinnerung Athenes an ihre Mutter gekommen sei. Der entscheidende Hinweis findet sich bei Hesiod, der von der

Verführung der Metis, Titanenkönigin der Weisheit, durch Zeus berichtet. Metis wurde schwanger und wird daraufhin von Zeus verschlungen. Ihr Kind, Athene, wird später aus Zeus' Haupt unter furchtbaren Kopfschmerzen geboren. Athene lebt in der patriarchalen Psyche und hat den weiblichen Ursprung »vergessen«.

Als Folge dieser Ereignisse – der Entsühnung Orests – sind nun die Erinnyen als Schützerinnen der weiblichen Macht ebenfalls besiegt, wenn auch nicht vernichtet. In Übereinstimmung mit der nunmehr waltenden neuen Macht, der Vorherrschaft des Mannes, werden sie gezähmt und an das Haus gebunden: Athene, die Zeustochter, bietet den Rächerinnen eine ehrenvolle Wohnstätte an, wo sie zum Wohle der Gemeinschaft eingesetzt werden können: »Kein Haus kann künftighin gedeihen ohne dich«, spricht Athene und wandelt somit die Funktion der Rächerinnen in Segensbringerinnen um. Aus den Erinnyen sind die Eumeniden geworden (vgl. auch Rosenmayr, 1983, S. 67). Dem patriarchalen Wunsch entsprechend soll es keine unheimlichen Rächerinnen geben, statt dessen häusliche Heilbringerinnen. Die Wirklichkeit enthüllt die heimlichen Rächerinnen.

Im Mythos setzen die Amazonen auf wenig heimliche Weise die Tradition der Erinnyen fort. Der Sage nach rächen sie sich an der Vorherrschaft der Männer. In der Kultur der Amazonen bleibt eine Art »Gegenherrschaft« erhalten. Die Männer werden sowohl physisch als auch sozial entmachtet. Männliche Kinder werden im allgemeinen verstümmelt und für den häuslichen Dienst herangezogen, während Töchter hochgeschätzt sind. Männer werden oft zu Sklaven gemacht und nur als unpersönliches Mittel der Fortpflanzung benutzt. Der Vater wird entmachtet, denn er bleibt anonym und unsichtbar. Der Mann als Führer und Herrscher ist nicht gefragt, denn in ihrer Gesellschaft haben die Frauen auch alle »männlichen« Funktionen übernommen. Die Amazonen genießen einen hohen Ruf als Eroberinnen und Jägerinnen, als wilde Kriegerinnen und kühne Reiterinnen. Der Sage nach entfernten sie sogar ihre rechte Brust, um mit Pfeil und Bogen besser umgehen zu können.

Obwohl die Amazonen nicht eigentlich Gegnerinnen der Liebe sind, weichen sie doch erheblich ab von den herkömmlichen Wegen der Liebesgöttin, indem sie sich den Mann mit der Waffe in der Hand erobern. Aphrodite fühlt sich durch ihren »Geruch der Männlichkeit« beleidigt und verfolgt sie daher mit ihrem Fluch. Die Amazonenköniginnen Hippolyte und Penthesilea scheitern zwar in ihren Liebesbeziehungen, akzeptieren dies jedoch als Übereinstimmung mit ihrer Einstellung, daß Liebe niemals Unterwerfung unter den Mann bedeuten kann. Der Sage nach boten die Griechen ihre Helden und Schöpfer sittlicher Ordnung zur Bändigung der Amazonen auf: Bellerophon, der die Amazonen in einer Schlacht schlägt, Herakles, der in ihr Reich eindringt und den Gürtel der Hippolyte gewinnt, Theseus, der Athen vor dem Einfall der Amazonen schützt und ihre Königin gefangennimmt, oder Achill, der Penthesilea, die mit einem Amazonenheer den Troern Hilfe leistet, im Kampf tötet.

Frauen, die aus Liebe Verrat an ihren Familien üben, werden in der griechischen Sage entweder zu Verstoßenen, oder wie Medea, die Tochter des Königs Äetes in Kolchis, zu rücksichtslosen Rächerinnen. Medea steht dem feindlichen Jason beim Raub des Goldenen Vlieses bei, begleitet ihn auf der Flucht, tötet und zerstückelt ihren Bruder Apsyrtos und wirft die Stücke ins Meer, um ihren Vater bei der Verfolgung aufzuhalten. Sie entkam mit Jason und den Argonauten nach Jolkos, nahm hier Rache an Pelias wegen der Ermordung von Jasons Eltern und ging dann mit Jason nach Korinth. Aber die Bindung zwischen den national und kulturell ungleichen Partnern löst sich nach Jasons Rückkehr in die griechische Kulturwelt. Als Jason Medea verstößt, um sich mit der korinthischen Königstochter Kreusa zu vermählen, rächt sich Medea mit einer List: Sie schickt Kreusa ein vergiftetes Gewand, durch das diese verbrennt. Dann tötet sie ihre eigenen Söhne aus der Ehe mit Jason und flieht nach Athen. Medea hatte alles für Jason aufgegeben. Nach ihren Wertvorstellungen war dies Beweis ihrer Liebe. Mit ihrer Herkunftsfamilie hat sie jedoch auch diejenige Macht verloren, die für Jason erstrebenswerter als ihre Liebe war: Er wollte Herrscher sein und Macht ausüben, was sich mit der geplanten Heirat der Tochter des herrschenden Königs in Aussicht stellte. Für Medea bedeutet dies, daß Jason ihre Werte verraten hat. Ihre Kinder stellen Produkte ihrer Liebe dar, die sie offensichtlich nach anderen Maßstäben bewertet hat, als Jason dies tat. Sie tötet nun auch ihre Söhne und zerstört dadurch konsequenterweise die Zeichen ihrer Liebe. Diese Tötung ist ein Ritual und ein magischer Akt: Mit dem Auslöschen der Kinder wird ihre Liebe ausgelöscht und gleichzeitig verschwindet der Verrat, weil es ihn ohne die vorausgesetzte vertrauensvolle Liebe nicht geben kann.

In den *Voyages en Afrique* (1617) erzählt der Franzose J. Mocquet ein wahres Erlebnis, das der Geschichte der Medea gleicht: Eine Afrikanerin rettet einen Schiffbrüchigen und schützt ihn vor der Barbarei ihrer Stammesgenossen. Er verspricht ihr die Ehe, und sie bekommt von ihm ein Kind. Als sich die beiden auf ein englisches Schiff retten könnten, schämt der Weiße sich der Wilden und verläßt sie ohne Abschied. Sie zerreißt ihr Kind in zwei Teile, wirft eine Hälfte ins Meer und kehrt mit der anderen in die Wildnis zurück und vergräbt sie.

Ein anderes klassisches Beispiel einer Frau, die aus Liebe ihre Familie verrät, ist Ariadne, die kretische Königstochter. Sie wird gleichfalls verstoßen, geht aber über Klagen und Racheschwüre nicht hinaus, sondern läßt sich von einem anderen Mann retten. Als Rache für die Tötung seines Sohnes Androgeos bekriegt Ariadnes Vater, König Minos, die Athener und zwingt sie, jährlich eine Anzahl von Jungfrauen und Jünglingen abzugeben, die dem im Labyrinth hausenden Ungeheuer Minotaurus zum Fraß vorgeworfen wurden. Um die Vaterstadt von dieser Pflicht zu befreien, fährt Theseus nach Kreta mit dem Ziel, den Minotaurus zu erschlagen. Ariadne liebt den Landesfeind und hilft ihm, ihren Halbbruder, den Minotaurus, zu überwältigen und den Weg aus dem Labyrinth zurückzufinden. Sie hatte ihm ein Garnknäuel mitgegeben, das sie in der Hand behielt. Nachdem das Ungeheuer erschlagen war, entführt Theseus die glückliche Ariadne auf die Insel Naxos. Als sie eines Morgens heiter erwacht, ist Theseus verschwunden: Sie sieht nur noch das entschwindende Schiff. Sie ist allein mit ihren bitteren Klagen, dem Schmerz und den Rachegefühlen. Dionysos findet die Verlassene und vermählt sich mit ihr.

Theseus heiratet Ariadnes Schwester Phädra. Sie ist ein Beispiel für das Motiv der verschmähten Frau, die den geliebten Mann aus Rache für die erhaltene Abweisung verleumdet:

Phädra liebt ihren Stiefsohn Hippolytos, einen Jäger, Frauenfeind und Anbeter der Artemis. Ein werbender Antrag durch Phädras Amme veranlaßt Hippolytos zu Schmähungen gegen Phädra. Er schwört Phädra aber, Schweigen zu bewahren. Phädra tötet sich und hinterläßt einen Brief, in dem sie Hippolytos anklagt, ihr Gewalt angetan zu haben. Hippolytos kann den Vater nicht von seiner Unschuld überzeugen, denn ihn bindet sein Schwur. Theseus fleht Dionysos um Rache an. Hippolytos stürzt daraufhin mit seinem Pferdegespann am Strand. Er versöhnt sich mit dem Vater, den Artemis über den wahren Sachverhalt aufgeklärt hat, und stirbt. Bei Ovid wird Phädra dadurch entschuldigt, daß sich der untreue Theseus in die Unterwelt begeben hat, um Prosperina zu rauben. Der Antrag, den sie Hippolytos macht, ist also bereits ein Racheakt dem Gatten gegenüber. Die Zurückweisung durch den Stiefsohn trifft sie daher nicht nur als Frau, sondern auch als Person, die ihren Racheplan – und damit ihre Genugtuung – nicht erfüllen kann.

Die griechische Mythologie kennt auch göttliche »Rachewerkzeuge« in Gestalt einer Frau. Von Pandora erzählt Hesiod in »Werke und Tage«, daß sie auf Zeus' Befehl von Hephästus eigens dafür geschaffen wurde, um an dem Feuerräuber Prometheus Rache zu nehmen. Zeus gab ihr ein Gefäß (die Büchse der Pandora), in dem alle Gaben enthalten waren.

Durch Hermes wurde sie zur Erde geleitet und sollte Prometheus verderben. Dieser weist sie jedoch ab, so wird sie die Frau seines Bruders Epimetheus. Pandora öffnet das Gefäß, in dem die Übel enthalten sind, und bringt Unglück über die Geschöpfe des Prometheus. Nur die Hoffnung kann Pandora festhalten. Der Mythos der Pandora bedient sich auch der Doppelbedeutung des »Geschenks«: Das Gefäß mit den Gaben stellt sich als Übel heraus, und die Frau wird zur Übelbringerin gestempelt.

Die germanische Mythologie kennt am Beginn der Welt nur Rachegötter. Die Frau ist gutgläubig und naiv und erscheint als leichtfertige Verursacherin von Leid; oder sie spielt als Stütze des Mannes, fähig zum Mittragen seines Leids, eine Rolle. Dazu Beispiele nach Simrocks »Edda«:

Die Riesen Odin, Wile und We (Börs Söhne) erschlugen den Urriesen Ymer. Dann erschufen sie die Welt, anschließend Frau und Mann aus zwei Bäumen – Odin gab Geist und Leben, Wile Verstand und Bewegung, We Antlitz, Sprache, Gehör und Gesicht. Die Frau nannten sie Emble, den Mann Asker. Sie selbst lebten auf der Burg Asgard und wurden die Asen genannt. Über die Brücke Bifröst ritten sie zur Erde und versammelten sich unter der Weltesche Ygdrasil.

Balder, ein Sohn Odins, den ihm seine Gemahlin Frigga gebar, der schönste, weiseste, beredeste und mildeste von allen Asen, träumte, daß allen Göttern und besonders ihm schweres Unheil drohte. Die Seherin Wala weissagte Balders Tod.

Die Götter wollten Balder schützen und allen Wesen Frieden gebieten, damit keines ihn verletzen würde. Frigga machte sich im Auftrag aller Asen auf den Weg und ließ alle Natur schwören, Balder zu schonen. So wurde er unverwundbar.

Loke gefiel die Fröhlichkeit der Götter nicht. Als altes Weib verkleidet, fragte er Frigga nach der Ursache. Sie verriet ihm, daß alle Dinge den Schwur geleistet haben, Balder nicht zu verletzen, außer der Mistel, die ihr als zu jung und daher harmlos für einen Eid schien. Die ganze Natur also liebte

Balder. Nur etwas Unnatürliches konnte den guten Gott verletzen: die Mistel, die nicht aus Samen gezogen wird und nicht in der Erde wurzelt.

Loke verleitete nun Höder, spielerisch wie die anderen nach Balder zu schießen. Als Wurfgeschoß gab er ihm die Mistel. Der Zweig durchbohrte Balder, so daß er tot zur Erde sank. Die Asen waren entsetzt. Sie durften sich jedoch nicht rächen, denn sie befanden sich an einer heiligen Freistätte. Später beschlossen sie, für die Ermordung Balders an Loke Rache zu nehmen. Dieser merkte die Absicht und flüchtete auf einen Berg. Er verwandelte sich in einen Lachs und versteckte sich in einem nahen Wasserfall. Die Asen erkannten ihn jedoch und durchschauten seine List. Es gelang ihnen, ihn zu fassen.

Nachdem die Asen den Gefangenen in eine Höhle gebracht hatten, fingen sie auch seine beiden Söhne, Wale und Nare. Sie verwandelten Wale in einen Wolf, damit er seinen Bruder zerreiße, und mit den Därmen des Wolfes, den sie nach dem Brudermord erschlugen, banden sie seinen eigenen Vater über die scharfen Kanten dreier Felsen; der eine stand ihm unter den Schultern, der andere unter den Lenden, der dritte unter den Kniegelenken. Die Bänder verhärteten sich sofort zu Eisen. Dann hängten sie über seinem Haupt eine Schlange, damit sie ihm ihr Gift ins Antlitz träufelte. Aber Lokes Weib Sygin blieb treulich neben ihm und hielt eine Schale unter das Maul der Schlange. Nur in den Augenblicken, während sie die gefüllte Schale ausgoß, fielen ihm die brennenden Tropfen ins Gesicht. Vor Schmerz sträubte er sich so heftig dagegen, daß die ganze Erde bebte (mythische Erklärung der Erdbeben).

So liegt Loke gefesselt und gemartert bis zur Götterdämmerung. Wenn diese naht, wird er seiner Fesseln ledig und schreitet mit seinen Kindern Hela, der Weltschlange, und Feurer, dem Wolf, mit allen Riesen und Unholden zum Kampf gegen die Götter.

Die Rache der Götter traf den abtrünnigen Loke, einer der ihren, weil er Balder, den Frohen und Schönen, töten ließ.

Loke bedeutet »schlechtes Gewissen«. Er reagierte negativ auf den Frohsinn der Götter und verbündet sich mit dem Bösen, der Mistel, um das Schöne auszulöschen. Dann gibt er einem Unschuldigen das Böse in die Hand, damit dieser – ahnungslos – den Mord begeht, um seine eigene Schuld zu vertuschen. Die Vernichtung des Edlen und Schönen wird jedoch gerächt. Die Rache der Götter ist grausam und betrifft die ganze Familie des Missetäters. Der aber hat seine Frau zur Seite, die ihm das schwere, dennoch gerechte Los erträglich macht. Ihre Funktion ist, das Gift der Schlange aufzufangen. Sie gleicht einer »gebändigten« Eva.

Der Typ der »Kampfmaid« der nordischen und germanischen Sagen kommt den Amazonen nahe. In dem bedeutendsten germanischen Heldenepos, der Amelungensage, führten zum Beispiel die drei Walküren Elfweiß, Schneeweiß und Schwanenweiß – um den Tod ihres Vaters Isang zu rächen – an der Spitze erlesener Helden einen mörderischen Kampf gegen den Niarenkönig Neiding.

Brünnhild in der nordischen Überlieferung der Edda lebt im Kreis von streitbaren Jungfrauen auf einer fernen Insel. Bei ihr verbindet sich das Kriegerische mit Männerfeindlichkeit. Frauen ihres Typs widersetzen sich dem erfolgreichen Werber auch nach dessen glücklich bewältigter Freierprobe. Ihre Widerspenstigkeit zeigt sich sogar noch in der Brautnacht. Mit dem Verlust der Jungfräulichkeit schwindet ihre Stärke. Der Saxo Grammaticus (1150–1220) berichtet von der Kampfmaid Lathgertha, die Regner im Kampf geholfen hat und ihn später heiratet. Aber als er aus einer Schlacht nach Hause kommt, ersticht sie ihn mit einer Pfeilspitze, die sie im Kleid verborgen hat, weil sie die Herrschaft über das Reich nicht mit ihrem Gemahl teilen will. Die Hrolf-Kraki-Sage berichtet von der Königin Olof, die sehr schön sei, stets in Waffen herumgehe, wie ein Heerkönig lebe und nicht heiraten will.

Neben dem männerfeindlichen Typ gibt es in den nordischen Sagen die Frau, die zwar kriegerisch ist, aber nicht gegen Freier kämpft, sondern nur zum eigenen Schutz, zum

Schutz des Volkes oder des Geliebten. Wie etwa die Swawa-Sigrun aus den Helgiliedern der Edda, Heidreks Tochter Hervor aus dem Hunnenschlachtlied und die Gudrun der Atlamal.

Die kriegerischen Frauen sind Gegenstand vieler Sagen und erfüllen in der Literatur durch alle Jahrhunderte hindurch als Heldenjungfrauen unterschiedliche Zwecke. In den Zeiten nationalen Notstands, wenn Frauen gezwungen werden, zur Waffe zu greifen, werden sie verherrlicht. Wenn sie sich gegen die Männertyrannei richten und eigene kriegerische Freiheiten genießen, werden sie bekämpft. Eine gemeinsame Deutung läßt ihre Darstellung in den Mythen und Romanen zu: Die kriegerischen Frauen, deren Kennzeichen freies, unabhängiges Auftreten und Handeln war und die sich über konventionelle frauliche Verhaltensweisen hinwegsetzten, waren von Männern gefürchtet.

Schon Kolumbus berichtete, Amazonen würden auf einigen Karibischen Inseln leben, von denen ihn aber widrige Winde ferngehalten hätten.

Im Nibelungenlied, dem wohl bekanntesten Epos der nordischen Mythologie, verbindet sich die nationale Heldensage der Amelungen mit historischen Ereignissen. Zu den historischen Grundlagen gehört der Untergang des burgundischen Reiches um 437, das 413 von König Gundahari mit der Hauptstadt Worms gegründet wurde. Gundahari fiel in der Schlacht gegen eine große hunnische Heerschar in römischem Sold. Die andere geschichtliche Wurzel des Nibelungenlieds ist der Tod von Attila, dem weithin gefürchteten Völkerfürsten, zu dessen Ratgebern und Hofgenossen auch germanische Könige gehörten. Dieses Ereignis fand 17 Jahre nach Gundaharis Tod auf ganz unerwartete Weise statt: Er starb in der Nacht nach der Hochzeit mit einer deutschen Fürstentochter namens Hildiko. Die einen nannten einen Blutsturz als Todesursache, die anderen glaubten an Mord. Hildiko habe den ihr aufgezwungenen, verhaßten Gatten ermordet, hieß es, denn sie hatte eine Schuld an ihm zu rächen. Sie wurde als Schwester Gundaharis gesehen, dessen Mord bis dahin noch ungesühnt war. Hildiko hatte ihn nun an Attila gerächt.

Diese vermuteten Zusammenhänge wurden von den Volkssängern aufgegriffen, die ihre Lieder von den gemordeten Burgundenkönigen und von der Rache der tapferen, treuen Schwester verbreiteten.

Später vereinigten die Rheinfranken ihre Siegfriedsage – ursprünglich vermutlich ein alter Naturmythos – mit der im Wormser Gau heimischen Burgundensage. Die nordische Überlieferung der Sage, wie sie in der älteren Edda und der Wölsungensaga aufbewahrt ist, bietet zwei abgeschlossene Handlungen. Brünnhild wird von Gunnar durch Sigurd getäuscht, indem Sigurd sie unerkannt in Gunnars Namen bei der Freierprobe und später im Brautgemach bezwingt. Gudrun, Sigurds Gemahlin, erzählt der Unglücklichen den Betrug, dem sie zum Opfer gefallen ist. Brünnhild rächt sich für die erlittene Schmach: Sie läßt Sigurd ermorden und erdolcht sich anschließend selbst.

In der zweiten Erzählung wirbt König Attila um Gudrun, die Witwe Sigurds. Es stellt sich heraus, daß er weniger Gudrun als den Nibelungenschatz, Sigurds Erbe, begehrt. Er täuscht Gudrun über die wahren Hintergründe seiner Liebe zu ihr. Sie wird – ähnlich wie Medea in der griechischen Sage – Mittel zum Zweck. Gunnar und Högin, ihre Brüder, versenken aber den gesamten Hort der Nibelungen in den Rhein, um ihn vor dem Hunnenkönig zu schützen. Attila gegenüber verweigern sie jede Aussage über dieses Versteck und werden deshalb von Attila ermordet. Nun schreitet Gudrun zur Rache. Sie erwürgt ihre Kinder aus der Ehe mit Attila, mischt deren Blut dem Vater in den Wein und gibt ihm die Herzen zu essen. Dann tötet sie ihn, zündet den Königspalast an und ertränkt sich.

Erst die deutsche Überlieferung bietet eine einheitliche Handlung der Ereignisse. Darin fällt Siegfried ohne eigene Schuld durch schnöden Mord: Er ist Opfer des gekränkten Stolzes seiner Schwägerin Brünnhilde und des Hochmuts seiner Gattin Kriemhild, die im Streit um die angesehenere Stellung der beiden Könige von den Diensten erzählt, die Siegfried Gunther, Brünnhildes Ehemann, im Brautgemach leistete: Durch seine Tarnkappe unsichtbar, half er Gunther, Brünnhild zu bezwingen, und entfernte sich anschließend. Brünnhild jedoch glaubte, ihr Gatte sei der starke Held, der sie besiegt habe. Um die Täuschung, der sie erlegen ist, zu rächen, läßt Brünnhild Siegfried durch Hagen hinterhältig während eines Jagdausflugs töten. Kriemhild, die Witwe, schwört nun Rache an den Mördern ihres Gatten. Die Vermählung mit Etzel (Attila) bahnt ihr den Weg zur Rache an. Auf ihren Wunsch hin lädt Etzel die Burgunder zu einem Fest zur Sommersonnenwende ein. Mit dieser List gelingt es Kriemhild, die Burgunden in ihr Verderben zu locken. In einem grauenvollen Gemetzel werden schließlich alle Burgunden getötet, wobei Kriemhild persönlich mit Siegfrieds Schwert Hagen den Kopf abschlägt. Doch Hildebrand, der Waffenmeister, rächt des Helden »Tod von Weibes Händen«, indem er Kriemhild tötet.

Im allgemeinen fällt bei den nordischen Sagen auf, daß die Frau ihrem Geliebten oder Ehemann gegenüber ihre Treue bewahrt. Im gegebenen Fall sogar so lange, bis ein an ihm begangenes Unrecht gerächt ist. In ihren Handlungen behält sie die Rache im Sinn, führt ihre Rachepläne nach dem Gesetz der Blutrache häufig sogar persönlich aus, oder tritt als »Mahnerin« der Rache auf und ergreift die Initiative zum Rachefeldzug. In der Hegelingensage, deren dritter Teil die Kudrun-Sage erzählt, ist es Hilde, die Mutter Kudruns, die die Helden nach 14 Jahren an das Gelöbnis mahnt, ihr den Gemahl zu rächen und die Tochter wiederzuholen. Kudrun war von Hartmut, dem Sohn des Königs Ludwig der Normandie, geraubt worden, nachdem sie ihn abgewiesen und sich mit Herwig von Seeland verlobt hatte. In der ersten Schlacht um Kudrun siegen jedoch die Normannen, und Hettel, Kudruns Vater und König der Hegelinger, wird getötet. Während ihres erzwungenen Aufenthalts am feindlichen Hofe bleibt Kudrun ihrem Verlobten Herwig treu. Sie ist die edle, stolze Dulderin allen Leids, das ihr besonders durch Gerlind, die Mutter Hartmuts, zugefügt wird. Auf Hildes Mahnung hin ziehen die Hegelinger dann in die Normandie und überwältigen in einer schonungslosen Racheschlacht die Feinde. Gerlind wird enthauptet, Hartmut und seine Schwester Ortrun werden als Gefangene mitgeführt. Doch anders als im Nibelungenlied ist hier der Abschluß die Versöhnung: Ortwin (Kudruns Bruder) heiratet Ortrun, Hartmut Hildeburg, Kudruns getreue Freundin, und Kudrun zieht mit ihrem Herwig nach Seeland.

Das unversöhnliche Ende der Nibelungensage wird andererseits nicht nur durch die Vergeltung einer treuen Gattin erklärt, sondern auch mit derem Wunsch, den Hort wiederzugewinnen. Kriemhild steht das Erbe ihres Gatten rechtmäßig zu. Als Gunther und Hagen ihre Gefangenen sind und ihr die Auskunft über das Versteck des Nibelungenhorts verweigern, läßt sie Gunther töten und enthauptet Hagen. Die Handlung der Kudrun-Sage läßt keinen Zweifel zu, daß ein versöhnliches Ende erst möglich wird, nachdem Rache genommen und die Basis für Gerechtigkeit wiederhergestellt wurde.

5
Psychologische **A**spekte

1. Abhängigkeiten verhindern direkte Rache

Nur bestimmte Wege werden einer Frau zur Aufarbeitung von Kränkungen zugebilligt. Mit zunehmender Verlagerung menschlicher Konfliktbewältigung in die innere Verantwortung des einzelnen betrifft eine Beleidigung und deren Vergeltung allein die beleidigte Person. Das heißt, die Aufarbeitung soll ins Innere verlagert werden, man macht es mit sich selber aus. Was als Beleidigung und Kränkung gelten soll, wird von den gängigen Vorstellungen davon, wie mit Aggressivität umzugehen ist, beeinflußt. Beim Mann wird Aggressivität, die zu Lasten anderer Personen entladen wird, also auch zu deren Beleidigung und Kränkung führt, für sein psychisches Gleichgewicht als notwendig betrachtet. Von der Frau wird im allgemeinen erwartet, nicht »aufzumucken«, sondern ihre aggressiven Impulse selbstkränkend nach innen zu wenden. Zusätzlich wird ihr zugemutet, die männliche aggressive »Triebentlastung« nicht als Verletzung zu empfinden, sondern als männlich-gesunde Reaktion zu akzeptieren. Dies führt für die Frau zu einem Konflikt: Wenn sie die Kränkung spürt, wird ihr Gefühl verunsichert und diffus, weil es im Widerspruch zum Anspruch steht, der von der (männlichen) Umwelt an ihr Gefühl und Verhalten herangetragen wird. Das hat zur Folge, daß Frauen ihrem eigenen Gefühl nicht mehr vertrauen können. Es wird als Täuschung rationalisiert. Dieser Ablauf knüpft bei Frauen an Tradition. Schon für das kleine Mädchen gehörte die Uminterpretation bis hin zur Leugnung eigener wahrgenommener Gefühle zum Überlebenstraining im Kampf um (mütterliche) Liebe und Zuwendung.

Der Widerspruch von Gefühl und Anspruch im Leben der erwachsenen liebenden Frau artikuliert sich beispielsweise im Vorwurf des Besitzdenkens. Frauen werden immer wieder darauf hingewiesen, kein »Besitzrecht« auf den Partner zu haben. Ihr gefühlter Wunsch, respektvoll und vertrauensvoll behandelt und geachtet werden zu wollen, wird so mit dem Hinweis auf die damit erfolgende Einschränkung der persönlichen Freiheit des Partners abgewehrt. Männer vergessen im allgemeinen, daß ein Recht auf Freiheit in einer Partnerschaft mit der Pflicht, das Recht auf Würde der Partnerin zu achten, zusammenhängt. Dies hat wenig mit gegenseitigen Besitzansprüchen zu tun, sondern mit Werten der Menschlichkeit.

Frauen werden durch die egoistischen Ansprüche ihrer Partner in ihren Gefühlen verunsichert und empfinden sich als »unwert«, wenn sie diesem Anspruch, ihre Gefühle als »falsch« zu interpretieren, nicht nachkommen können. Dies kann in Übereinstimmung mit dem (Un-)Wert, den sie sich selber zugestehen, geschehen, als Folge der Wertlosigkeit, die sie als Kind vermittelt bekamen. Viele Menschen sind als Kinder so respektlos und würdelos behandelt worden, daß sie noch als Erwachsene glauben, keine Ehre und Würde zu haben. Dies gilt im besonderen für Mädchen, die durch frühes Gefügigmachen in große emotionale Abhängigkeit von der Wertzuweisung durch andere Personen geraten. Dadurch entsteht die Einstellung, auch kein Recht auf Beachtung ihrer Gefühle durch andere Personen zu haben. Wo kein Recht existiert, kann es auch nicht mißachtet werden. Die Frau wird ihr Gefühl als Täuschung empfinden. Wenn keine Mißachtung und Kränkung stattgefunden hat, braucht man sich auch nicht zu rächen. Frauen sind oft sehr lange bereit, ihre wirklichen Gefühle als Täuschung zu akzeptieren, denn mit dem Erkennen der Wahrheit sind Sanktionen verbunden. Da ist zunächst der eigene Schmerz, der nun durch das Erkennen der Kränkung zutage kommt; dazu kommt die Sorge, die Liebe des Partners zu verlieren, wenn man auf diesen Schmerz handelnd reagiert, indem man Rache nimmt. Je wertloser sich eine Person empfindet, desto übermächtiger wird ihre Angst, verlassen zu werden, denn dies kommt ihrer Vernichtung gleich.

Auch Stolz und Ehre sind Begriffe, die bei Frauen Verwirrung auslösen. Das Gefühl, Stolz und Ehre zu haben, wird verdrängt, denn einer Frau steht Demut zu, und Stolz wird als

Hochmut abgewertet. Deshalb ist es schwer, eine Demütigung als Verletzung des Stolzes und der Ehre zu akzeptieren. Frauen sind eher geneigt, sie als Strafe für unangemessenen Hochmut zu erdulden. Das Bewußtsein, daß man Stolz und Ehre hat, ist die Voraussetzung dafür, eine Beleidigung als Verletzung derselben zu erkennen. Wem die Würde genommen wurde, die Selbstachtung und Wertschätzung, der weiß auch nichts von Ehre, die sich auf etwas Unsichtbares, auf die innere Haltung der Persönlichkeit bezieht. Der Soziologe Georg Simmel schreibt, die Ehre umgebe die Menschen mit einem Territorium, einer Sphäre, in die niemand ungestraft eindringen dürfe. Diese Sphäre sei bestimmt von der Vorstellung des Individuums von sich als Ehrenperson, mithin von dem, was es als Ehrenperson sich selbst zu schulden glaubt. Im Subjektivwerden der Ehre wird sie als eine Verpflichtung der Ehrenperson gegen sich selbst aufgefaßt (vgl. Simmel, 1984, S. 191).

Eine Folge der Verlagerung von menschlicher Konfliktbewältigung ins Selbst ist auch die Bewertung des Ehrbegriffs. Ehre scheint im heutigen Sprachgebrauch antiquiert und ist »gespalten«: Als »innere« Ehre ist sie Teil eines sittlichen Verhaltens, das sich nur auf die eigene innere Haltung bezieht, die sich durch äußere Mißachtung und Verunglimpfung nicht angefochten fühlen soll. Die so verstandene Ehre leitet sich vom persönlichen Wertgefühl des Menschen ab, im Gegensatz zur »äußeren« Ehre, die gesellschaftlich verordnet und bewertet wird.

Wenn die Symbole der äußeren Ehre verletzt werden, indem zum Beispiel »die Frauen«, »die 60jährigen« oder der Berufsstand der Krankenschwestern diskriminiert und beleidigt werden, muß dies nicht notwendigerweise dazu führen, daß zum Beispiel sich eine 60jährige Krankenschwester dadurch persönlich gleichermaßen beleidigt fühlt. Ob und in welchem Ausmaß eine solche Beleidigung sie trifft, hängt von der Verknüpfung der äußeren Ehre mit der inneren zusammen. Dies wird individuell unterschiedlich sein.

Wie fragil die Grenze zwischen äußerer und innerer Ehre

sein kann, beschreibt die 27jährige Isolde, die vor zwei Jahren von einem Sextäter überfallen wurde: »Ich habe immer noch das Gefühl, dieses Territorium, diese persönliche Sphäre kann ohne Vorwarnung jederzeit von jedem übertreten werden. Die Grenze wird nicht geachtet. Es gibt keine Sicherheit mehr. Ich gehe auf einer belebten Straße, und die normalen Wahrnehmungen sind nicht mehr zuverlässig.« Ein Mann hatte sie bei hellichtem Tag angegriffen, nachdem er lange Zeit wie ein »normaler« Passant hinter ihr hergegangen sei, sagt Isolde. Als sie die Einfahrt zu ihrem Wohnhaus entlanggegangen sei, habe er angesetzt, sie zu überholen, sie habe seine schnelleren Schritte hinter ihr völlig normal empfunden. Viele unbekannte Menschen wohnen in diesem riesigen Haus, sagt sie, und völlig arglos habe sie ihm den Kopf zugewandt, als er auf ihrer Höhe war. Im gleichen Augenblick fiel er über sie her. Sie sagt, sie hätte das Geschehen zunächst als völlig irreal erlebt und hatte Schwierigkeiten, das, was da geschah, mit der Wirklichkeit ihrer Person in Einklang zu bringen. »Es war wie ein Film. Ich wußte nicht, was das mit mir zu tun haben sollte. Die Zeit kam mir endlos vor.« Doch in Wirklichkeit waren es nur wenige Minuten, bis auf ihre gellenden Schreie hin Hilfe kam. Der Täter konnte entkommen. Sie erstattete Anzeige. Nach ein paar Wochen wurde er gefaßt. Er hatte inzwischen zwölf weitere Frauen überfallen. Vor dem Gerichtssaal traf Isolde die anderen Frauen. Sie wurden einzeln nacheinander in den Saal geführt. Der Täter habe das Recht, sich alle Opfer vorführen zu lassen, hieß es. Er musterte die Frauen und traf die »Auswahl«, ob er diese oder jene überfallen habe. Isolde fühlte sich erneut ausgeliefert und zutiefst erniedrigt durch diese Prozedur, sie flüchtete, so schnell sie konnte. Ihr sei auch aufgefallen, sagt sie, daß die Frauen durchaus nicht dem Klischee der kleinen, schwachen Frau entsprachen, die zu überwältigen einem kräftigen Mann keine Schwierigkeiten bereite. Dieser Mann hat sich an allen Frauen vergriffen, an großen, kleinen, starken, schwachen, die Jüngste war 16 Jahre alt, die Älteste Mitte Dreißig. Ihr gemeinsames Merkmal war, Frau zu sein.

Als Isolde die Anzeige erstattet hatte, mußte sie die Verbrecherkartei durchsehen. Sie sagt, dies wäre ein Schock für sie gewesen: »Wenn du Hunderte von Männern siehst, die nachgewiesenermaßen Sexualtäter sind, und du siehst, daß deine Vorstellung von einem solchen Täter in keiner Weise stimmt, denn du findest alle Typen, die sympathisch aussehenden genauso wie die schmierigen, den Eleganten, den Sportler und den Alternativen, dann wird dir klar, es könnte jeder sein. Und man begreift, daß Frausein Ausgeliefertsein bedeutet, egal, welche persönlichen Eigenschaften du hast.« Sie fühlte sich doppelt gedemütigt: In ihrer Würde als Frau, durch die Mißachtung, die ihr als Zugehörige zum weiblichen Geschlecht widerfahren ist, stellvertretend für alle Frauen. Und sie fühlte sich verletzt in ihrer persönlichen Integrität. Die Grenze ihres eigenen Territoriums, der Schutzraum ihres Selbst, wurde überschritten und verletzt. Die Folge davon ist, daß sie noch immer in Panik gerät, wenn ihr eilige Schritte folgen. Sie fürchte nicht die einsamen Straßen, sagt sie, sondern Angst und Unsicherheit erlebt sie dort, wo viele Menschen sind – denn sie weiß, der Täter könnte jeder Mann sein.

Das Gefühl des Ausgeliefertseins kennen viele Frauen auch im Partnerschaftsalltag. Frauen erzählen, daß sie oft die Erfahrung machen müssen, daß ihr Angebot der Offenheit und des Wahrhaftigseins zurückgewiesen wird, und – noch schlimmer: Es wird gegen sie verwendet. Wenn sie offen und ehrlich sind, geben sie sich preis und werden angreifbar. Die Konsequenz daraus ist, daß Frauen das Vertrauen in die »reine« Absicht, das grundsätzliche Wohlwollen des Mannes ihnen gegenüber verloren haben. Sie ziehen den Schluß, daß er kein fairer Partner sei und ihre Liebe als Erpressungsinstrument benütze. Während für Männer im allgemeinen die Methode der Erpressung eine Machtdemonstration bedeutet, verwenden sie Frauen dagegen eher als Ausdruck und Ausweg aus einer Ohnmachtssituation. Ihre reale Abhängigkeit erzeugt häufig das Gefühl, zu kurz gekommen zu sein, benachteiligt zu sein, das Recht auf Leben nicht einlösen zu können. In einer destruktiven Rache, die sich gegen sie und ihr Umfeld richtet, versuchen sie dann, diese Abhängigkeit auszuagieren. Eine Therapeutin erzählt von einer jungen Frau, die als 18jährige ein Kind bekam, weil sie »alleinerziehende« Mutter sein wollte, in einer Situation, in der ihre Beziehung zu dem damaligen Freund aufgrund ihrer eigenen Entscheidung auseinandergebrochen war. Da sie weder Schulabschluß noch Berufsausbildung hatte noch eine realistische Vorstellung davon, was die Betreuung eines Kleinkindes bedeutet, geriet sie bald in Panik. Mit dem Baby war sie ans Haus gebunden, während ihre gleichaltrigen Freundinnen unabhängig lebten. Der Vater ihres Kindes, wenig älter als sie selbst, lebte in einer anderen Stadt, wo er seine Berufsausbildung machte. Sie besuchte ihn dort mit dem Baby und beneidete ihn um sein »freies« Leben. Unter gleichzeitigen Vorwürfen an ihn begann sie, das Kind zu vernachlässigen. Weil er sein Kind mochte, gab er seine Berufsausbildung auf, um sich des Kindes anzunehmen. Sie zogen zusammen, und die Frau begann wieder, den Alleinanspruch an das Kind zu stellen, indem sie den Mann so lange als unfähig beschimpfte, bis er sich entschloß, seine Ausbildung wiederaufzunehmen. Kaum war die Frau wieder allein mit dem Kind, setzte sie den Freund unter Druck mit dem Argument, er vernachlässige seine Vaterpflichten. Dieses Spiel gelang ihr wiederholte Male und nahm immer verheerendere Ausmaße an. Gegenseitige Beschimpfungen und Schläge folgten, bis sie schließlich erreichte, daß der Mann seine Ausbildung endgültig abbrechen mußte. Keiner von den beiden hatte nun Arbeit oder Geld, um eine Wohnung zu bezahlen. Die schlimmste Folge war: Das Kind kam in ein Heim.

Häufig ist eine solche Situation auch der Ausdruck eigener unausgelebter Demütigungen, die eine Frau als Kind erfahren hat. Im erwachsenen Leben erschaffen Frauen oft aktiv Traumata wieder, die sie einst passiv erleiden mußten. Sie glauben, nun endlich »siegen« zu können. Die Folge davon ist jedoch nicht immer positiv. Die unausgelebten Kränkungen der Kindheit geraten leicht an die falsche Adresse: Sie werden wieder an wehrlosen Kindern ausagiert.

Die Angst, Schuld auf sich zu laden

Kaum jemand fühlt sich wohl bei dem Gedanken, Schuld auf sich zu laden. Rache ist negativ besetzt mit Schuld. Doch selbst dann, wenn Rache als »Aggression« bezeichnet wird, entwikkelt sich jede rächende Aggression erst als Folge einer vorangegangenen Verletzung. Dieser Zusammenhang erinnert an die Definition von Krieg. Ein Völkerrecht verachtender aggressiver Akt, durch den ein Land überfallen wird, kennzeichnet den Anfang zum Krieg. »Schuld« ist der Aggressor. Für Frauen gilt im allgemeinen eine andere Schuldzuweisung im »Beziehungskrieg«: Erst wenn sie beginnen, ihr Recht zurückzuholen, ist »Krieg« an der Beziehungsfront. Der Aggressor, der den Auftakt in Form einer Verletzung oder Mißachtung ihrer Rechte gab, fühlt sich nicht selten als Opfer.

Wenn Frauen gedemütigt werden, weil ihre persönliche Sphäre auf kränkende Weise verletzt wurde, ist Rache möglich, indem sie dem Verletzer auf die gleiche unerlaubte Weise von dessen Territorium und Würde nehmen. Dazu brauchen Frauen Macht und die entsprechende Position. Die Erfahrung zeigt jedoch, daß selbst dann, wenn diese Voraussetzung weitgehend gegeben ist, die Befürchtung, schuldig zu werden, den aktiven Racheschritt verhindert.

Eine Berliner Therapeutin erzählt zum Beispiel von einer 36jährigen Patientin, die als Kind schwerste Kränkungen erfahren hat, doch bis heute nicht ihre Eltern mit dem Schmerz, den sie ihr zugefügt haben, konfrontiert. Sie will diesen Schmerz den Eltern nicht zurückgeben, weil sie Angst hat, sie könnten den Schock nicht überleben. Sie fürchtet, wenn dieser Fall eintritt, würde sie große Schuld auf sich geladen haben. Als Kind ist diese Frau sieben Jahre lang von ihrem Vater sexuell mißhandelt worden. Sie hat das nie angeprangert. Eine Nachbarin hat ihr damals geholfen, dieses Leiden aufzudecken, indem sie eine Anzeige erstattet hat. Daraufhin haben sich alle Familienmitglieder einschließlich der Mutter von dem 14jährigen Mädchen abgewendet. Kurz vor dem Termin der Gerichtsverhandlung hat sie einen Selbstmordversuch unternommen. Im Krankenhaus bekam sie Besuch von ihrer Mutter, die ihr klarmachte, daß sie sie nur wieder bei sich zu Hause aufnehmen würde unter der Bedingung, daß sie alles widerrufe. Sie befand sich in unendlicher Not. Der Vater hatte einen Staranwalt engagiert, der einen Widerruf formulierte, den sie dann öffentlich verlesen mußte. Heute versucht sie, ihre Wunden therapeutisch zu heilen. Sie weiß jetzt, daß ihre Eltern damals auch um ihre eigenen Verluste bangten. Der Vater hätte seine Stelle verloren, die Familie hätte kein Geld gehabt, die Familienehre wäre dahingewesen. Die ehrenwerte Familie opferte dafür lieber ihr Kind. Der Makel von Unehrenhaftigkeit wurde der Tochter zugewiesen. Das ist die Grenze persönlicher Würde, die innere Ehre, die niemand ungestraft überschreiten sollte.

Frauen wie diese Patientin belastet oft die »zweifache« Schuld: Sie können sich schwer von der Annahme lösen, die Tat mitverschuldet zu haben. Und sie glauben, bei der Ausführung einer vergeltenden Rachetat wieder schuldig zu werden. Die Schuldanfälligkeit der Frau steht somit in ursächlichem Zusammenhang, die Rachegefühle gegen sich selbst zu richten.

Die Rache gegen sich selbst richten

Eines ihrer vielen Selbstporträts (1940) zeigt die mexikanische Malerin Frida Kahlo nach ihrer Rachetat: Mit hängenden Armen sitzt sie da, in einer Hand noch die Schere, im Blick betäubte Trauer, um sie herum ein Meer abgeschnittener Haare. Sie hat ihre berühmten schwarzen Flechten, die ihr bis zur Hüfte fielen, abgeschnitten, nachdem Diego Rivera, ihr Ehemann, sie wieder einmal betrogen hatte. Sie wagte nicht, sich an ihm zu rächen, und schritt statt dessen zur Selbstverstümmelung. Sie, die sich sonst nur in auffallenden Folklore-Kleidern zeigte, trägt auf dem Bild einen Männeranzug: Symbol dafür, daß die Rachetat an den Mann gerichtet war.

Frauen, die betrogen, verlassen oder auf andere Weise gedemütigt werden, vergreifen sich nicht nur an ihrem Haar, um sich mit Absicht zu entstellen. Sie hungern oder essen zu viel, greifen zu Schlafmitteln und zu Alkohol. Weil sie unfähig sind, sich am Täter zu rächen, ziehen sie sich still zurück und bringen sich Schnittwunden bei, schlagen und zerkratzen sich. Und wissen häufig nicht einmal bewußt, warum sie sich selbst beschädigen. Rosa, 25 Jahre, erzählt, ihr Freund würde sie häufig vor anderen demütigen. Er beschimpfe sie, schlampig, dumm und faul zu sein und mit ihrem Studium nachlässig umzugehen, eine unproportionierte Figur und wenig Lust auf Sex zu haben. »Ich weiß«, sagt Rosa, »ich habe nur die Wahl, all diese Abwertungen lächelnd zu ertragen, oder er verläßt mich.« Das Schlimme sei, daß er diese Demütigungen ausspreche und gleichzeitig den Arm um sie lege. »Alle unsere Freunde glauben, er wäre ein netter Mensch, und obwohl sie nichts zu mir sagen, habe ich das Gefühl, sie denken, an seinen Vorwürfen wird schon was dran sein.« Wenn sie sich rächen würde, befürchtet sie, könnten die anderen sie als »Hysterikerin« verurteilen. Sie »sammle« eben Kränkungen, meint sie, und gelegentlich verschwindet sie im Bad, beißt sich in den Arm oder schlägt sich selbst ins Gesicht. Den anderen gegenüber zeigt sie sich still und freundlich. Im Innern züchtet sie dunkle, zerstörerische Haßgefühle. Verstummen und Verdrängen birgt die Gefahr, dem eigenen Leben ein Ende zu setzen, weil der Verletzer nicht direkt zerstört werden kann.

Die Ulmer Tierärztin Ute bekennt, auch sie neige dazu, ihren Rachedurst erst an sich selber zu stillen. Aber als der

Schmerz unerträglich schien, fand sie glücklicherweise eine Lösung:

Sie nannten sich gegenseitig »Lebenspartner«. Daher glaubte sie, seinen »Ausrutscher« entschuldigen zu können. Sie fühlte sich gekränkt, zweifelte jedoch nicht an seiner grundsätzlichen Treue, die er beschwor. Die anderen haben keine Bedeutung, schwor er immer noch, als sich die Affären häuften. Eines Tages bekannte er, nun schließlich doch die »richtige« Frau gefunden zu haben. Ute, inzwischen 35 Jahre alt, weinte und nestelte sich in ihre Trauer hinein. Sie räumte freiwillig die Wohnung, und litt unbeschreiblich bei der Vorstellung, die andere lebe nun in ihrer Wohnung, die sie so liebevoll gestaltet hat. Dann suchte sie ihre eigenen Fotos heraus und zerriß alle, auf denen sie glücklich und fröhlich anzusehen war. »Seine« Fotos behielt sie. Um sich noch zusätzlich zu quälen, schenkte sie der Rivalin ihren Lieblingsschmuck. Sie dachte: Wenn ich so edel bin, müssen die beiden sich schämen. Doch niemand dachte an sie. Ihr Schmerz über die Demütigung wuchs ins Unerträgliche. Schließlich beschloß sie, für den Verrat und die Zurückweisung Rache zu nehmen, und ging eine Affäre ein mit seinem besten Freund. Sie sagt: »Es war nicht das Motiv, mich trösten zu lassen, sondern eine bewußte Entscheidung, meinen Ex damit zu treffen. Ich wußte, daß er es als Vertrauensbruch seines Freundes empfinden würde, als Zeichen dafür, daß sein Freund mehr zu mir hält als zu ihm.«

»Ein Mann, der eine andere Frau liebt, dem wird das völlig egal sein, wenn ich aus Rache jetzt mit seinem Freund ins Bett geh«, meint Violeta, die sich in einer ähnlichen Situation wie Ute befand. Aber für Ute war noch ein anderes Motiv wichtig: »Ich habe damit mein erniedrigtes Selbstbild zurechtgerückt. Jetzt mußte ich mich nicht mehr als die Ungenügende fühlen. Endlich war ich dann auch vom Selbstmitleid geheilt.« Für Ute war dies ein wichtiger Schritt, um ihre Würde als Frau wiederherzustellen. Die Affäre mit dem Mann half ihr, ihre Gefühle der Unzulänglichkeit und Minderwertigkeit zu überwinden.

Eine andere Form von Selbstzerstörung ist, sich dem Aggressor »anzubiedern«. Ihn durch die eigene selbstverleugnende Unterwerfung zu verpflichten. Der unterdrückte Wunsch nach Rache bleibt jedoch im Unbewußten lebendig. Wir brauchen wertvolle psychische Energie, um sein Aufbegehren zu verhindern. Unser Handeln wird unwahr und ehrlos. So tragen wir zu unserer Selbstverachtung bei, indem wir versäumen, unsere Energie zur Selbstbehauptung, zur positiven Auseinandersetzung, zur Rache zu verwenden.

Viele Frauen, die sich nicht aktiv wehren können, fliehen ins Reich der Phantasie. Sie wälzen die grausamsten Rachepläne, die im allgemeinen in der Vernichtung des Schädigers gipfeln. Die »heilende« Funktion der in der Phantasie geübten Rache ist, ein reales Ohnmachtserleben auszugleichen. Negative Folgen können Depressionen sein, die entstehen, weil die Welt des Wunsches und die Wirklichkeit zu sehr voneinander abweichen. So wird es immer »logischer«, weil schmerzvermeidender, in die Phantasiewelt einzutauchen. Wirkliches Handeln, das nötig wäre, entfällt.

Das »phantastische« Rachenehmen umfaßt auch kreative Konsequenzen, indem Rache in künstlerische Tätigkeit umgesetzt wird. Frauen schaffen den »gedruckten« Ausgleich durch Texte, die magische Gerechtigkeit im Bild oder die hörbare Antwort in Form von Musik. Cheryl Benard und Edith Schlaffer schreiben zum Beispiel von der »literarischen Rache«, die Simone de Beauvoir an der Rivalin übt: »In der Geschichte, in der sie ihre Dreieckserfahrungen literarisch aufarbeitet, darf Simone (in der Geschichte heißt sie Françoise) Olga (dort Xaviere) am Schluß ermorden« (1990, S. 199). Die Autorinnen merken an, dieser »menschliche Zug« Simones (das Rachenehmen) hätte durch seinen literarischen Ausdruck überdies den Vorteil, daß sie selbst moralisch integer geblieben wäre und einen Beitrag zum eigenen »beruflichen und psychischen Wohlergehen« geleistet hätte.

Sie ist in seiner Wohnung, um die Topfpflanzen zu gießen. Rein aus Gewohnheit öffnet Elsa, 30 Jahre, freiberufliche Werbetexterin, die Dose auf dem Fensterbrett. Jene Dose, in der Leo als Symbole für ihre gemeinsame Liebe drei rosafarbene Präservative aufbewahrt. Elsa hat sie ihm vor langer Zeit geschenkt – mit einem Augenzwinkern: Falls du sie einmal brauchen solltest. Inzwischen sind sie uneingestandener Kontrollpunkt seiner Treue geworden. Sie öffnet die Dose wie immer. Sie erstarrt: Die rosa »Verhüterli« sind weg. Dafür findet sie ein ganzes Päckchen ähnlicher Exemplare vor. Zornesröte schießt ihr in die Wangen, ihr Puls beginnt zu rasen, ihr erster Gedanke: dieses Schwein. Er hat sie betrogen, sogar »ihre« Präservative verwendet, und für Nachschub gesorgt. Das bedeutet das Ende der Treue. Blitzschnell fallen ihr seine sich häufenden Termine ein. Die Sorgfalt bei seiner Kleiderwahl. Das etwas aufdringliche Parfüm, »um die rasierte Haut zu entspannen«. Klischeehafte Banalitäten. Er hat sie hinters Licht geführt, belogen, das Gegenteil von dem getan, was sie sich am Anfang ihrer Verbindung gelobten: ehrlich zueinander zu sein. Eine aufsteigende Übelkeit zwingt sie, schnell zu handeln. Sie legt den Deckel auf die Dose, stellt sie ordentlich auf ihren Platz zurück. Sie gießt pflichtbewußt die Pflanzen und verläßt die Wohnung.

Weniger der Treuebruch, sagt sie, habe sie schockiert. Es war der Vertrauensbruch ihr gegenüber, den sie als unerhört demütigend empfand. Ihren spontanen Wunsch nach Rache verdrängte sie. Ob sie mit ihm über ihre Entdeckung, ihre Wut gesprochen habe? Nein, nie. Sie leidet vor sich hin; die Eifersucht, die Wut nagt unablässig an ihr, sie merkt schleichende Haßgefühle. Das Erschreckende dabei sei, daß diese Haßgefühle auch gegen sie selbst gerichtet seien. Gegen ihre Unfähigkeit, ihm »die Meinung zu sagen«; gegen ihr Zögern, dieser Verlogenheit, die weitergeht, der fortwährenden Demütigung ein Ende zu setzen.

»Ich räche mich nicht, weil ich Angst habe, daß er mich dann verläßt«, sagt sie, »er haßt es, Druck zu spüren, seine Freiheit gefährdet zu wissen.« Richtig auf die Probe gestellt hat sie diese ihre These allerdings noch nicht. Sie scheut das Risiko, ihre Vermutungen bestätigt zu sehen. Sie könnte sich nur rächen, wenn sie unerkannt bleiben kann.

Elsa hätte verschiedene Möglichkeiten, um auf Leos Kränkung zu reagieren:

— Sie vernichtet die Präservative und wartet seine Reaktion ab (symbolisches Nichtgeschehensein).

— Sie behält sie als »Beweisstücke« und fordert ihn damit zu einer Aussprache auf (der Versuch, gleiche Basis herzustellen. Rachevermeidungs-Strategie).

— Sie nimmt sie aus der Dose heraus und verwendet sie bei Gelegenheit selbst (Gleiches mit Gleichem vergelten).

— Sie schlägt sie ihm unter Beschimpfung um die Ohren (direkte Rache und Strafe).

— Sie macht die Präservative unbrauchbar und legt sie an ihren Platz zurück. Der Schaden wird erst beim Gebrauch sichtbar. Die Ursache der Beschädigung ist jedoch nicht eindeutig einem »Anschlag« zuzuweisen (tückische Rache, die Rächende bleibt unerkannt).

Elsa jedoch wählt einen Weg, der ihr selbst am meisten schadet: Indem sie sich nicht zu rächen wagt, häuft sie auf die Kränkung noch den quälenden, unausgesprochenen Schmerz. Sie spielt das Spiel der Betrogenen und zugleich Wissenden. Aus Angst will sie die Betrogene bleiben.

Eine andere Frau hat aus der gleichen angstvollen Unfähigkeit heraus die folgende »Lösung« für sich gefunden: Nachts, wenn sie den Ehemann im Tiefschlaf weiß, beugt sie sich über ihn, um ihm eine gehörige »Kopfnuß« zu verpassen. Der Ehemann glaube am Morgen, sagt sie, er habe den Schmerz am Kopf geträumt. Und sie bekräftige wortreich seinen Erklärungsversuch. Sie empfinde Genugtuung, Erleichterung, wenn sie diese Schläge ausführt, meint die Frau. Es sei ihre Möglichkeit, sich für seine Grobheiten zu rächen. Danach könne sie entspannt einschlafen — wie nach einer gewonnenen Auseinandersetzung. Was ihr Mann dazu sagen würde, wenn er ihre Racheakte wüßte? Vielleicht würde er sie schlagen, meint sie, vielleicht nur schlecht von ihr denken. Beides wäre schlimm für sie, die Entlarvung ihres vorgetäuschten »sichtbaren« friedlichen Alltags-Verhaltens jedoch die schwerwiegendere Konsequenz. Frauen schämen sich ihrer Rachegefühle, denn Rachegelüste gelten als tabu. Sie sind auf keinen Fall »schicklich«. Die Frau zeigt sie nicht, insbesondere die Frau, die dem vorgefaßten Bild von Weiblichkeit vordergründig entspricht. Sie fürchtet sich vor der »Demaskierung«, die ihre Geringschätzung und Verachtung durch den Mann nach sich zieht. Frauen, die sich nicht offen rächen, beklagen typischerweise ihre »Nachgiebigkeit«, über die sie im nachhinein niedergeschlagen sind, weil sie statt nachzugeben entgegentreten wollten (und sollten). Um einer Auseinandersetzung zu entgehen, die das Risiko erneuter Kränkung in sich birgt, geht der Prozeß der Selbstentwertung weiter.

Die offene Auseinandersetzung

Abschied von der heimlichen Rache

Verdrängte Rache führt zu Haßgefühlen gegen andere und sich selbst. Die Verdrängung bedeutet, daß die Schmerzen der Kränkung nicht gefühlt werden dürfen. Sie bedeutet auch, daß keine Forderung nach Wiedergutmachung gestellt wird und die Pflicht zur Selbstachtung unerkannt bleibt. Die aufgestauten Qualen suchen sich schließlich Kanäle, durch die sie sich unbewußt ausagieren.

Mit heimlicher Rache wird zwar eine Verdrängung von Rachegefühlen weitgehend verhindert. Sich heimlich zu rächen kann aber die Selbstachtung der Frau erheblich beeinträchtigen. Sich selbst achten zu können, heißt Ehre bewahren. Ehre wird von Frauen als Wahrhaftigkeit, als Übereinstimmung von Einstellung und Handeln beschrieben. Wenn Frauen sich mehr mit einer Ehre begnügen, die ihnen von außen zugeschrieben wird, können sie sich nicht offen rächen, weil dies der zugeschriebenen weiblichen Ehre widerspricht. Rächen sie sich heimlich, kommen sie in Konflikt mit ihrer eigenen Vorstellung von Ehre. Wenn sie die Verantwortung für ihre Ehre übernehmen, wie sie sie selbst verstehen, wird verdeckte, heimliche Rache nicht mehr nötig sein. Dies bedeutet auch, die Verantwortung für ein wie immer geartetes Rachehandeln dem anderen gegenüber, der mich verletzt hat, zu übernehmen.

Die Person, an die die Rachetat gerichtet ist, soll wissen, daß unser Rachenehmen keineswegs unbewußt oder als Auswirkung von Rachsucht geschieht. Die Rachetat ist vielmehr ein ganz bewußter Schritt, der dann erfolgt, wenn eine direkte Auseinandersetzung über die Ursache der Verletzung verweigert wird. Und wenn die Macht des Wortes versagt.

Die Form der Rache muß mit dem eigenen Ziel im Einklang sein, das wir verfolgen. Ist das Ziel, eine Partnerschaft zu erhalten, werden andere Überlegungen unser Verhalten bestimmen, als wenn wir mit der Person, die uns verletzt hat, den Kontakt beenden wollen. Im ersteren Fall müssen innerhalb der Beziehung Formen gefunden werden, um mit Verletzungen umzugehen, die nicht darin gipfeln können, mehr Lieblosigkeit zu erzeugen. Das folgende Beispiel bezieht diese Überlegungen ein:

Veronika und Michael gerieten in eine schwere Partnerschaftskrise, als sie herausfand, daß er sie mit einer ihrer Freundinnen betrog. Unter großen Schmerzen trennten sie sich schließlich »probeweise«, um die Beziehung zu retten. Aber Michael brach immer wieder Veronikas Forderung, sie drei Monate lang in Ruhe zu lassen, indem er berufliche Gründe vorschob. Einmal deponierte er ein Aktenpaket bei ihr und bat sie telefonisch, dort hineinzuschauen und nach einem bestimmten Dokument zu suchen. Sie fand zwischen den Papieren einen Brief an ihre Rivalin. Sie nahm ihn heraus und verbrannte ihn. Am nächsten Tag holte Michael seine Akten ab. Lächelnd übergab Veronika sie ihm. Sie wußte, daß er den Brief vermissen mußte, und rechnete damit, daß er sie wütend zur Rede stellen würde. Er empfand schon immer besondere Abneigung dagegen, wenn sie sich in »seine Angelegenheiten« mischte. Nichts geschah. Seither ruft er weiter gelegentlich an, und manchmal kommt er »zufällig« im Büro vorbei. Kein Wort über den Brief. Veronika ist erleichtert. Sie ist froh, ihre Kränkung auf diese heimliche Weise beglichen zu haben. Daß er sich ärgert, dessen ist sie sich sicher.

Auf ihre Frage, weshalb Michael jedoch ihren Racheakt überhaupt nicht erwähne, so tue, als würde er den Brief nicht vermissen, antwortete ein mit Veronika befreundeter Mann, auch er würde in einem solchen Fall nicht darauf Bezug nehmen. Veronikas Tat sei lächerlich. Sie zeige ein kindisches Verhalten nach dem Muster »ätsch, jetzt habe ich dir etwas kaputtgemacht«. Das Motiv sei ja nur Eifersucht. Auf ein solches Verhalten zu reagieren sei »eines Mannes nicht wert«.

Gleichzeitig gab er jedoch zu bedenken, daß dieser Brief auch Teil eines Spiels sein könnte. Weil Veronika den Brief vernichtet hat, weiß Michael, daß sie noch immer um ihn kämpft. Er wiegt sich also weiter in der Sicherheit ihrer Zuneigung. Dies ist ein wesentlicher Punkt. Michael treibt ein Spiel, um einer offenen Aussprache zu entgehen. Veronika fühlt sich jedoch nach dem Gespräch mit dem Bekannten und dessen Vorwurf ihres kindischen und eifersüchtigen Verhaltens unsicher und »schuldig«.

Eifersucht will verletzen. Rache dagegen schafft für die erlittene Kränkung den Ausgleich. Veronika hat sich natürlich innerlich nicht von Michael getrennt. Das war auch nicht vereinbart. Doch Michaels Verhalten entmutigt sie. Sie fühlt, daß Michael ihre Rachetat nicht ignorieren, sondern sich mit ihr auseinandersetzen sollte. Durch sein Schweigen weiß sie, daß sich in seiner Einstellung nichts geändert hat. Die Rollen sind nach wie vor die gleichen. Er will, daß sie seine Verletzungen »übersieht«.

Ihr Teil, der zum Funktionieren dieses Spiels beiträgt, ist, daß auch sie keinen Weg der direkten Auseinandersetzung beschritten hat. Ihr Racheakt, das Verbrennen des Briefes, war der verunglückte Versuch zum Dialog. Um das offene Gespräch zu erreichen, muß sie jedoch ihre Strategie der heimlichen Racheführung verlassen.

Nina handelt zum Beispiel nach dem Prinzip: »Ich zwinge den anderen, sich mit mir zu konfrontieren. Ich laufe nicht weg, um ihm alles zu erleichtern.« In einer Partner-Beziehung kommt zum Recht auf Würde, Ehre und respektvolle Behandlung auch der Anspruch auf Zuwendung und Liebe. Auf die Einhaltung eines Versprechens hat jede Frau ein Recht. Treue zum Beispiel kann als innere Haltung unser Handeln lenken. Sie ist aber zwischen Partnern auch ein rationales Versprechen. Daher ist sie einforderbar. Wenn sich die Voraussetzungen einer Beziehung ändern, wird eine Neudefinition der Beziehung einschließlich der damit zusammenhängenden Versprechen nötig. Dazu braucht's das Gespräch. Frauen müssen zugleich ihre selbstanklagende

Schuldzuweisung aufgeben. Es gilt dann zu unterscheiden zwischen dem Schmerz, der aufgrund veränderter Gefühle des anderen entsteht, und dem, der sich als Folge einer Verletzung von Versprechen ergibt.

Eine Voraussetzung für offene Rache ist, die Verletzung zu benennen und den Schmerz deutlich zu zeigen. Dies wird selten eine Form sein, die als »vernünftig« gilt. Im allgemeinen, sagen Frauen, würden sie dabei »aus der Rolle fallen«: Sie schreien, toben, schluchzen und zerschlagen Porzellan. Sie nehmen kein Blatt vor den Mund und nennen das »Kind beim Namen«: Du hast mir weh getan, mich verachtet und verraten. Das lasse ich nicht mehr zu. Daran schließt sich der Wunsch nach Wiederherstellung ihrer verletzten Würde an. Vor dem Racheschritt steht daher das Verlangen nach Genugtuung. Das heißt, durch die Offenlegung der Kränkung und das »Anprangern« der verletzenden Tat wird die Chance zur Wiedergutmachung geboten.

Im Idealfall kommt der Schädiger selbst auf die Idee, daß er für die Verletzung Wiedergutmachung leistet. Dies bedeutet im »schlichtesten« Fall ein Ausdruck des Bedauerns etwa in Form einer Entschuldigung. Ein Telefonanruf, ein Brief, ein Blumenstrauß, es gibt Möglichkeiten. Doch es ist unbezweifelt, daß Genugtuung nicht mit einer materiellen Form abgeleistet sein kann, weil Beleidigungen nicht in Geld aufgewogen werden können. Wenn Männer Frauen verletzt haben, sollen sie nicht nur bereit sein, rational mit ihnen darüber zu sprechen, sondern sie sollten emotional in sich gehen und herausfinden, wo sie gefehlt haben. Sie sollten dies aussprechen und ein Eingeständnis des eigenen Fehlens leisten. »Er muß kapieren, was er angerichtet hat«, meint Gerhild.

Im allgemeinen fällt es Menschen schwer, eigene Fehler zuzugeben, weil sie sich dann ausgeliefert fühlen. Dahinter liegt die Angst, der andere gewinne dadurch Macht über sie. Noch mehr als Frauen fürchten Männer diese Vorstellung, daß eine andere Person, die Frau, übermächtig wird. Daher versuchen Männer mehr als Frauen, ihre Schutzschilder der verschiedensten Art beizubehalten. Eines dieser Schutzschilder ist ihre körperliche Überlegenheit. Ein weniger offenkundiges ist die Methode, die Frau zu »entmündigen« und sich dadurch vor dem Wissen schützen, daß sie Macht über einen hat. Wenn ein Mann einer Frau gegenüber grundsätzlich fürsorgliche, väterliche Nachsicht für jegliche ihrer Verhaltensweisen äußert, entmachtet er sie, indem er sie das kleine Mädchen bleiben läßt, das nie ernst genommen wird. Ein solcher Mann gilt in den Augen des Umfelds als »gut«. Margareta, die an der Mißachtung ihrer Wirklichkeit durch ihren Partner verzweifelte, erlebte diesen Widerspruch. Sie sagt: »Er wollte die Dinge immer für mich und wegen mir machen. Mich beschützen. Wovor? Ich habe mich schließlich an ihm gerächt wegen dieser seiner Uneinsichtigkeit in meine wirklichen Bedürfnisse. Ich wollte und brauchte keinen Schutz, sondern die Auseinandersetzung.« Dieses männliche Verhalten, das die Wirklichkeit der Frau nicht sehen will, läßt den Schluß zu, daß in diesem Fall der Mann der Schwächere ist, weil er viel mehr von uneingestandenen Vernichtungsängsten geplagt ist als die Frau.

Während Frauen im allgemeinen unter Schuldanfälligkeit leiden, fehlt es den Männern an der Fähigkeit, Schuld einzugestehen. Daher kommt es im allgemeinen dazu, daß sich gedemütigte und in ihrer Person gekränkte Frauen entschließen, sich Genugtuung und das, was sie als Gerechtigkeit empfinden, selbst zu holen. Voraussetzung für ein rächendes Handeln ist für die Frau, ihre Angst vor notwendigen Aggressionen zu überwinden. Jemand weh zu tun heißt nicht, jemand Unrecht zu tun. Aggressiv zu sein kann bedeuten, sich sein Recht zu holen. Den Schmerz vergißt man, Demütigungen nicht. Das Leid geht aus dem Körper heraus, wenn Rache geübt wurde. Nichtgerächtes Leid frißt.

Die 38jährige Fotografin Kerstin ist dabei, sich mit der Idee auseinanderzusetzen, ihre zehnjährige Beziehung zu Ludwig als gescheitert zu betrachten. Ein Schmerz, den sie gerne verdrängen würde. Es sind Verletzungen vorausgegangen. Sie hat sich dafür gerächt. In unterschiedlichen Stadien der Beziehung in unterschiedlicher Form, vom Erstarren über das Weinen bis hin zum tätlichen Angriff. Eigentlich fühlte sie sich »quitt«: Sie hat sich ihre Selbstachtung und ihr Selbstwertgefühl zurückgeholt, hat ihm den Verrat, die Demütigungen durch seine Lügen und seine innere Verweigerung vergolten. Hat ihm ihre Grenzen aufgezeigt, die Verletzungen benannt und auf den Tisch gelegt. Die echte Auseinandersetzung, der Schritt nach der Rache, könnte beginnen: die fruchtbare »Beziehungsarbeit«. Aber er kneift, indem er sie jetzt – wie schon so oft – um »Geduld« bittet. Sie weiß, er eröffnet wieder das Spiel. Er überläßt ihr wieder den nächsten Zug, und sie weiß, daß sie – wenn sie dieser Herausforderung folgt – wieder im Kreis von Verletzung und Rache gefangen wird.

Sie braucht also einen Weg, um diesen Teufelskreis zu durchbrechen. Der Macht, die er über sie ausübt, indem er sie gefangenhält – sie soll geduldig seine Entscheidung abwarten –, kann sie ihre eigene entgegensetzen: Ihre Macht ist, einen Gegenvorschlag zu machen, statt Geduld zu zeigen, ein Risiko zu wagen. Mit dem Hinweis, er müsse diesen Vorschlag ja nicht verwenden. Diesen direkten Weg zu gehen ist schwer, weil man dazu nicht nur einen klaren Kopf braucht, sondern es ist auch notwendig, daß man den Verstand an die Gefühle »klinkt«. Solange wir diese Bereiche getrennt betrachten, werden die Gefühle siegen, denn sie sind verletzt und werden auftrumpfen. Einen wirkungsvollen anderen Weg zu finden, der das Spiel durchbricht, setzt voraus, den »Gegner« gut zu kennen. Das heißt, es geht auch darum, wie man dem anderen, der zur Verletzung ansetzt und unsere Rache provoziert, daran hindern kann, uns zu verletzen. Die offene Auseinandersetzung heißt für die Frau, aus dem heimlichen Machtspiel austreten und mit allen Konsequenzen die Situation offenlegen. Die Konsequenzen können Verlust des Partners und die Nichterfüllung eigener Wünsche bedeuten. Um sich Selbstachtung zurückzuholen ist es jedoch unerläßlich, sich nicht durch die Angst vor diesen Verlusten lähmen zu lassen, sondern zu handeln.

Die Freiwilligkeit des Vergebens

Rache hat einen begrenzten Zweck: Sie dient zur Wiederherstellung verletzter Würde und zum Herstellen von Gerechtigkeit. Rache ist daher nicht Krieg. Krieg hat im allgemeinen die Vernichtung des Gegners zum Ziel. Zu gewalttätiger vernichtender Rache greifen Frauen im allgemeinen erst dann, wenn alle anderen Versuche fehlgeschlagen sind, eine Genugtuung für erlittenes Unrecht zu erlangen.

In Ohnmachtssituationen kann es kein offenes Rachenehmen und auch keine klare Auseinandersetzung geben. Daher müssen sich Frauen ihrer Macht bewußt werden. Eine Strategie ist, das Spiel zu durchbrechen, indem sie Dinge benennen. Katja sagt zum Beispiel: »Ich muß doch die Konsequenz daraus ziehen, daß ich mich nicht mehr so demütigen und benützen lasse. Indem ich mich selbst behaupte, räche ich mich auch am anderen, denn er wird dann auch gezwungen, sein Verhalten zu verändern, wenn er weiterhin mit mir etwas zu tun haben will.« Alteingefahrene Verhaltensweisen werden auf diese Weise aufgebrochen, weil das, was bisher als selbstverständlich galt, möglicherweise nicht mehr gilt. Gewohnheiten, Bequemlichkeiten müssen aufgegeben werden. Dies ist eine Chance, das erlittene Leid zu bewältigen, indem das innerliche »Nagen« ausgesprochen werden kann.

Nur auf diesem Weg ist auch Vergeben möglich. Alice Miller vertritt die Meinung, daß nur das Zulassen der Wahrheit, das Benennen der Verletzung, die unabdingbare Voraussetzung für Heilung sei. Vergebung wird häufig der Rache gegenübergestellt. Der Begriff Vergebung versucht die Rache auszuschließen. Doch der Bedeutungsinhalt von Rache ist mit Nicht-Vergebung ungenau beschrieben, denn Rache kann sehr wohl Vergebung in sich einschließen. Dies zeigen die vielen Bemerkungen von Frauen, die nach einer Rachetat »Befreiung« fühlen und die Erleichterung, nun »quitt« zu sein. Das heißt, sie haben, wie Kerstin etwa im obigen Beispiel, nach ihrer Rache die Basis für eine Weiterentwicklung geschaffen. Um sich vorwärts zu bewegen, dürfen vergangene Taten nicht verdrängt und ungerächt bleiben. Im allgemeinen ist Vergebung möglich, wenn über die beidseitigen »Schuld«-Anteile von erfolgten Kränkungen und Demütigungen gesprochen werden konnte. Dazu gehört auch, daß die Bitte um Vergebung ausgesprochen wird. Gefordert werden kann Vergebung nicht. Denn ihrem Wesen nach ist sie absolut frei und wird demnach – im Gegensatz zum Recht – ungezwungen erwiesen.

Letztendlich kann Vergebung sogar eine Form von Rache sein. Wie zum Beispiel in Verdis »La Traviata«: Violetta verzichtet auf Alfred, damit der gute Ruf seiner Familie gewahrt bleibt. Er aber verkennt ihr Liebesopfer und beleidigt sie. Die sterbende Violetta verzeiht ihm. Doch in ihre Vergebung hat sie eine Bedingung eingeflochten:

»Weihet dir eine Jungfrau rein
ihres Herzens Triebe,
wähl sie zu deiner Gattin,
tu's mir zu Liebe,
nimm sie zum Weibe . . . ich will's!
Reich ihr von mir dies Bildnis;
sag: das ist ein Geschenk von der,
die nun bei Gott verklärt
Glück für uns erfleht.«

Sich vor Verletzungen schützen

Um ihre verletzte Würde wiederherzustellen, müssen Frauen bestimmte Maßnahmen ergreifen. Dies kann auch die Inanspruchnahme der Hilfe anderer sein. Dadurch gewinnen sie Stärkung zum Erkennen, daß es Würde und Ehre gibt, die, wenn sie verletzt werden, zu Recht eingefordert werden müssen. Die positive soziale Unterstützung der Umwelt ist

wichtig, um ein verletztes Selbstwertgefühl »aufzufangen«.
Rosi erzählt zum Beispiel, sie habe ihre Rachegedanken mit
Freunden geteilt, die sie unterstützten in der negativen Beur-
teilung des Mannes, der sie gedemütigt hat. Dies gab ihr Genugtuung und die Möglichkeit, sich von anderen Menschen
angenommen zu fühlen.

Ein unterstützendes Umfeld hat aber auch die Funktion,
der Frau zu einer realistischen Betrachtung der beleidigenden
Situation und des Beleidigers zu verhelfen. »Geteilte« Rache-
wünsche bewirken zunächst eine Abgrenzung und Distan-
zierung zum Beleidiger. Dadurch ist ein Abgleichen von
Realität und Wunschvorstellung im Zusammenhang mit der
betreffenden Person möglich. Das Ergebnis dieser Überlegungen kann bedeuten, den Beleidiger zurückzuweisen, um
sich selbst vor weiteren Kränkungen zu schützen. Frauen
müssen versuchen, ihr Sensorium zu schärfen dafür, daß sie
sich mit Menschen umgeben, die sie achten und liebevoll,
nicht schädigend, behandeln. Das fordert die »konstruktive«
Rache, wonach es ein ganz »normales« Bedürfnis gibt, Grenzen zu setzen. Sie ist der Schritt zu einer Entwicklung hin und
nicht zur Zerstörung. »Weil ich ein konstruktiver Mensch bin
und mich weiterentwickeln und weitergehen will, wird es
bei mir keine Rache geben, die zerstört und destruktiv ist«,
meint Kerstin. Dazu komme, daß sie versuche, sich rechtzeitig zu schützen, wenn sie jemand in ihrer Würde und ihrem
Stolz verletzen will: »Ich lasse solche Menschen möglichst
gar nicht an mich heran.« Nina meint, daß ihre Rache an
ihrem Freund, der sie so schamlos betrogen hat, notwendig
war, weil sie ihm die schmerzhaften Demütigungen zurückzahlen konnte. Gleichzeitig habe sie damals die Entscheidung
getroffen, sich nicht mehr in »diese Situation« bringen zu lassen. »Ich bin heute so weit«, sagt sie, »daß ich mir die Menschen sehr genau anschaue, mit denen ich zu tun haben will.«
So kann es durchaus sein, daß das Thema Rache für sie aufgelöst ist.

Dies ließe den Schluß zu, daß die Rache der Frauen überflüssig wird. Wohl kaum. Denn das würde bedeuten, das

Böse aus der Welt verbannen zu können. Dafür gibt es auch im Geschlechterverhältnis noch wenig konkrete Ansätze. Solange Machtkämpfe existieren, wird es Verletzungen geben. Nur die Reaktion der Frauen darauf wird sich ändern: Zunehmend weniger sind ihre heimlichen Strategien zu fürchten als ihre selbstbehauptenden, aktiven Schritte, die sie als Resultat eines wohlüberlegten Urteils gehen.

6

Das Geschäft mit der Rache – und andere Gedanken

Mit »modernen« Anweisungen zur Rachenahme werden unter Ausnützung der abergläubischen Tendenzen sehr vieler Menschen zweifelhafte, aber sicher gute Geschäfte gemacht. Eine amerikanische Firma zum Beispiel bietet in einem 200 Seiten starken Katalog ungewöhnliche Bücher an, die Informationen geben, wie jedes drohende Unheil abgewehrt werden kann, die alle erdenklichen Tricks beschreiben, wie man sich rächen kann bis zur Anleitung »How to Kill« (Anleitung zum Mord). Der Katalog richtet sich, so der Verlag, an ein Publikum, das am »Ungewöhnlichen« interessiert sei.

Unter Psycho-Tests mit dem Motto »Wie gemein sind Sie?« werden hierzulande verschlüsselt Anleitungen zu Racheaktionen gegeben. Filme, deren Inhalt Rachegeschichten von Frauen sind, haben ein breites Publikum, Kriminalgeschichten von Frauen mit einer Frau als Heldin werden mit Mundpropaganda und vielsagendem Lächeln von Frauen weiterempfohlen. Frauen, so steht es in den Rachegeschichten, sind die besten Detektivinnen, wenn es um ihre eigene Sache geht. Sie werden erfinderisch, entwickeln perfekte schauspielerische Verwandlungskünste, zeigen untrügerischen Sinn für zu erwartende Handlungsabläufe, sind eiskalt in der Verfolgung ihrer Rachepläne. Trotzdem haben sie Humor. Besonders in der nachträglichen Betrachtung ihrer Aktionen. Frauen rächen sich dafür, als nebensächlich behandelt zu werden, aus dem Kreis des Geschehens gedrängt zu werden, als unbewegliches Wohnungsinventar, ja, als überflüssig definiert zu werden. Sie entwickeln fanatisch und mit Akribie ihr Hobby, mit dem sie den Mann schlagen, töten, in ihre Wirklichkeit einpassen. Sie machen sich Gewohnheiten ihrer Männer zunutze, studieren die »natürlichen« Gefahren, die damit verbunden sind. Heimliche Rache verlangt, daß eine Rachetat als eigenes Verschulden des Opfers erklärbar wird. Und sie verlangt, daß die Rächerin unauffällig bleibt, nicht sichtbar aus der Rolle fällt. Sie planen ihre Rache »maßgeschneidert«, indem sie die Erfahrung anwenden, die sie im Umgang mit den Lebensgewohnheiten der Männer gewannen. Und sie entwickeln ungeahnte körperliche Kräfte. Sie nehmen zielgenau Rache an den Männern, die ihr Leben beinahe zugrunde gerichtet haben. Sie überleben die Unmenschlichkeit von Gefängnissen, weil sie an die Aufgabe ihres Lebens denken: Rache. Die moderne Rächerin: »Sie ist einfach großartig, wenn sie wütend ist«, dachte Jeff in Sidney Sheldons »Kalte Glut«. Sie ist natürlich schön. Verführerisch in ihrem wilden Rachedurst, nützt sie diese Wirkung auf Männer zu ihren Rachezwecken aus. Sie kennt die Mechanismen und Gepflogenheiten männlicher Berufswelt und hat die Fähigkeiten einer Managerin. Sie ist EDV- Spezialistin, und kennt sich aus mit Polizeitricks und Spionagemethoden. Mit einem Wort: Sie gilt als autodidaktischer Tausendsassa.

Sie gibt nie auf. Sie ist die verwegene Rächerin: »Es schien Tracy, daß die Männer, an denen sie Rache geübt hatte, doch das letzte Wort behielten. Sie hatten sie zur Verbrecherin gestempelt, zur Ausgestoßenen. Es war eine himmelschreiende Ungerechtigkeit. Tracy wußte nicht, wovon sie leben sollte. Sie war verzweifelt.« Und weil sie gerecht ist – »sie wollte nur das haben, was ihr rechtmäßig von der Bank zusteht«, wird sie zur Diebin. Natürlich zur perfekten, raffiniertesten, die dem männlichen Meisterdieb immer eine Nasenlänge voraus ist.

Mit einem Wort: Sie repräsentiert das, was auch »wirkliche« Frauen wissen: »Wenn du als Frau etwas erreichen willst, mußt du immer tausendprozentig besser sein als dein Konkurrent, der Mann.«

Zum Schluß noch eine wirkliche, ungewöhnlich gute Nachricht, die am 30. Mai 1990 durch den Äther ging: Nach einer Serie von Vergewaltigungen in Neuseeland forderten die Frauenorganisationen Ausgehverbot für Männer.

Dank

Ich danke Eva Eder und Roswitha Schroeter für viele intensive Gespräche und anregende Ideen im Zusammenhang mit diesem Buch. Ebenso verdanke ich Roland Girtler, Katja, Christian und Thilo Matschke wertvolle Hinweise und Gedanken. Biene Koetter und Heiner Ratzka danke ich für ihr kritisches Lesen des Manuskripts. Ihre Fragezeichen haben bewirkt, daß auch für mich vieles klarer und genauer wurde. Nicht zuletzt haben die vielen Frauen, die sich zum Interview bereit fanden, zur Strukturierung und Aussage dieses Buches beigetragen. Ihnen allen gilt mein besonderer Dank.

Literaturverzeichnis

Adler, W.: Der Rosenkrieg, Bergisch Gladbach 1990.
Aischylos, Eumeniden: Reinbek 1966.
Barbey d'Aureville, Jules: Die Rache einer Frau, Bern 1953.
Birkhan, Ingvild: Der Mensch ist Zwei, Wien 1989.
Böll, Heinrich: Die verlorene Ehre der Katharina Blum, Köln o.J.
Dahl, Roald: Matilda, Reinbek 1990.
Die Heilige Schrift Alten und Neuen Testaments: übersetzt von Hermann Menge, Stuttgart 1951.
Dürrenmatt, Friedrich: Der Besuch der alten Dame, Zürich.
Eigl, Kurt: Die klassischen Gedichte der Weltliteratur, Salzburg 1966.
Erler, Adalbert, und Kaufmann, Ekkehard (Hrsg.), Handwörterbuch zur Deutschen Rechtsgeschichte, Berlin 1985.
Ernst, Gustav: Blutbad, Wien 1989.
Fo, Dario, und Rame, Franca: Das Tagebuch der Eva, Wien 1991.
Fromm, Erich: Anatomie der menschlichen Destruktivität, Reinbek bei Hamburg 1983.
Gebhardt, Heiko: Annas Mutter, Hamburg 1982.
Girtler, Roland: Wilderer. Soziale Rebellen im Konflikt mit den Jagdherren, Linz 1988.
Goethe, Johann W.: Clavigo.
Guttandin, Friedhelm: Die Ehre des Ritters, Kaufmanns und Hofmanns, in: Soziologie der Ehre, Hagen 1989.
Hesiod, Theogonie: Werke, Wiesbaden 1948.
Heyse, Paul: Gesammelte Werke, Bd. IV, Stuttgart/Berlin o.J.
Hobsbawm, Eric J.: Sozialrebellen, Gießen 1979.
Hoebel, E. Adamson: Das Recht der Naturvölker, Olten 1968.
Honegger, C., und Heintz, B.: Listen der Ohnmacht, Frankfurt/M. 1984.
Huizinga, Johan: Homo Ludens, Reinbek 1956.
Jones, Anne: Frauen, die töten, Frankfurt/Main 1986.
Kaiser, Gerhard R.: (Hrsg.), Die deutsche Literatur, Gegenwart, Stuttgart 1978.
Keller, Catherine: Der Ichwahn, Stuttgart 1989.
Klabund: Heiligenlegenden, Leipzig 1921.
Koch, Klaus: Um das Prinzip der Vergeltung im Alten Testament, Darmstadt 1972.
Kufahl, Hans, und Schmied-Kowarzik, Josef: Duellbuch, Geschichte des Zweikampfes, Leipzig 1896.
Kummerer, Anton: Kleine Lebenskunde für Knaben und Mädchen, Nr. 6, Das verdoppelte Böse, Wien 1957.
Matt, Bernhard (Hrsg.): Killerladies, München 1990.

Mauss, Marcel: Die Gabe, Frankurt/Main 1968.

Meyer, Conrad F.: Jürg Jenatsch.

Miller, Alice: Das verbannte Wissen, Frankfurt/Main 1988.

Mitscherlich, Margarete: Die friedfertige Frau, Frankfurt/Main 1985.

Mulack, Christa: Natürlich weiblich, Stuttgart 1990.

Nietzsche, Friedrich: Genealogie der Moral.

Pentateuch: mit deutscher Übersetzung von J. Wohlgemuth und J. Bleichrock, Viktor Goldschmidt Verlag, Basel o.J.

Platen, Heide: Kindsmord, Berlin 1988.

Radbruch, Gustav, und *Gwinner, Heinrich:* Geschichte des Verbrechens, Frankfurt/Main 1990.

Ranke-Graves, Robert: Griechische Mythologie, Reinbek 1984.

Rinne, Olga: Medea, Stuttgart 1988.

Rosenmayr, Leopold: Die späte Freiheit, Berlin 1983.

Schaeffer, M. P.: Wenn Frauen töten, München 1989.

Scheler, Max: Das Ressentiment, Ges. Werke, Bd. 3, Bern 1955.

Schenk, Herrad: Die Rache der alten Mamsell, Düsseldorf 1986.

Schillers Werke: Bibliothek Deutscher Klassiker, Berlin und Weimar 1981.

Schlaffer, Edith und Benard, Cheryl: Laßt endlich die Männer in Ruhe, Reinbek 1990.

Schlochauer, Hans-Jürgen (Hrsg.): Wörterbuch des Völkerrechts, Berlin 1962.

Schnurr, Otmar: Aberglaube, München 1988.

Schroeter, Roswitha: Psychosoziale Rehabilitation, Freiburg 1990.

Schwarze, H. W.: Justice, Law and Revenge in Shakespeare Dramen, Bonn 1971.

Seagle, William: Weltgeschichte des Rechts, München 1951.

Shakespeare, William: Der Kaufmann von Venedig, Wien 1988.

Sheldon, Sidney: Kalte Glut, München 1985.

Simmel, Georg: Einleitung in die Moralwissenschaft, Bd. 1, Aalen 1984.

Simrock, Karl: Handbuch der deutschen Mythologie, Bonn 1874.

Simrock, Karl: Ausgewählte Werke, Bd. 4, Leipzig 1907.

Sterly, Joachim: Kumo, Hexer und Hexen in Neu-Guinea, München 1987.

Thürmer-Rohr, Gisela: Vagabundinnen, Berlin 1987.

Vedel, Vald.: Ritterromantik, Leipzik 1911.

Verband der Deutschen Juden (Hrsg.): Die Lehren des Judentums nach den Quellen, Leipzik/Berlin 1929.

Wagner, R.: Tristan und Isolde, Tagblatt-Bibliothek, Wien 1948.

Weldon, Fay: Die Teufelin, München, 1987.

Wiegler, Paul: Könige von Frankreich, Berlin 1936.

Zum Glück braucht's keinen älteren Mann!

Daß Frauen jüngere Männer lieben, gilt noch immer als ungewöhnliche Beziehung. Ursula Richter zeigt die besonderen Chancen dieser Form der Partnerschaft. Aus jahrelangen Forschungen und anhand von zahlreichen Interviews mit betroffenen Paaren legt sie eine spannend zu lesende Reportage vor: Sie erzählt die Geschichten dieser Paare, beleuchtet ihre Lebenswelt und die Reaktionen der Umwelt, berichtet von den Motiven und Ängsten der Frauen sowie von ihren Hoffnungen auf ein erfülltes Leben. Doch beide Partner müssen in solchen Beziehungen wie in jeder anderen Liebe auch Krisen und Konflikte durchstehen. Dieses Buch erschließt der fast tabuisierten Liebesbeziehung reiferer Frauen zu jüngeren Männern einen Weg der Hoffnung.

> Ursula Richter
> **Einen jüngeren Mann lieben**
> Neue Beziehungschancen für Frauen
> *210 Seiten, kartoniert*

Frauen haben ein Recht auf Rache und Eifersucht:

Seit dem Drama des Euripides gilt Medea, die aus Eifersucht sogar ihre eigenen Kinder tötet, als Negativbild der Frau. Der Beziehungskonflikt zwischen Medea und ihrem Mann Jason, der sie wegen einer jüngeren Frau verläßt, ist seit den Tagen der Griechen ein immer neues und schmerzhaftes Drama, das zu Lasten der Frau ausgeht und sie entwertet. Eindringlich schildert die Autorin diesen Konflikt und ermutigt die enttäuschte Frau, gleich Medea ihre ursprüngliche Vollmacht zurückzugewinnen.

> Olga Rinne
> **Medea**
> Das Recht auf Zorn und Eifersucht
> Buchreihe »Zauber der Mythen«
> *148 Seiten, gebunden*

KREUZ: Bücher zum Leben.

Abschied vom weiblichen Gehorsam.

Mit einem harmlosen Satz fängt oft alles an: »Tu's doch mir zuliebe« –
das hören ungezählte Frauen seit ihrer Kindheit. Irmgard Hülsemann
fordert in diesem wegweisenden Buch dazu auf, der Gewalt dieser
magischen Zauberformel zu entgehen, ihren Verführungen und
Bedrohungen nicht nachzugeben. Sie regt an, Widerworte und Eigen-
sätze zu bilden, um die Macht des Liebeszwangs zu brechen. Sie macht
bewußt, in welch empörendem, unvorstellbarem Ausmaß das Leben
von Frauen durch die »Pflicht zu lieben« einseitig geprägt und ver-
formt wird und daß dieser Zwang sie nicht nur zu Opfern, sondern
auch zu Mittäterinnen macht – weit über die privaten Liebeskatastro-
phen des Alltags hinaus.

Irmgard Hülsemann
Ihm zuliebe?
Abschied vom weiblichen Gehorsam
191 Seiten, kartoniert

Versöhnung mit dem Tod.

»Ich weiß jetzt: ich bin eine zukünftig Sterbende. Seitdem hat der Tod
seinen Schrecken verloren. Mit dieser Kompetenz habe ich dieses
Buch geschrieben.« Dieses mutige Buch erlöst vom Gift der Lebens-
angst und schildert die Kompetenz der Frauen im Umgang mit Tod
und Leben. Es fordert den fälligen Abschied vom Unsterblichkeits-
wahn.

Angelika Aliti
Die Sucht, unsterblich zu sein
Warum der Mensch den Tod fürchtet
und darüber das Leben versäumt
240 Seiten, gebunden

KREUZ: Bücher zum Leben.